世界文化遺産
法隆寺を語る

高田良信 著

柳原出版

カバー撮影　髙橋克太

聖徳太子及び二王子像（伝森川杜園複写）

世界文化遺産　法隆寺を語る

――もくじ――

世界文化遺産　法隆寺を語る

[第一章] 日本の憲法は「和の精神」から始まった

一　聖徳太子とはどんな人だったのか

聖徳太子といえば、かつての一万円や五千円、千円の紙幣で馴染み深い顔が思い出されます。わたしたちが名前と顔を同時に思い浮かべることのできる歴史上の人物はあまり多くありません。そのような中で日本人から最も親しみをもって受け止められている人物、それが太子なのです。

その太子は用明天皇《ようめいてんのう》の皇子としてお生れになり、厩戸皇子《うまやどのみこ》とか豊聡耳皇子《とよとみみのみこ》と呼ばれていたと伝えています。母は穴穂部間人皇后《あなほべのはしひとこうごう》でした。皇后が厩（馬屋）の近くで太子をお産みになったという伝説によって厩戸皇子とお呼びしたとの伝説もあります。

古くから馬は耳聡い動物として貴ばれており、また、太子が十人の訴えや話を一度に聞き分けられたとす

【図1】紙幣に使われている聖徳太子の姿

る聡明さに由来している名前のようです。

おそらく、太子は馬のように耳聡い聡明な少年であったのでしょう。そのようなことから「厩戸」とか「耳」といった名前が付けられたのかも知れません。

わたしたちが最も慣れ親しんでいる聖徳太子というポピュラーな名前は太子が亡くなってから、その遺徳を讃えて付けた諡《おくりな》だったのです。

太子が歴史上の人物から信仰の対象として神格化されたことによって急浮上した名称だとする見方もあります。「聖徳」という名称が登場するのは八世紀はじめの法《ほう》起《き》寺《じ》三重塔にあった露盤銘《ろばんめい》が、最も古い資料です。

その太子の姿は、かつての紙幣に採用されていた太子の画像が最も広く知られています。それは八世紀ごろに描かれたものといわれ、古くから法隆寺に伝わっていましたが、明治十一年に皇室へ献上しましたので現在は宮内庁が所蔵されています。しかし、あの太子のファッションは中国の唐の時代のものであり、太子の実像のお姿と考えることには問題があるとの見解もあるようです。おそらく太子の姿は、天寿国曼荼羅繡帳に見られるような丸首で筒袖のような上着を着て、スカート状の衣装の下にはズボン状のものをはいていたのでは

【図2】天寿国曼荼羅繡帳の男子像（左）と女子像

ないかと考えられます。そして髪もみづらを結い、冠を被っていたと想像されています。太子の身長については、太子と同じ大きさに造ったと伝える金堂の釈迦三尊像や夢殿の救世観音像などから一七五センチ余りの長身であったとする意見もあります。

さて、その太子の政治姿勢を物語るものとして、推古四年（五九六）に語られたという有名な言葉があります。高句麗国の僧である慧慈法師《えじほうし》や葛城臣《かつらぎのおみ》のなどのブレーンたちを伴って道後温泉を訪れたときに、太子は温泉の効能を讃えるのに託して、国を治める為政者の心構えを明確に打出したのです。それは仏教の教えに基づくものでもありました。

太子は、この温泉の薬効が日や月の光と同じように、だれ彼という区分なく効能を与えているのを見て、人びとに対しても、つねにそのような平等性が守られているならば、それは理想の国（お浄土）であると考えられたのです。太子は是非ともそのような国を作りたいものと考えられたのでした。この旅は太子にとって、皇太子として、これからどのような国家を建設して人びとを導こうかという、思考の旅でもあったのでしょう。

道後温泉から帰られた太子は「憲法十七条」など国家を確立するための基本的政策を実行されています。憲法の中には「国家のあるべき姿」や「政治に携わる人々の姿勢」の理想が規定されました。

【図3】十六歳孝養画像（著者提供）

その中には昨今の政治家や官僚にも、是非とも学んでもらいたいことが、具体例を示しながら述べられているのです。

それを見ると太子の時代にも政治の不正が堂々とまかり通り、人びとの不信が募っていたことが想像されます。いくら文化や文明が発達しても「人の考え」や「姿勢」といったものにはあまり進歩がないことがわかります。

進歩がないというよりも、むしろますます複雑化され、醜いものへと移行しているのかもしれません。太子は憲法の第七条に「官の為に人を求め、人のために官を求めず」といわれています。これは、仕事に適した優れた人材を求めるべきであって、けっして人のために新しい仕事を設けてはならないということです。

官僚OBの天下りの受け皿として「一時的なとまり木」の職場をつくってはならないのです。ところが、残念なことですが「人のために官を求める」という傾向が現在も強いことはご承知の通りです。まったく、今も昔も同じなのです。

おそらく太子は、多くの人びとの声に耳を傾けながら、きわめて理想的な規定を作られたのでしょう。日本が理想の国家となることを願い、その優れた手腕によって政治の大改革を断行されたのでした。

現在のような日本の政界が混沌としている時代にこそ、私たちはあらためて太子の政治姿勢に学び、私たちの手で正さなければならない時期に直面しているように思われてなりません。人びとの政治不信を一掃するために、是非とも、太子の「憲法十七条」の中から現在にも通用する条項をピックアップして、これからの政治の一大指針としていただくことを強く要望したいものです。

かつて私はＮＨＫの『視点・論点』という番組で「太子の政治姿勢に学べ」と訴えたことがありましたが、

我が国の政治の礎を築かれた太子に、是非とも紙幣への再登場をお願いし、混乱している日本の政治社会をしっかりと凝視し、見守っていただきたいと願う昨今です。哲学者として名高い梅原猛さんと対談をしたときにも、是非とも太子に紙幣への再登場を、という運動を展開しようということで意見の一致をみたのでした。

その太子は六二二年二月二十二日に、四十九歳で斑鳩《いかるが》の宮殿で薨去されました。そのときの人びとの悲しみには、想像を絶するものがあったと伝えています。

太子の棺は多くの人びとに守られつつ磯長《しなが》（科長）の御廟（大阪府太子町）へと運ばれました。その様子は一〇六九年に描かれた、法隆寺東院の絵殿《えでん》にある『聖徳太子絵伝』の中に見ることができます。

葬送の様子は昭和天皇のご大葬の葬列にきわめてよく似ている部分もあります。太子の棺を乗せた葱華輦《そうかれん》のような輿につき従っている多くの人びとが左手で青竹をつきつつお供をしている姿が描かれています。そして太子のご廟の前で葬送の儀式が行なわれた様子も見られるのです。かつて太子が斑鳩から飛鳥《あすか》へと往来された道、そして太子のご遺体が運ばれた斑鳩から磯長《しなが》のご廟へと通じる道を、太子道《たいしみち》と呼んでいます。

【図4】太子葬送の図（『聖徳皇太子御絵伝』より　著者提供）

おそらく、太子道は太子にとって重要な文化の道であり、思考の道であったと考えられます。その太子道が通っている地域は、太子の支配地であったか、太子のブレーンの支配地であった可能性が高いと思います。いずれにしても、葬送の道は太子にとって意義深い地域を選んでその棺が運ばれたのでしょう。

ところが、太子が亡くなった二月二十二日は、明治の改暦で旧暦から新暦に変わったために、各寺院で異なる日に太子を追悼する法要が行なわれることとなりました。

法隆寺では明治四十四年から三月二十二日、兵庫太子町にある斑鳩寺では二月二十二日、ご廟所のある叡福寺《えいふくじ》では四月十一日、四天王寺《してんのうじ》では四月二十二日に太子のご命日法要を厳修《ごんしゅう》しているのです。このように太子のご命日が統一されていないのが現状なのです。

そのようなことから私は、太子のご命日の二月二十二日を多くの人びとに知っていただくことを願い、この日を是非とも「太子の偉大な業績と精神をしのんでいただく日」である「太子の日」とすることを、ずっと提唱し続けているのです。

また、「憲法十七条」は六〇四年の四月三日に発布されたと『日本書紀』（以下、『書紀』と略す）は伝えていますが、残念ながら私の知っている限り、四月三日に推古天皇と太子による我が国最初の憲法発布を讃える行事が行なわれたことを聞いたことはありません。

太子が提唱された「和の精神」の大切さを心から痛感し、「憲法十七条」を発布されたことに感謝をするためにも、四月三日に憲法を発布された推古天皇や太子に感謝し、その日を期して、和の精神の大切さと実践の必要性を強く訴えるべきではないでしょうか。そのようなことから私は四月三日が「和の日」に指定されることを訴え、人びとが「和の大切さを考える日」となることを提唱しているのです。それが「和」の実践行の一つになるのではないか、と考えているからです。

二　ゆかりの地、斑鳩とは

日本を代表する古代遺跡の宝庫である「飛鳥」に対して、法隆寺の周辺を「斑鳩」と呼んでいます。「斑鳩町」という町名は、昭和二十二年二月十一日に法隆寺周辺の「竜田町」「法隆寺村」「富郷村」の三ケ町村が合併し、行政単位として「斑鳩町」が誕生したことに始まります。そのときに現在の斑鳩町の領域が確定することとなるのですが、この地域を斑鳩と呼んだのは江戸時代からすでにあったようです。明治二十年に三ケ町村が合同して小学校を設立したときに、それを「斑鳩尋常小学校」と呼んでいます。

しかし、その三ケ町村の領域が古くからの斑鳩（鵤）というわけではありません。かつて太子に関係する宮殿や寺院・神社などが存在していた地域のほとんどが「平群《へぐり》の郡」であり、これが明治維新を迎えると「平群郡」と呼ばれることとなりました。現在のように生駒郡になるのは明治三十年からのことです。

そのようなことから、太子と法隆寺に関する歴史を考える場合には、少なくともかつての平群郡を含む広い地域を対象として研究しなければならないと思います。

太子は、初め上宮《かみつみや》（桜井市付近とされている）に住んでおられましたが、六〇一年に斑鳩に移られたと『書紀』は伝えています。そのとき、竜田老神の指南によって太子は斑鳩に法隆寺を建立したとする伝説（次節参照）が残されていますが、これに関わる竜田本宮《たつたほんぐう》は三郷町《さんごうちょう》にあります。

昭和五十八年には平群町の西宮という場所から直径四〇～四二センチの掘立柱が並ぶ大型建物の遺構が発見されました。これが上宮王家に関連する遺構の一つと注目されている「西宮《にしのみや》遺跡《いせき》」です。

太子の宮殿の一つである「飽波葦垣宮《あくなみあしがきのみや》」（斑鳩町と安堵町《あんどちょう》付近）や王寺町《おうじちょう》の達磨寺《だるまでら》、河合町の定林寺《じょうりんじ》、香《か》芝《しば》市《し》の尼寺廃寺《にんじはいじ》、旗尾池《はたおいけ》、分川池《ぶんがいけ》、そして大和郡山市の額安寺《がくあんじ》や、物部守屋を射止めたと伝える舎人の迹見《とみ》赤檮《いちい》の伝承地なども、広い意味での斑鳩文化圏として注目すべきでしょう。

そのような意味からも、太子時代の斑鳩とは特定の地域を示す地名ではなく、斑鳩宮、岡本宮（法起寺）、飽波葦垣宮（太子薨去の地・成福寺《じょうふくじ》）、中宮（中宮寺）などを含む広範囲の地域だったと思います、つまり現在の安堵町、斑鳩町、三郷町、平群町、河合町、上牧町、王寺町、香芝市、大和郡山市の一部を含む広大な地域であり、それを「太子の文化圏」と考えたいのです。

この地域の名称については、三十六歌仙の一人である源順によって承平五年（九三五）に編纂された『和《わ》名類聚抄《みょうるいじゅしょう》』に、大和国平群郡にある郷名として「那珂《なか》」「平群」「夜麻《やま》」「坂門《さかと》」「額田《ぬかた》」「飽波」などが見られます。しかし、どうしたことか、その中に「斑鳩」という郷名はありません。そして、斑鳩という村名も字名も存在しないのです。さきにもふれたように斑鳩という地域と、その範囲を明確に示す史料はありません。斑鳩という地名はあくまでも漠然としたもので、古くからの地名（字名）としては、どこにも遺っていないというのが実状なのです。

そのようなことから古代斑鳩の領域を考えた場合、狭義としては太子が宮殿を営まれた周辺の地域の総称ということになり、広義としては斑鳩宮を中心とする太子の文化圏を指すものと考えたいのです。

江戸時代の法隆寺史料である『古今一陽集《ここんいちようしゅう》』（一八三六）には、斑鳩について次のような、興味深い古老

の伝説を紹介しています。（要旨）

「鵤（斑鳩）と呼ばれるのは、かってその地域の老樹（大槻樹）に斑鳩という鳥が群遊していたからだという。その老樹は福井邑《ふくいむら》（かつての斑鳩宮と若草伽藍の中間、法隆寺東大門の東南地域）と呼ぶ地域に茂っていたが、惜しいことに、そのような由緒を知らない農夫がその老樹を伐採してしまったらしい。そのため旧址に叢祠《ほこら》を建て、これを福石弁財天と呼んだ。」と。

これによると斑鳩とは鳥の名称であり、その鳥が群集していた大槻（ケヤキの古名）が福井邑にあったことになります。

かつてその大槻樹があった場所には、福石弁財天という祠があったようです。それは明治初年ごろの地図に記されています。その老樹が茂っていた場所は若草伽藍や斑鳩宮に隣接しており、斑鳩の地名の発祥地にふさわしい位置にあるようです。

その故事を後世に伝えるために、私は、平成九年七月二十二日に、その旧址の近く（聖徳会館の西側）へ槻を植樹し、「斑鳩之地名発祥地」の石碑を建てて顕彰したのです。また、万葉集に登場する「ヨルカ（因可）池」（聖徳会館東南の隅）に「因可池」と揮毫した石碑を建立したのでした。

飛鳥という地名は、「飛鳥坐神社《あすかにいますじんじゃ》」の付近に字名として遺っていると聞きます。しかし、どうしたことか斑鳩は字名として遺っていないのが不可解でなりません。これも斑鳩にまつわる「なぞ」の一つといえるのではないでしょうか。

三　太子が斑鳩に関心を抱いたのはいつか

太子が斑鳩の地に宮殿の造営を開始したのは推古九年（六〇一）のことであったと『書紀』は伝えています。

しかし、宮殿の造営場所を突如として決めるようなことは考えられません。まず交通などの地理的な条件、その地域を取り巻く豪族たちの勢力分布、飛鳥の都や日本の玄関口である難波との距離関係などを充分に検討されたことでしょう。占星術や亀甲による占いも行なわれたかもしれません。おそらく太子は多くのブレーンたちといろいろな検討を重ねつつ、充分な期間を置いてから宮殿の造営場所や規模などを決定したはずです。そのように考えれば、太子が斑鳩の地に注目したのは推古九年より遥か以前のことであったと見なければなりません。それを傍証するものとして、鎌倉時代の法隆寺史料である『聖徳太子伝私記』に一つの伝承を記しています。

そこには、推古元年（五九三）に、太子が平群《へぐり》の郡《こおり》を訪れて堂塔を建立する場所を探索していたとき、一人の老人（竜田山の翁）が太子の眼前に現れて斑鳩郷を示し、その土地が寺院を建てるのに最勝の地であると指南した、と伝えています。

いうまでもなく、これは一つの伝説に過ぎませんが、五九三年ごろ、太子が寺院を建立するために、すでに斑鳩の地を見聞していたとする記述には注目すべきでしょう。

これまで推古十五年（六〇七）を創建（完成）とする法隆寺の寺伝の拠り所とされてきた金堂薬師如来像に

ある光背の銘文は、史料としての信憑性に欠けるという見解が多かったのです。しかし、創建年代に関しては、考古学的立場からの支持も増えつつあります。創建の法隆寺（若草伽藍）には飛鳥寺と同笵の瓦が使われており、飛鳥寺が完成した推古四年（五九六）に近い時期から造営事業が開始された可能性が高いとする説です。

これらの研究は法隆寺史における新知見であり、斑鳩宮の造営時期についても大きな一石を投じたこととなります。太子による宮殿の造営とほぼ平行して寺院の建立にとりかかった可能性が高くなるからです。この研究成果と、太子が五九三年ごろに斑鳩の地を訪れて寺院建立の勝地を探したとする伝承とが一致することは大いに参考にすべきではないでしょうか。

太子と斑鳩の関係は、五九二年に崇峻天皇が暗殺され、その翌年に太子が皇太子に就いたころから深まったと考えることができます。おそらく太子は崇峻天皇の暗殺という大事件を目の当たりにして、国家基盤の確立を図りつつ、新天地を求めて斑鳩地域に着目をしたのではないか、と考えたいのです。

そして、まず一つの試みとして太子が仮の宮殿を造営したのが、飽波葦垣宮であったと思われます。この「飽波葦垣宮」の名は「平群の飽波郷に造営された葦で囲った宮」という意味であり、私は太子が平群の郡に最初に造営した宮殿ではないかと考えているのです。すでに紹介をしたように、この宮の伝承地は二ヶ所にあります。その一つは富雄川《とみおがわ》東岸の安堵町にある飽波神社《あくなみじんじゃ》付近とする説であり、もう一つは富雄川西岸にある斑鳩町の成福寺（法隆寺の末寺）の地にあったとするものです。とくに成福寺に近接する上宮遺跡《かみやいせき》からは、奈良時代の大規模な掘立柱建物群の遺構が確認されています。それは称徳天皇が河内由義宮《かわちゆぎのみや》へ行幸されるときに立ち寄られた行宮跡と考えられているのです。さらに、この遺跡から出土する土器に七世紀のものが含まれていることから、近くにその時期の遺構のある可能性も高くなりました。おそらく近い将来に行なわれるであろう成福寺境内などの発掘調査で「太子の飽波葦垣宮」の発見が大いに期待されます。また、この宮殿の周辺には太子とその妃膳菩岐々美郎女《かしわでのほききみのいらつめ》の間に生れた王子たちが住んでいた可能性もあり、「飽波葦垣宮」は一定の範囲内に多くの建物が点在していた宮殿群であったと考えられます。

この宮殿に仮住まいをされた太子は、おそらく、その周辺が施政の地としての理想郷の建設に適しているかどうかを考えつつ、仏教の興隆をめざして法隆寺の造営に着手したのではないでしょうか。それに並行して本格的な斑鳩宮の正殿を現在の法隆寺東院の地に造営したのかもしれません。

推古十三年（六〇五）十月に斑鳩宮の中心的宮殿は完成し、太子の率いる上宮王家の一族は飛鳥を離れて斑鳩へ遷り住んだのでしょう。その時期には法隆寺の造営計画も進行し、理想郷作りは着々と実現しつつあったと思われます。太子はそのかたわら、高句麗の慧慈法師の指導で仏の教えを学び、『勝鬘経《しょうまんぎょう》』『維摩経《ゆいまきょう》』『法華経《ほっけきょう》』の註釈書を著したり、法隆寺をはじめとする多くの寺院を建立して仏教の興隆に努められたのでした。そして用明天皇や崇峻天皇の冥福を祈りつつ、斑鳩宮に於て自らが考えた行政機構に関する諸制度の整備を実行に移されていたのではないでしょうか。太子の大きな夢が、まさに、これから斑鳩宮において花開こうとしていたのです。

四　太子の視野と政治姿勢

五九二年に崇峻天皇が蘇我馬子によって暗殺されるという弑逆事件《しぎゃくじけん》のあと、我が国最初の女帝として推古天皇（五九二〜六二八）が即位されました。天皇の暗殺という異常な政治状況の中で国家の安泰を願ったときに、推古天皇を除いて適当な人材はなかったのではないでしょうか。

そのような背景のもとに、推古元年（五九三）四月十日、天皇は太子を皇太子に任命して政治を委ねられたのでした。そのときから太子は新しい国造りのために、その聡明さを発揮する、いわゆる太子の時代が始まるのです。

二十歳という若さで太子が皇太子に任命されたことは、すでに太子の力量が高く評価されていたことを示すものでしょう。

天皇から国政を委ねられた太子が目指したのは、政治を円滑に施行するために国家としての諸制度を整えることでした。まず取り組んだのは、先進の外来文化や仏教の教えなどを積極的に採り入れて、国家としての基盤を築こうとしたのです。

推古二年に、天皇は太子と大臣の蘇我馬子に命じて「三宝興隆《さんぼうこうりゅう》の詔《みことのり》」を発しています。すでにそのころ、廃仏勢力であった物部守屋を完全に排除し、仏教を興隆する基盤が築かれつつあったのです。

この詔によって、はじめて朝廷として正式に仏教興隆を奨励することになります。すべての臣や連たちに対し、天皇と先祖への恩に報いるために仏を敬い、仏舎《ほとけのおほとの》を造ることを奨めているのです。それまでは仏像を安置する建物のことを仏舎と呼んでいたのですが、このときからその仏舎のことを寺《てら》と呼ぶこととなったのでした。崇峻天皇の暗殺という、前代未聞の大事件に遭遇した人びとの心の動揺を思い計った太子が、仏の教えという精神的な支柱を与え、人心の安定を図ったのではないでしょうか。

しかも、そのころの仏教は、宗教のみならず学問・美術・工芸・建築など東アジアの文化の粋を集めた総合的な文化の複合体であり、仏教を推進することは、それらの先進文化の成果を日本全土に広めることに直接つながるものでした。この詔の発布には太子の積極的な進言があったことでしょう。

それは太子が、かねてから国際的な広い視野に立って物事を考えることのできる人物であり、大国の隋や朝鮮半島の高句麗・新羅・百済といった国々の制度や文化を積極的に導入する必要性を痛感していたことによるものと思われます。

このような時期に仏教の指導者として高句麗僧の慧慈と百済僧の慧聡《えそう》が渡来して太子の仏教の師となります。太子は慧慈らが来朝した翌年の推古四年（五九六）に、慧慈や葛城臣などのブレーンを伴って伊予の道後あたりへ逍遥しているのです。

これについては太子が自分の領地を見分する旅であったとする説もありますが、私は、これから日本の国をどのように導いて行くべきか、ということを思考する旅であったと考えたいのです。そのようなことから仏教の師である慧慈や、政策のブレーンであろう葛城臣らが同行していたのでしょう。

それを裏付けるかのように、太子は道後の温泉の効能に託して、自らの政治姿勢を語っています。太子は「すべての人間の尊厳・すべての人間の平等性」を強く唱え、天皇を中心とした安定した国家を造るために、国を支える人びとの幸せに心をくだき、為政者としての姿勢を明確に打出されたのでした。

やがて道後から帰ると、強い決意のもとに思索を重ね、いよいよその成果を実行に移して画期的な政治改革の数々を断行することとなるのです。

道後への旅は、これから日本の国家基盤をどのように整え、人びとをいかに導き、幸せをもたらそうか、とする思考の旅であったと思われてなりません。

五　「憲法十七条」の制定

道後への旅から帰った太子は慧慈など多くのブレーンたちの意見を積極的に取り入れながら国家として必要な諸制度を立案し、それを施行することに専念しています。それらの政策は、まさに内政の一大改革の断行そのものでした。

まず推古十一年（六〇三）十二月には「冠位十二階」を制定しています。これは朝廷に仕える役人たちの位を冠の色によって表示する制度のことです。

豪族や役人たちの階級を大徳・小徳・大仁・小仁・大義・小義・大礼・小礼・大智・小智・大信・小信のあわせて十二階に分けて、位階ごとにそれぞれきまった色の冠を着用させるものでした。高位から順に、紫、青、赤、黄、白、黒の六色で表されたのです。この十二階は、中国の五つの道徳である仁、義、礼、智、信を基本にして、最高位に徳を加え、それぞれを大小二つに分けて十二にしたのでした。これは朝廷に仕える役人たちの人材登用を具体的に制度化したものです。それまでの世襲制度にとらわれることなく、その功績によって位を授けるものであり、その時代としては画期的な改革の一つだったと思います。

これは役人たちに忠勤を励む意欲を起こさせることにも大いに役立ったことでしょう。おそらく、この制度の施行に対しては激しい抵抗があったことが想像されます。しかし、太子の強い信念によって断行したのではないでしょうか。

このような画期的な改革が人びとに浸透したのを見計らった太子は、推古十二年（六〇四）四月三日に

「憲法十七条」を制定しています。これはまさに太子にとって内政改革の集大成とでもいうべき大仕事であったことでしょう。この憲法は「国家のあるべき姿」「政治に携わる人びとの心がけ」などを、中国古典の文言を引用し、具体的な事例を示しながら、国家の規範として表明したもので、豪族や役人たちに対する政治的道徳的訓戒でもありました。

憲法の内容は、思想的には仏教はもちろん儒教や法家の考えなどの影響も受けているといわれています。参考までにその条項の主な要旨を紹介したいと思います。

①和を大切にすること。人とのいさかいをしないように。
②心から仏教を敬う生活をするように。
③天皇の命には必ず従うように。
④役人は社会秩序の維持につとめるように。
⑤公正な裁判を行なうこと。賄賂を受けないように注意するように。
⑥悪い行為を正し、良い行ないを支持するように。
⑦適材適所に人材を登用すること。人のために仕事を作らないように。
⑧役人は人びとのために奉仕すること。朝早くからおそくまで仕事をするように。
⑨何ごとにも真心をもって対処するように。
⑩怒りなどの感情をあらわに出さないで冷静に対処すること。お互い平凡な人間同志であることを自覚するように。
⑪善い行ないと悪い行ないとをはっきりと判断してそれには必ず賞罰を与えるように。

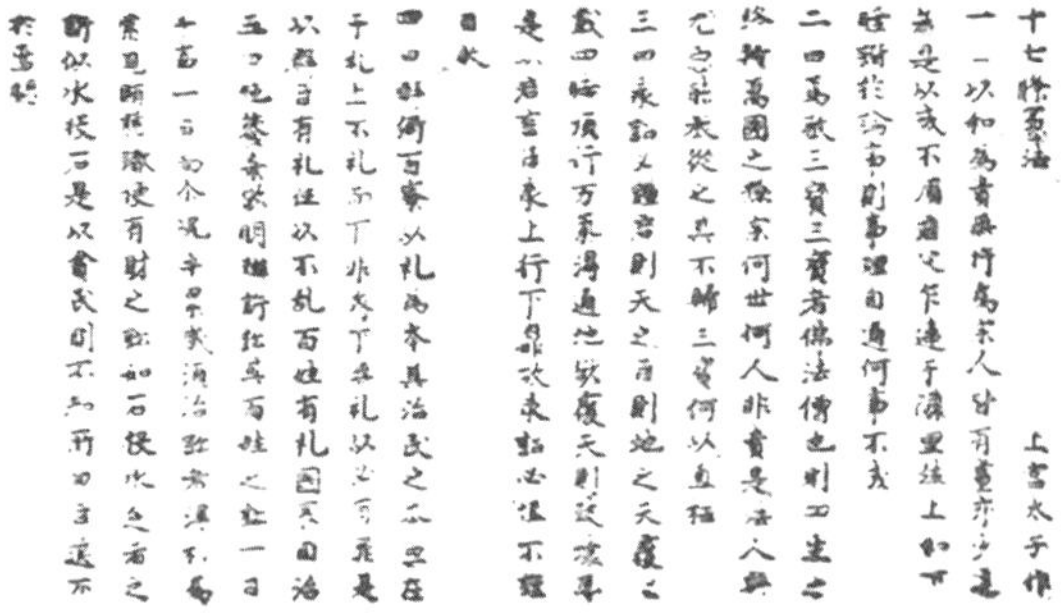
十七條憲法　上宮太子作
一曰以和為貴無忤為宗人皆有黨亦少達
者是以或不順君父乍違于隣里然上和下
睦諧於論事則事理自通何事不成
二曰篤敬三寶三寶者佛法僧也則四生之
終歸萬國之極宗何世何人非貴是法人鮮
尤惡能教從之其不歸三寶何以直枉
三曰承詔必謹君則天之臣則地之天覆之
載四時順行万氣得通地欲覆天則致壊耳
是以君言臣承上行下靡故承詔必慎不謹
自敗
四曰群卿百寮以礼為本其治民之本要在
于礼上不礼而下非斉下無礼以必有罪是
以群臣有礼位次不乱百姓有礼国家自治
五曰絶餮棄欲明辨訴訟其百姓之訟一日
千事一日尚介況乎累歳須治訟者得利為
常見賄聴讞便有財之訟如石投水乏者之
訴似水投石是以貧民則不知所由臣道亦
於焉闕

【図5】憲法十七条版本（著者提供）

⑫国民からは決められたもの以外に税を徴収しないように。

⑬役人は職務についてどのようなことがあっても責任の回避をしないように。

⑭お互いに嫉妬をしないこと。他人の出世を羨まないように。

⑮個人的なことよりも国家のために専念することが役人の正しい道であることを自覚するように。

⑯国民に労働力を提供させるときは時期を選ぶように。

⑰ものごとを決断するときには決して独断で行なわないように。

太子はこの「憲法十七条」を制定し、それを実施することによって、天皇を中心とした中央集権的な国家体制の安定を目指されたのでしょう。とくにその中で、仏教の教えなどに基づく宗教的な道徳を示しつつ、役人たちの職務行動の規範の確立を図ったのです。

こうした国政の改革に取り組みつつ、太子は遣隋使の派遣などによって、先進文化の積極的な摂取と、将来に向けた若い人材の育成にも努めたのです。

太子は、国家体制の安定を計るとともに、アジアの超大国である隋と対等外交を開こうとしたのでした。

『書紀』には推古十五年（六〇七）に小野妹子《おののいもこ》（生没年不詳・近江滋賀郡小野村の出身）を遣隋使として派遣したことを伝えています。

妹子たちは煬帝《ようだい》に拝謁を許され「日出ずる処の天子、書を日没する処の天子に致す。恙無《つつがな》きや。」と、したためた国書を奉ったために煬帝から不興をかったという話はよく知られています。しかし、太子の念願はついに達成され、隋との外交が実現することとなったのです。こうして太子は、国家の安定と道徳の確立などに生涯を捧げられましたが、ついに皇位に就くことはありませんでした。

ところが最近、太子は実質的な天皇のような存在ではなかったかとする学者や、斑鳩地域に残る条里などには都城造りが行なわれた形跡が見られると唱える研究者もいます。このことは、太子が、斑鳩宮を中心に理想郷の実現を目指しておられたことを物語るものかもしれません。

六　法隆寺が建立されたころ

日本に仏教が渡来したのは欽明天皇の時代であったといわれています。そのころの人びとは金色に輝く異国の神である仏像をどのように見ていたのでしょうか。

おそらく、今まで目にしたこともない黄金に輝く仏像に対して畏怖と崇敬の気持ちが交錯する複雑な面持ちで接したことでしょう。

そのころの為政者たちの多くは「仏の教え」を貴ぶというより、むしろそれに付随してもたらされる、異国の優れた文化に目を見張ったのかもしれません。

遥か西方のペルシャやシルクロードに沿った国々からもたらされた、珍しい品々やすぐれた文化に、人びとは大いに魅せられたことでしょう。

そのような時期に出生されたのが太子でした。幼少のころから聡明で、人びとの注目する俊才であったと伝えています。太子は優れた大陸の文化を携えて来日した高句麗の慧慈や百済の慧聡、観勒らの学匠たちに師事して真摯に仏教を学び、ついには仏陀の深遠なる教えを体得されるようになったのでした。

太子は、仏教の精神を政治の基調に置くことによって、豪族間の対立を融和して、人びとの生活の安定と倫理感を高めようとしたのではないでしょうか。

おそらく太子は、仏教を思想的に正面から取り組んだ日本最初の人物ということになるでしょう。それまでの日本の初期仏教が持っていた呪術性からの脱却を計ったところにその特徴があるようです。日本の仏教文化を中国や朝鮮半島の先進国のレベルまで高める中心的役割を果たしたのが太子でした。

このように仏の教えは天竺から東へ流れ、西域の国々・中国・朝鮮半島を通って日本へしっかりと受け継がれました。やがて飛鳥の都を中心として多くの寺院が建立され、仏教文化の大輪の華が咲くこととなるのです。

そのような背景のもとに建立されたのが斑鳩寺（法隆寺）でした。『書紀』では推古九年（六〇一）に太子が斑鳩宮を造営したことを伝えていますが、どうしたことか、斑鳩寺を建立したことにはふれていないのです。

しかし太子によって斑鳩寺が建立されたことは疑う余地のない事実です。その寺院は用明天皇が自らの病気平癒のために薬師如来像を造ろうと発願したことに由来しています。

その遺志を継いだ推古天皇と太子が推古十五年（六〇七）に薬師如来像を造り、斑鳩宮の西に隣接するように建立されたとするのです。しかし、その斑鳩寺は天智九年（六七〇）に焼失したと『書紀』は伝えています。

その寺院の旧跡を「若草伽藍跡」と呼んでいるのです。その遺跡からは、昭和十四年十二月に行なわれた発掘調査によって、現在の法隆寺に先行すると見られる伽藍の遺構が見つかりました。そのとき、金堂と塔跡らしき掘込基壇の遺構を確認したのですが、廻廊・講堂・僧房などの遺構は発見されていません。とくに昭和四十三、四年の両年度にわたって行なわれた再発掘調査では金堂の基壇の築成に遅れて塔の基壇が築かれている新事実を確認しており、金堂の造立より遅れて塔を建立したと考えられているのです。

そして塔の掘り込み地業の下から、金堂に使用したものと思われる素弁九葉蓮華文《そべんくようれんげもん》の軒丸瓦や手彫り杏《ぎょう》葉文《ようもん》の軒平瓦を発見しているのです。いずれにしても、この伽藍が太子によって建立された寺院であるとみられることとなりました。しかし、はたして太子の生存中に全伽藍が完成していたか、どうか、についての解明は今後の研究課題であり、その究明が大いに期待されています。

七　太子道を往く

太子が愛馬の黒駒にまたがり侍者の調子麿《ちょうしまろ》を従えて斑鳩宮から飛鳥の小墾田宮《おはりだのみや》へ通われたと伝える街道を「太子道」と呼んでいます。『太子伝暦《たいしでんりゃく》』によると、その黒駒は推古六年（五九八）に甲斐の国から太子へ献じられた全身が黒く四脚が白い駿馬であったようです。

　太子は黒駒の飼育を舎人の調子麿に命じました。その調子麿は百済の宰相の子息で、十八歳のときに渡来して太子の舎人となったと伝えています。調子麿は太子が全国巡見の旅の途中に富士山へ登山をされたときも、片岡山《かたおかやま》で飢えた人にあわれたときも、椎坂《しいさか》で土地の神が太子が吹く笛に合わせて舞った（蘇莫者《そまくしゃ》）ときにも、黒駒とともに太子に付き添っていたのです。

【図6】太子が片岡山で飢人に出会う。右に調子麿（『聖徳太子御絵伝』より）

　飛鳥の都と斑鳩宮を結ぶ道は、盆地の南北に整然と区画された条里を斜めに走っているのです。そのために、この道のことを「須知迦部路」（筋違道）とも呼んでいます。おそらく飛鳥と斑鳩を結ぶ最短距離の道だったのでしょう。

　この道の中程にある三宅町の屏風《びょうぶ》という所には、太子が飛鳥への道すがらに昼食をとられたときに、村人たちが太子を屏風で囲ってご接待をしたという伝承があります。それが地名の由来になったというのです。この屏風にある白山神社《はくさんじんじゃ》の境内には「太子の腰掛石」と呼ばれる石があり、その近くにある筑紫神社《ちくしじんじゃ》には村人たちが太子を饗応したときの様子を描いた絵馬も伝わっています。そのとき太子は黒駒のたずなを傍らの柳の木に結ばれたとする伝承があることから、平成九年に三宅町の要請で柳を植樹しています。

しかし、皇太子であった太子が黒駒に跨り、調子麿を従えて自由に旅をされたという伝説には信じがたいものがあります。おそらく多くのブレーンや警護の人びとを伴った旅であり、しかも、この太子道は太子の支配力が及んでいた安全な地域が選ばれたはずです。それほどに、そのころの世情は危険な要素が満ち満ちていた時代であったことでしょう。太子が黒駒に跨り、調子麿がそのたずなを引いて往来したとする伝承は、太子への信仰の一つとして語られた逸話の一つだと思われます。

この太子道に対して、推古三十年（六二二）に斑鳩で薨去された太子のご遺体を、母の間人皇后が葬られている河内磯長の御陵へ運ばれた街道のことも太子道と呼んでいます。しかし、その太子道は、決して太子のご遺体を運ぶために新しく造られたものではないと思います。おそらく太子が文化の拠点を結ぶ重要な街道として、すでに生前から開かれていた道であったとみるべきでしょう。

とくにこの太子道が通っている王寺町には太子が片岡山で飢えた人に遇われたという達磨寺があり、香芝市にはこの太子道に沿うかのように建てられた古代寺院の遺跡『尼寺《にんじ》廃寺《はいじ》跡《あと》』があります。近年の発掘調査

【図7】太子道の石碑（著者提供）

によって塔や金堂を中心とする伽藍跡が発見され、この遺跡が太子建立七ケ寺の一つである幻の『葛城尼寺《かつらぎにじ》』ではないかとする説が唱えられたこともありました。しかし、そのハードルは高いようです。ところがその近郊には太子が農業用の灌漑用水として掘られた「旗尾池《はたおいけ》」や「分川池《ぶんがいけ》」があり、太子信仰が息づいている地域でもあるのです。

　これらの太子道の外にも、法隆寺から四天王寺へ通われた街道や、兵庫県の鵤庄《いかるがのしょう》、愛媛県の道後温泉への道など、太子が実際に歩まれた道をはじめ、父用明天皇の菩提を祈って信州の善光寺の阿弥陀如来のもとへ阿部臣や小野妹子などの使者を遣わした街道なども、広い意味で太子道と呼ぶべきではないか、と考えています。

　そして、優れた異国の学問や文化に憧れたであろう太子の胸中に秘められたあつい思いは、はるか遠くの朝鮮半島の国々や隋をはじめ、さらにインドそしてペルシャへと及んでいたことでしょう。わが国の威信をかけて小野妹子を遣隋使として隋の煬帝のもとへ派遣した陸路や海路も、まさに太子道ではないでしょうか。

　いうまでもなく、これらの街道や海路の多くは、はるかシルクロードから中国や朝鮮半島の国々を経て優れた文化が往来した国際色豊かな道でもあったはずです。

　そのような思いから私は平成八年に、法隆寺の世界文化遺産登録

【図8】太子道サミットで発言する著者（著者提供）

三周年を記念して『太子道サミット』を開催しました。太子の遺徳と面影を秘めて守り継がれている太子道の啓蒙のために、その保存と顕彰を提唱したのでした。それは私が、昭和五十一年に有志の人びととはじめて飛鳥への太子道を歩いたときからの念願でもありました。そのことが、昭和五十六年の太子一千三百六十年の御忌を期して、法隆寺から大阪の太子廟への太子道を多くの人びととご一緒に歩くことにつながったのです。

そして平成九年から太子道を歩く集いを実施したのです。これに対しては、多くの人びとからの賛同の声が寄せられました。それに励まされて毎年二月二十二日には法隆寺から磯長へ、十一月二十二日には法隆寺から飛鳥へと、太子道をたずねる集いを開催し、年々盛大になりつつあります。

これからも、多くのロマンを漂わせるこの「太子道」を訪ねていただき、はるか太子の時代に思いをはせるひとときをお過ごしいただくことを、是非ともお勧めしたいと思います。なお伝承によりますと、愛馬の黒駒は太子の墓前で殉死し、侍者の調子麿は出家して太子の墓守をしたとも、法隆寺を護持したとも伝えています。その調子麿と黒駒の伝承墓が旧中宮寺跡の南にあるのです。

八　太子薨去の場所をめぐって

日本の国造りにその生涯を捧げた太子を取り巻く不幸は、意外に早く訪れました。

まず、推古二十九年（六二一）十二月二十一日に太子の母、穴穂部間人皇后《あなほべのはしひとこうごう》が多難の生涯を閉じられ、太子もその翌年の正月二十二日から病の床につかれています。太子を看病された最愛の妃膳大郎女《かしわでのおおいらつめ》も病魔に見舞われて二月二十一日に亡くなりました。そのあとを追うかのように太子は翌二十二日にこの世を去られたのです。ときに太子四十九歳のことであったと伝えています。

太子の薨去の年時について「金堂釈迦三尊光背銘」をはじめ「天寿国曼荼羅繍帳銘《てんじゅこくまんだらしゅうちょうめい》」『法王帝説《ほうおうていせつ》』「法起寺《ほうきじ》塔露盤銘《とうろばんめい》」『太子伝補欠記《たいしでんほけつき》』などは推古三十年二月二十二日としているのに対して『書紀』は推古二十九年二月五日とするのです。しかし、最も信憑性の高いといわれる前者の記録によって太子に所縁深い寺院の多くは推古三十年二月二十二日を忌日としています。

太子の薨去の場所についても『書紀』では斑鳩宮であるとするのに対し、『太子伝私記』などの法隆寺関係の記録では葦垣宮であると伝えています。

太子が薨去されて約一世紀余りを経た天平時代に、行信《ぎょうしん》という高僧が斑鳩宮の旧址に太子を供養する殿堂として「上宮王院《じょうぐうおういん》」（夢殿）を建立したのです。そのようなことから太子が斑鳩宮で薨じられたとする説が大勢を占めた時期もありました。

しかし平成三年九月に「葦垣宮跡」伝承地の近くの上宮遺跡から「飽波宮」の宮殿跡らしい掘立柱群を発見したことが、斑鳩町教育委員会から発表されたのです。斑鳩町では上宮地区に歴史公園の建設を計画し、平成三年の春からその事前の調査のために約一六〇〇平方メートルの地域を発掘していたのです。

その発掘現場からは直径四〇～五〇センチの柱を使った大規模な五棟の建物跡が見つかりました。発掘された柱の太さから、平城京の長屋王の邸宅に匹敵するものであることが判明しています。しかも調査地区北端の溝からは、聖武天皇や称徳天皇の時代に平城宮で使われたものと同形式の瓦も多数出土したのです。

そのことから、この遺構は奈良時代の建物群であることが明らかとなりました。そして『続日本紀』に記載する神護景雲元年（七六七）四月二十六日に称徳天皇が行幸された「飽浪宮跡」である可能性が高まったのです。

宮殿跡のすぐ東には富雄川、西に竜田川《たつたがわ》、南に大和川《やまとがわ》が流れています。陸路についても斑鳩と飛鳥を結ぶ「太子道」と、斑鳩から河内へ抜ける竜田越えのルートである古い街道もあり、古代からの交通の要所であったのかもしれません。

そのようなことから、称徳天皇の時代に「飽浪宮」が突如として造営されたのではなく、何かそこに宮殿が造営されるべき大きな要因が秘められていたと考えられます。おそらく、交通の重要な拠点にあった太子の「葦垣宮」を踏襲した天皇の行宮が、置かれるべくして置かれた可能性をうかがわせているのです。『太子伝私記』が伝えるように、太子が薨去された場所には、鎌倉時代にも「幸屋《みゆきや》」と呼ぶ建物が存在していたという記録にも注目しなければなりません。「幸屋」とは「天皇が行幸される建物」の略称とも理解できるからです。おそらく、称徳天皇が行幸された宮殿の伝承と太子が薨去された葦垣宮の地とする伝えが混同しているのではないかと思います。

発掘現場からは太子の「葦垣宮」をしのばせる遺構は発見されていないようです。しかし、その周辺からは飛鳥時代の土器片も出土しており、近くに「幻の葦垣宮」が眠っている可能性を秘めているといえるでしょう。

近い将来に行なわれるであろう、成福寺の境内地を含む広範囲の発掘調査によって、太子薨去の宮殿遺構が発見されることへの期待は膨らんでいます。

太子が葦垣宮で薨去され、ご遺体は太子の正殿であった現在の夢殿の近くに移して丁重に供養されたことでしょう。おそらく飛鳥宮などから弔問にかけつけた多くの人びとが「太子は斑鳩宮で亡くなった」と伝えたことが『書紀』に記された可能性もあるのです。そのころ斑鳩宮の周辺に散在していたであろう葦垣宮や中宮（なかのみや）・岡本宮など多くの宮殿を総括的に「斑鳩宮」と呼んでいたのかもしれません。

そのように考えれば葦垣宮と斑鳩宮の二つの説があっても決して不思議ではありません。おそらく、太子のご遺体は斑鳩宮の正殿で行なわれたであろう宗教儀礼を終え、太子と膳妃の棺は、多くの人びとの手によって河内の磯長のご廟へと運ばれたのでした。十一世紀に描かれた『聖徳太子絵伝』には、ご廟の前に棺を安置する二つの床几のようなものを描いています。

太子の棺は穴穂部間人皇后や膳妃とともに合葬されたと伝え、これを「三《さん》骨《こつ》一《いち》廟《びょう》」と呼んでいるのです。それが磯長のご廟です。この墳墓は七世紀前半としては大規模なもののようです。棺が到着した墳墓の前で行なわれた葬送の儀礼は、古式ゆかしいことに加えて、非常に仏教的色彩の強いものであったことが想像されます。やがて『書紀』が編纂されるころから太子の業績が高く再評価され、超人的な説話が作られるようになります。そして太子の再来を願う信仰へと展開することになるのです。

九　上宮王家の滅亡から大化の改新へ

太子が薨去されてからの上宮王家の人びとの消息を伝える記録は極めて少なくなります。

『書紀』には、推古三十六年（六二八）に推古天皇のご病気がひどくなったとき、皇位継承候補者である田村皇子《たむらのみこ》（敏達天皇の孫）と太子の長男である山背大兄王《やましろのおおえのおう》（山背王《やましろおう》と呼ぶ）とを個々に病床に呼び、自らの行動を慎しんで、人びとの意見を充分に聞くように、との遺言をされているのです。

まもなく天皇が崩御されました。そして、次の皇位について、田村皇子と山背王に対する先帝の遺言を巡って、大臣の蘇我蝦夷《そがのえみし》が群臣たちから意見を求めたのですが、議論が紛糾して容易に決着をしなかったのです。やがて、田村皇子を推す蘇我蝦夷は、山背王を推す境部摩理勢《さかいべのまりせ》（蘇我臣の一族）を殺害することによって、田村皇子を強引に皇位につけることに成功したのです。それが舒明天皇でした。

蝦夷たちの専横に対して山背王は承服しがたいものがありましたが、いつも太子から聞いていた「悪いことをしないように、いろいろな善い行ないを実践するように」との遺訓を守り、その遺命によって斑鳩寺や法起寺・中宮寺などの造営や斑鳩の都城造りなどに専念をしていたようです。

『太子伝私記』が引用する「法起寺塔露盤銘」によると、舒明十年（六三八）に山背王が法起寺の金堂を造営したことを伝えており、斑鳩寺も山背王によって整備されたのではないか、とする見解もあるようです。おそらく山背王は静かに太子の遺訓を護りつつ、やがて訪れるであろう時節の到来を待っていたのではないでしょうか。

ところが舒明十三年（六四一）十月九日に舒明天皇が崩御されたのです。そして、舒明天皇の皇后である宝王女《たからのひめみこ》が推古天皇の例に倣って即位することとなりました。それが皇極天皇です。推古天皇の遺言や舒明天皇の即位の状況からすれば山背王が皇位に就くのが当然のように思われましたが、『書紀』の記録によるかぎり、山背王の存在は完全に無視をされた形となっているのです。

そのころ、蝦夷と入鹿の父子は、祖廟を建てたり蝦夷の墓（大墓）と入鹿の墓（小陵）を造り、しかもその作業には上宮の皇子に養育料として授けられた部《ぶ》の民を使役したことから、山背王の一族はその横暴に激怒したと伝えています。蘇我父子の専横は目に余るものがあったようです。

さらに皇極二年（六四三）の十月六日には、蝦夷が病気になったとき、私的に紫冠を息子の入鹿に授けて、大臣の位を譲ったように見せかけるといった暴挙や、舒明天皇の皇子である古人大兄《ふるひとのおおえ》を皇位につけることなども密かに謀っていたのでした。このような蘇我の横暴に対して、世の人びとの同情は山背王に集まりつつあったようです。

そのような世情に危惧を抱いた入鹿は、その年の十一月に巨勢徳太臣《こせのとくだのおみ》と土師娑婆連《はじのさばのむらじ》らを斑鳩に派遣して山背王をはじめとする上宮王家を襲わせたのでした。この軍勢には致奴王《ちぬのきみ》の子である軽王子《かるのみこ》も加わっていたと伝えています。それに対して上宮王家の忠臣であった三成《みなり》が数十人の舎人とともに防戦しています。そのとき敵将の土師娑婆連を射殺したために、入鹿が派遣した軍勢は恐れて退いたと伝えています。その隙を見計らって山背王は、馬の骨を寝所に投げこみ、妃や子弟たちをつれて、生駒山へと逃れたのでした。

やがて巨勢徳太臣らは斑鳩宮に放火し、その灰の中に骨があるのを見て山背王たちが亡くなったものと思い、包囲を解いて退却したのです。このとき山背王たちは、四、五日の間、生駒山の中にひそみ、食べ物もとることができなかったと伝えています。

東国へ逃れて再起を計るようにとの臣下の人びとからの進言もありましたが、山背王はそれを退けました。やがて上宮王家の皇子たちの姿を山中で見たと入鹿に知らせる者があり、入鹿は急いで軍将らを遣わして生駒山を捜索させます。山背王たちは、山から下って斑鳩寺（現在の法隆寺の前身・若草伽藍）の近くに帰りますが、そのことを知った入鹿側の軍将たちはすぐにそれを取り囲みました。そのとき山背王は、入鹿の軍将らにつぎのように告げています。

「自分が軍勢を整えて入鹿を討てば、きっと勝つであろう。しかし自分のために多くの人びとを傷つけ殺すようなことはしたくない。そのためにわが一身をば入鹿に賜う。」と。

そして、子弟や妃妾たち二三人（一五人ともいう）とともに自害されたのでした。

私は、その自害の場所が、現在の法隆寺の西院伽藍の地ではないかと考えています。そのために、天智九年（六七〇）の斑鳩寺（若草伽藍）焼失のときに、太子一族の終焉の地を寺地として、法隆寺を再建したと思っているのです。

『太子伝補闕記《たいしでんほけつき》』には、十一月十一日午後十時ごろに蘇我蝦夷・入鹿・軽王（のちの孝徳天皇）・巨勢徳太臣などの六人が悪逆の計を発して「太子の子孫男女廿三王」を罪なくして害した、と伝えます。入鹿によって山背王たちが滅ぼされたということを聞いた蝦夷は、入鹿の暴挙を大いに嘆き罵ったのでした。そのような蝦夷の心配が現実のものとなり、二年後（六四五）の六月十二日、中大兄皇子と中臣鎌足らが宮中で入鹿を暗殺、「大化改新」が断行されたのです。その翌日には蝦夷も自害しています。ここに至って蘇我の本家は滅亡したのです。それは太子が亡くなってから二十三年後のことでありました。

一〇　竜田新宮遷宮の意味

天皇を凌ぐまでの権勢を誇っていた蘇我本家の滅亡に伴って皇極天皇が譲位し、その弟の軽皇子が即位しています。それが孝徳天皇です。

その年の六月十九日には初めて年号を建てて大化元年とし、八月八日に「仏法興隆の詔」を発布しています。しかしそのころの法隆寺の様子を伝える資料はありません。おそらく、太子一族の滅亡で悲嘆にくれながら、かつて斑鳩宮に仕えた太子を慕う人びとや、斑鳩の周辺を支配していた豪族たちによって護られていたのではないでしょうか。太子の侍者として知られる調子麿とその一族も、法隆寺を護持していたとする伝承もあります。

大化四年（六四八）に朝廷から「食封三百戸」を法隆寺へ財源として施入したことが、天平十九年（七四七）勘録の『法隆寺資財帳』に記しています。その食封の施入には、皇極二年に山背王など太子の一族を襲った表面上の張本人である巨勢徳太臣が深く関与しており、『法隆寺資財帳』には巨勢徳太臣が朝廷の命を受けて施入をしたと記載しているのです。

このことについて、巨勢徳太臣が贖罪の気持ちを抱きつつ朝廷の使者として法隆寺へ食封を施入したのではないか、とする見解も示されています。

しかし、巨勢徳太臣が贖罪の気持を込めて、朝廷を代表して法隆寺へ食封を施入する使者を務めたという説には、どうしても同意しがたいものがあるのです。なぜならば、もし巨勢徳太臣の贖罪のためならば、巨勢徳太臣自身が所有している資財を法隆寺へ施入すべきではないでしょうか。他人の資財を施入するだけでは贖罪にはならないからです。この食封の施入はあくまでも朝廷からのものであり、その食封施入の目的が贖罪のためであったとすれば、贖罪をしなければならない人物が朝廷内にいたこととなります。

皇極二年に、太子の一族を滅ぼした軍勢の中に軽皇子、即ち孝徳天皇の姿があったことに注目をしなければならないと思います。そのことからも、あえて食封の施入を贖罪とみるならば、孝徳天皇の贖罪の可能性も浮上するのです。しかし、それはあくまでも推測の域を出るものではありません。むしろ私は、巨勢徳太臣が太子一族と内通しており、山背王が宮殿に投げ入れた馬の骨を根拠として太子一族の人びとが滅びたと吹聴して逃がそうとしたのではないか、と思っています。それは、人間と馬の骨を見誤ることはないからです。

食封が法隆寺へ施入された孝徳天皇の時代（六四五～六四九）に、竜田新宮（以下新宮という）を法隆寺の近郊に鎮座したとする古い記録があります。もし、それが史実とするならば、法隆寺の守護神としての竜田本宮があるにもかかわらず、どうしてそのような時期に新宮をわざわざ遷宮する必要があったのか、といった疑念が起こります。しかも孝徳朝といえば太子の一族が滅ぼされてから、わずか数年後のことであったからです。

その新宮は法隆寺の西南約五〇〇メートルのところにあります。しかもその新宮の北には、太子一族を葬ったのではないかと考えられている「御坊山《ごぼうやま》古墳群」（御廟山《ごびょうやま》ともいう）があるのです。その地域の字名を神後《こうのしろ》といい、その南斜面に古墳群が点在していたのです。

それらの古墳は、昭和三十九年と四十年に行なわれた宅地造成工事によって偶然に発見されたものです。

中でも三号墳の石槨の内部には黒漆塗りの陶棺があり、密封状態の棺のなかには、仰臥した人骨一体が横たわっていたといいます。その人物は身長一六〇センチくらいの若い男性で、一五六センチの狭い棺内に足を曲げた状態で安置されており、ありあわせの棺に急いで葬ったことをうかがわせているのです。しかし棺の中には琥珀製枕や三彩の有蓋円面硯・円筒状の筆の軸部と見られるガラス製品などを副葬しており、急ぎながらもできるだけ丁重に葬ろうとした人びとの、思いが伝わってくるようです。

このような現実を踏まえつつ新宮の造立理由を考えてみると、極めて複雑な要素が潜在しているように思われてなりません。

太子の一族の人びとを葬ったと考えられる御坊山の南に、どうして古墳の築造時期とほぼ同時期に新宮を遷宮する必要があったのでしょうか、私には、どうしても両者が無関係とは思われないのです。その状況から、新宮は御坊山古墳群に対する拝殿的な役割を果たしていると思われるからです。しかも孝徳朝に新宮が造営されたころには、御坊山に葬っている被葬者が誰であるか、といったことがはっきりと分かっていた時代です。御坊山が最近まで新宮の社地であったことを考え合わせれば、その地を新宮の神奈備《かんなび》とみることも、あながち根拠のないものとして一掃することはできません。

法隆寺としては「太子と神のご誓約」のためという表向きの理由によって新宮を造営したのでしょう。実際には新宮の北に眠っている不幸な最期を遂げた被葬者たちへの鎮魂の施設としたのではないでしょうか。そのような配慮は、朝廷内の事情を推し量った法隆寺側の気持ちであったのかもしれません。ところが法隆寺焼失などの大惨事もあり、新宮が造営された真相も忘れ去られることとなったのではないか、と思うのです。

［第二章］　甦った法隆寺

一　焼失した法隆寺のなぞ

法隆寺は、古くから太子が建立されたままの姿を伝える寺院であると信じられ、それが信仰の一つとなっていたのです。ところが、上宮王家一族（太子の一族）の滅亡という大悲劇に追い打ちをかけるかのように、天智九年（六七〇）に法隆寺が焼失したことを『書紀』に記録しています。その記載をめぐって、明治三十年代から、法隆寺は再建したとする再建説と、太子が建立したままであるとする非再建説が真向から対立、その論争の火ぶたが切られたのでした。これを「法隆寺《ほうりゅうじ》再建《さいこん》非《ひ》再建《さいこん》論争《ろんそう》」と呼んでいます。

再建論者である黒川真頼《くろかわまより》・小杉榲邨《こすぎすぎむら》・管政友《かんまさとも》らは、『書紀』の天智九年に焼失したことを伝える記事や『七大寺年表』『伊呂波字類抄』の「和銅年中法隆寺造立」という記録を中心として、再建論を提唱したのです。

それに対して、非再建論者である関野貞・伊東忠太・平子鐸嶺たちは、『法隆寺資財帳』や『太子伝私記』などの法隆寺関係の古い記録が焼失のことにはふれておらず、延長三年（九二五）に大講堂が焼失したのが唯一の火災であるとする史料を重視するものでした。

それには、塔と金堂は太子が造立されたものであり、焼失した講堂を再興するときには講堂を旧地から北へ遷したと伝えているのです。その理由は、もしふたたび講堂が焼失するようなことがあった場合に塔や金堂への類焼をさけようとした結果である、という記事に非再建論者たちは注目したのでした。そのことから法隆寺は焼失したことがなく、現存の建築様式は飛鳥時代のもので、けっしてそれ以降の様式ではないと強く反発したのでした。

それから半世紀に及ぶ論争が展開されることとなります。その間には長野宇平治の「法隆寺元禄再建説」(元禄の修理が大規模であったことから唱えたもの)、平子鐸嶺の「干支一巡説」(天智九年ではなく六十年前の推古十八年に焼失をしたとする説)、堀井卯之助の「三寺説」、関野貞の「二寺説」、足立康の「二寺説」などの諸説が唱えられています。

江戸時代の『古今一陽集』には、若草というところに大きな礎石があり、それを若草の塔の心礎であると古老たちは語っていたと伝えています。その場所は法隆寺の南大門内の東にあり、そこには巨大な心礎のような礎石が残っていたのです。

ところが、明治十年ごろに、その礎石が法隆寺から持ち出されたのでした。やがて、これは法隆寺の再建非再建論争の重要な資料でもあることから、多くの人びとの努力によって昭和十四年に旧地に返還されたのです(次項参照)。それに伴う若草伽藍趾の発掘が石田茂作と末永雅雄によって行なわれたことはよく知られています。

その発掘によって、金堂や塔らしい掘り込み基壇の遺構が発見され、そこに四天王寺式の伽藍が存在していたことが確認されたのでした。しかも伽藍の南北の中心軸が西に約二十度ふれていることや、出土した瓦が現在の法隆寺のものよりも古く、飛鳥寺創建の瓦に近いことなども判明しています。そしてこの発掘によって、再建論が決定的となったのです。

しかし、その焼失年代については、①推古十八年焼失説（平子鐸嶺の「干支一巡説」）、②皇極二年焼失説（小野玄妙）、③大化以後天智以前焼失説（藪田嘉一郎）、④天智九年焼失説（『書紀』）などの諸説があり、いまだ確定していないというのが実状です。

昭和九年から始まった昭和大修理によって、金堂の礎石の中に再使用したものもあり、壁の下地の木舞には他の建築の化粧材を割って使用したものもあることが明らかとなっています。東室の柱にも削り直した転用材などを確認しています。これらも再建説に有力な資料となっているのです。

昭和四十三、四年には文化庁による若草伽藍跡の再発掘が行なわれました。それは若草伽藍跡の遺構を再確認することと、伽藍の規模などを精査することが目的でした。その発掘によって、塔の基壇が金堂の基壇の築成より遅れて造られていること、東西の廻廊跡と想定される場所に掘込基壇をもつ建物遺構が存在しないこと、講堂跡についても掘込地業の痕跡や土壇の積土が検出されないこと、などの新事実も明らかとなっています。

そして昭和五十六年から開始した『法隆寺昭和資財帳』の調査による新発見の資料をはじめ、法隆寺出土瓦の変遷や年輪年代法による新しい知見などもあり、焼失年代を含む多くの「法隆寺の謎」は、ますます迷路へと進む気配を強めつつあるのが現状です。

もし若草の地に創建の法隆寺が建っていたとするならば、その焼失以後に、どうしてその地を荒野として放置したのであろうかという疑念を抱かずにはおれません。伝承に従うならば、そこに建っていた塔は皇極二年（六四三）に蘇我入鹿らに追われた上宮王家の人びとがその中で悲惨な最期を遂げた、重要な意味をもつ聖跡ということとなるからです。法隆寺を再建するときに、もしもその寺地の変更を余儀なくする何らかの理由があったとしても、少なくとも若草の塔趾は永遠に上宮王家の人びとを供養する聖地としていたはずです。

しかし、どのような記録にも若草の地を特別視するものはなく、発掘調査などでもその遺構を発見していません。

そのようなことからも、私は、太子一族の終焉の地が再建法隆寺（西院伽藍）の地ではなかったか、との思いを強く抱いているのです。

二　流転する若草伽藍の心礎

法隆寺境内の東南の隅にある、若草伽藍跡と呼ばれる広い空地のやや南寄りには、一つの巨石があります。およそ二・七メートル四方、高さ一・二メートル、重さ約一〇トン余りと推定される大きな礎石です。この巨石こそが「法隆寺再建非再建論争」に決着をつけた創建法隆寺の塔の心礎なのです。

古くからこの場所は、仏前に供える花や、坊さんたちが食する野菜などを栽培する菜園であったことから「花園」と呼ばれていたのでした。

この花園の地は伽藍の南にあって陽当たりが良く、菜園として適していたのでしょう。南都の諸大寺でも伽藍の南に花園をつくる例が多く、奈良市では元興寺の花園が「花園町」という町名で残っています。

　ところが法隆寺では、中世のころから東西の大門を結ぶ大路に面したところに僧侶の住居である子院が造立されることとなりました。それによって子院の裏地となった花園の地は次第に雑草の生える荒地と化し、やがて若草の繁るところとなったのではないでしょうか。そのようなことから若草と呼ばれるようになり、それが地名になったのかもしれません。いずれにしても若草という名称はあまり古い地名ではないようです。

「若草」のことは、今のところ宝永四年（一七〇七）の『普請方諸払帳《ふしんがたしょはらいちょう》』に記しているのが最も古いものです。続いて延享三年（一七四六）の『古今一陽集』に若草の地名と礎石のことを記しています。そこには礎石にまつわる伝説とともに、かつてこの地に「若草之伽藍」があったとする土俗の伝承を載せています。これが若草伽藍に関する最も古い記録であり、法隆寺論争の重要な史料となってきたのです。

　また明治三年に編纂された『寺院院屋敷反別坪割帳《じいんいんやしきはんべつつぼわりちょう》』には、普門院の南寄りに「塔趾」として礎石の記載

【図9】若草伽藍心礎（林功画伯）

があり、礎石が塔の心礎であることを公文書の中で明記していることに、注目をすべきでしょう。

ところがこの礎石は、先にふれたように、やがて寺外に流失し、数奇な運命をたどることとなります。『古今一陽集』に加筆をした礎石図では「明治十年に礎石の一部を割った」と記しています。また明治十年五月七日に堺県の役人が作業員数十人を使って礎石の付近を掘ったが、なんら珍しいものが出土しなかったとする記録などもあります。この明治十年の試掘からしばらくして、礎石が法隆寺から持ち出された可能性が高いようです。

そのころ法隆寺の近郷には、尊皇派として名高い天誅組の残党の一人で明治維新後に立身出世をした平岡《ひらおか》鳩平《きゅうへい》（北畠治房《きたばたけはるふさ》と改名）という人物がいました。その北畠は権勢にまかせてその礎石を自宅に運び込んで多宝塔（五重の石塔ともいう）を置く台石にしたのです。ところが法隆寺の記録には礎石を寺外へ搬出したとする記載はありません。なお明治維新のころに、地方の役人たちがこの礎石を割って石畳や石材に使用しようとしたのを、東京にいた北畠がそのことを聞いて、破壊を食い止めたとする逸話もあるようです。しかし、その真相は定かではありません。

その後、明治二十八年三月の『法隆寺伽藍縁起并宝物目録緒言《ほうりゅうじがらんえんぎならびにほうもつもくろくしょげん》』には、かつて若草の地に新堂（斑鳩寺という）という伽藍があり、それが天智八年に焼失したので、今にその礎石が現存している、と記しています。これは法隆寺として公式に天智八年の焼失を認め、その礎石を広く世に紹介したものでした。いずれにしても礎石の流失年代を決定する資料が見出せないのは非常に残念です。今後の調査によって新史料が発見され、流失の事情が明らかとなることに期待をしたいものです。

礎石は、大正四年の七月に、北畠邸からさらに阪神沿線住吉観音林の久原房之助邸へと譲渡されることとなりました。この久原房之助は明治・大正・昭和の三代にわたって政財界の大御所として知られている人物でした。

この礎石の移動については、昭和十四年七月二十六日の大阪朝日新聞大和版に、運搬を請け負った業者の談話を詳しく載せています。（要旨を紹介）

人夫九人を雇って、まず北畠邸の庭園の板塀を打ち壊し、礎石を道路に出してからコロの上の台木に乗せています。四人がそれを強靭なワイヤロープで引っ張り、五人はコロ棒の入れ替えなどを行ないながら法隆寺駅に通ずる道をゆっくりと動かしたのでした。第一日目は一町（約一〇九メートル）余りを進んで日が暮れてしまったので、石を道の傍に寄せて夜を迎え、第二日も早朝から九人の人夫によって運び続けたとのことです。九町余りの道を一週間かけて法隆寺駅まで運び込んだのでした。ところが、そのころの日本の貨車では、そのような巨石を積載することができなかったといいます。幸い、日露戦争のときにロシアから戦利品として日本へ運んでいた大砲運搬用の無蓋車を神戸車輛局からはるばる回送し、その巨石を貨車に乗せて久原邸へ向かったというのです。このロシア製の無蓋車は、そのころ日本に三台しかなかったもので、礎石と多宝塔の運搬には、一五〇〇円もの大金がかかったと伝えています。

法隆寺の創建にかかわる歴史を秘めた礎石は、こうして大正四年七月二十三日に、斑鳩の地を離れたのでした。その日の『法隆寺日記』には「此の因縁深き遺物を遠く他府県に出し去ることは可措之極なれども是非なきことなり」と、法隆寺の口惜しい心情を記しています。

三　創建法隆寺の遺構発見

北畠治房から譲られた礎石を庭石としていた久原房之助邸は、譲渡されて野村徳七《のむらとくしち》邸となります。そして礎石の上に置かれていた多宝塔が野村家の本宅へと移されたために、礎石のみが同邸内に残されていたのです。

ちょうどそのころ法隆寺再建非再建論争が白熱化し、足立康、喜田貞吉の立会論戦に加えて、東京帝室博物館の鑑査官であった石田茂作の「法隆寺再建問題」と題する発表などもあり、法隆寺論争は三ツ巴の様相を呈しつつありました。このころから『古今一陽集』に記載する若草の礎石のことが注目されはじめるようになるのです。

やがて、その礎石が野村徳七邸にあることがわかり、法隆寺修理事務所技師の岸熊吉が野村邸を訪れて礎石を調査しています。そのころから、その礎石を是非とも法隆寺へ返還してほしいとの声が高まりつつありました。幸いなことに、法隆寺壁画保存調査会委員であった江崎政忠（帝室林野局勤務ののち、鴻池家の監事及び理事として家史史料の編纂、大阪府の史蹟名勝天然記念物調査会の顧問などの要職につき歴史美術芸術に非常なる造詣が深かったという）が野村合名会社の重役たちと親しかったことから、法隆寺へ礎石を寄付いただけるように依頼をしています。それは昭和十四年の春のことでした。

法隆寺から要請を受けた江崎はすぐさま野村合名会社と、礎石について話し合いが行なわれました。ところが、どこから取材したのか、五月十三日、十四日、十五日の大阪朝日新聞紙上で、礎石が法隆寺へ寄進されることが報道されたのです。

野村家に対して正式に寄進の依頼をしていない事情もあり、報道に驚いた法隆寺では、江崎に対して、早急に野村邸訪問の機会を作ってくれるように要請をしています。住職の佐伯定胤《さえきじょういん》は、五月十九日に京都南禅寺にあった野村徳七の別邸を訪れ、礎石の寄進を正式に懇請することとなります。これに対して野村徳七から即座に寄贈の承諾を得たのでした。

その後、礎石運搬の方法や費用について検討を重ね、全国海陸仲仕請負業組合連合会長中谷庄之助が三、五〇〇円で運搬を請負うこととなりました。また、礎石の返還に伴って、九月十八日には礎石の旧所在地を確認するために発掘調査を実施しています。その発掘調査は東京帝室博物館鑑査官の石田茂作と京都帝国大学考古学教室の末永雅雄が担当をすることになりました。

いよいよ十月七日から野村別邸では礎石の荷作りが始まりました。やがて礎石は住吉川を下って、十二日には住吉停車場の西側から五〇トン（三五トンともいう）貨車に積込み、一路、法隆寺へと向かいます。十三日には吹田駅のホームで一泊、翌日の十四日午後三時十分に待望の法隆寺駅に到着したのです。そこから、法隆寺までは深夜の運搬作業となりました。

礎石の到着に先立って、末永雅雄の指導のもとに、南面大垣から二十七尺ばかり北寄りの箇所を中心として十字型に幅三尺、長さ三〇尺、深さ四尺余の発掘を行なっています。すると十字交叉点の北側の深さ三尺余のところから、風化した松香石の石塊に混じって、瓦の破片などと、心礎の下に敷きつめられたらしい砂利層を発見したのです。その場所が、明治期に持ち出したときに破ったと見られる大垣に極めて近いことと、歴史に関心が高かった北畠が礎石の旧位置を記録していた内容ともほぼ一致したことが傍証となりました。

このように、かつての礎石の位置がほぼ確定をしたために、ひとまず発掘を中止しています。そして心礎を据え置くために、一〇尺四方に玉石を敷いて地固めを行なったのでした。

二十日にはいよいよ礎石が並松町新道の入口まで運ばれ、二十一日には新道の突当たりの南面大垣まで到着しています。ついに二十二日午前九時過ぎに、若草道から大垣二間を破って若草へ運び込まれました。そして午後四時半に礎石は旧所在地に安着したのです。

調査担当の人びとの事情もあり、若草伽藍跡の発掘はしばらく中止されましたが、十二月七日に石田茂作を主査とする発掘を再開しています。九日からは末永雅雄も参加し、石田の助手として矢追隆家、末永の助手として澄田正一が協力していますはじめは遺構に関連するものがまったく見つからなかったようです。やがて発掘調査が進むにつれて、十七日には塔の基壇跡とおぼしき掘り込みの地層の発見があり、翌十八日にも金堂基壇の掘り込み遺構と認められる地層の変化を発見しています。とくに、その方位は現法隆寺のものとは著しく異なり、北で西へ二十度も振れていることが明らかとなりました。これによって若草伽藍は四天王寺式伽藍配置であったことが決定的となったのです。世紀の発見を伴った発掘調査は、半世紀以上に及んだ法隆寺再建非再建論争に終止符を打つこととなります。

やがて現存する五重塔や金堂の解体調査、五重塔心礎の秘宝調査などによって法隆寺の再建論がほぼ確定的となりました。とくに、南面大垣の修理工事に関連して昭和四十二、四年の両年度にわたって行なわれた、創建法隆寺の寺域の確認を行なうための若草伽藍跡の再発掘調査の成果は、法隆寺再建説に有利なものとなっています。また昭和五十三年度から始まった法隆寺防災改修工事に伴う事前発掘でも、新たに若草伽藍に付属する北と西の柵列群の一部を発見しており、創建法隆寺の旧姿が明らかになりつつあります。

平成十六年の秋には、若草伽藍跡の南西の地域から、焼けた壁画片が発掘されました。これは創建法隆寺が焼失したことを示す大発見であったことはいうまでもありません。出土した壁画は断片ではありますが、天寿国曼荼羅繍帳などの様式を彷彿とさせるものがあり、高句麗や百済から渡来した画工たちが関わっていたのかも知れないのです。また平成十八年の春にも若草伽藍跡の西方から焼けた壁画片などを発見していいます。このように創建斑鳩寺に壁画が描かれていたことは、再建法隆寺にもそれを踏襲して金堂や塔の内陣に壁画を描いたであろうことを示しているのです。

なお、昭和四十四年ごろにも、若草伽藍跡の南にある大垣の解体修理中に、創建法隆寺のものと見られる焼けた壁の断片を発見していたことを付記しておきます。

四　どのように再建されたのか

法隆寺の再建はいつごろからはじめられたのでしょうか。どうしたことか、天智九年（六七〇）の法隆寺焼失を伝える記事以降は『書紀』から、法隆寺の名が消え去っているのです。

『法隆寺資財帳』によれば、天武八年（六七九）には、三十年前の大化四年（六四八）から朝廷より納賜されていた「食封三百戸」も停止しており、そのころの法隆寺は資財の確保にも苦慮していたことがうかがえます。

しかし、そのころに法隆寺へ幡などが奉納されていることに注目せねばなりません。『法隆寺昭和資財帳』

や献納宝物の調査によって天武十一年（六八二）、持統二年（六八八）、持統六年（六九二）などの紀年銘をもつ幡を発見しているのです。これは、再建された法隆寺に、幡を懸ける殿堂がすでに存在していたことを示しているのではないでしょうか。

しかも天武十四年（六八五）には法起寺の三重塔の建立が発願されたことは、法隆寺の再建がほぼ完成に近づいていたことを示しているといえましょう。

持統七年（六九三）十月二十六日に、朝廷は諸国に対して、国家の安穏と人びとの幸せを祈願して「仁王経《にんのうきょう》」を説かせています。そのときに持統天皇からは法隆寺で行なわれた仁王会の料として「銅印七面」をはじめ「黄帳一張」「緑帳一張」「経台一足」などが納賜されたことを『法隆寺資財帳』に記しているのです。

しかもその翌年には天皇から『金光明経《こんこうみょうきょう》』一部八巻が納賜されており、同年三月十八日には鵤大寺《いかるがだいじ》（法隆寺のこと）の徳聡法師《とくそうほうし》が片岡王寺《かたおかおうじ》の令辨法師《れいべんほうし》、飛鳥寺の辨聡法師《べんそうほうし》とともに父母の報恩のために観音像を造っています。

それらの史料を総合すると、法隆寺が天智九年に焼失したとしても、持統七年のころにはすでに金堂を中心とする伽藍がほぼ完成に近づき寺観が整えられつつあったように思われます。

和銅三年（七一〇）には都を平城に遷すこととなりました。興福寺や大官大寺を都に移建したことに関連して、法隆寺でも平城の近くにある官寺

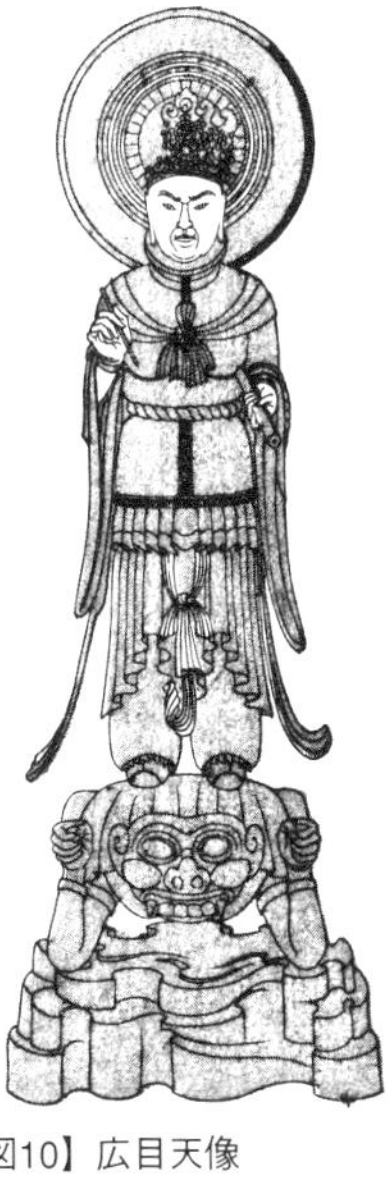

【図10】広目天像

としての寺観の整備が行なわれたのではないでしょうか。それを傍証するように、平城遷都の翌年には「五重塔塑像群」や「中門仁王像」を法隆寺が造顕したことを『法隆寺資財帳』に記しています。

建築様式から見ても、まず中心の建物である金堂から着工し、続いて塔・中門・廻廊の順序で建てることが一般的ですが、各建物の様式に相異点があることからも法隆寺の再建には相当の時間がかかっていたようです。

また、五重塔の内部にある四面の塑像や中門の仁王像が『法隆寺資財帳』に記すように和銅四年に造られたとするならば、それをもって法隆寺の完成とする見解が強くなります。そのようなことから、金堂の着工は遅くとも天武年間（六七二〜六八六）ごろになるのではないか、といわれています。

ところが不可解なことに『書紀』では火災のことを伝えながら、法隆寺再興の記録は全く見られません。しかし『七大寺年表』『南都《なんと》北郷《ほくごう》常住家《じょうじゅけ》年代記《ねんだいき》』『伊呂波《いろは》字類抄《じるいしょう》』などには「和銅年中に法隆寺を造る」と記しています。それは五重塔の塑像や中門の仁王像の造顕年代とも一致するのです。

法隆寺の再建は、太子を景仰する多くの人びとの浄財と太子が法隆寺へ施入した播磨の鵤庄などの資財が中心となったことでしょう。再建が始まったころは国家の直営工事でなかったために『書紀』に記録しなかったのかもしれません。そのために資財の不足などによって、しばらく工事が中断したり長引いたのではないでしょうか。

それを裏付けるかのように、五重塔は持統朝ごろから再興されつつありましたが、実際の完成は和銅四年（七一一）まで下るのではないかとみられているのです。塔の戸口の造作材など、外気にふれないはずの柱の面に風蝕した部分があり、塔の骨子が建てられてから数十年間も工事を中止していたことが明らかになっているのです。このことは、持統朝から塔内四面の塑像を造顕する和銅四年にいたる二十年間余りの長期間にわたって、再建工事が放置されていたことを示すものとの意見もあります。和銅四年に造られた塔内四面の塑像群のテーマは釈迦の諸相を表現したものですが、その中に釈迦と太子の姿を彷彿とさせるものがあり、法隆寺の再建事業が太子信仰を母体とするものであったことを示しているように思われてなりません。

中心伽藍の完成に引き続いて二次的な鐘楼・経蔵・僧房・門・宝蔵・食堂なども建立され、天平期にはほぼ現在の姿が完成していたと推察されます。

太子を慕う人びとの篤い信仰の力と朝廷の支援によって、法隆寺は不死鳥のように再生されたのでした。この再生は太子信仰の高まりの結晶であり、再建法隆寺は太子信仰の現われそのものといえるようです。

ところが法隆寺の再建が完成したころから官の大寺としての性格が強まり、再建の目的とは異なった方向へと向かいつつあったのではないかと思われてなりません。それは、太子を供養する寺院から、国家の寺院としての性格が強まったからです。やがて法隆寺は七大寺や十大寺の一つとなりました。そのために、法隆寺に代わって太子を供養する寺院とし

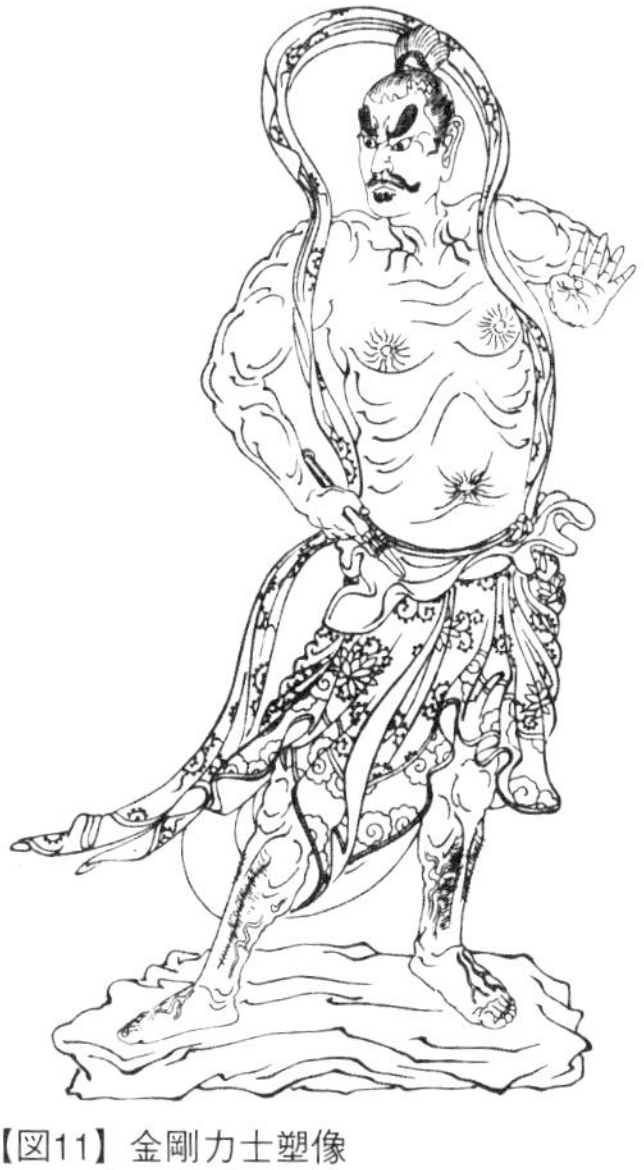

【図11】金剛力士塑像

て、斑鳩宮の旧跡に上宮王院（夢殿）を建立することになったのではないでしょうか。

五　泣き仏たちが語るもの

世界的に名高い壁画が描かれていたことで知られる金堂の西側には、我が国で最も古い五重塔が高く聳えています。

その塔の内部の四方には塔を支える心柱を囲むように、土で作られた塑像群が安置されています。仏教における世界の中心を示す須弥山を意識した山岳や洞窟を背景として、釈迦の代表的な事蹟を四つの場面に分けて表現しているのです。

東面は文殊菩薩と維摩居士が問答している場面、西面は釈迦の舎利（梵語でサーリラといい、釈迦の遺体を火葬したときに残る遺骨のことで、弟子たちは分割して持ち帰り、それを納める舎利塔を建てて供養した）を仏弟子たちが分割している場面、南面は釈迦に代わって弥勒仏が説法している場面、北面は釈迦の入滅の様子を表現した場面となっています。

とくに、北側の釈迦が入滅される寸前の様子をリアルに表現した場面は多くの人びとから親しまれています。

それは、釈迦の終焉の地と伝えるインドのクシナガラ城の沙羅双樹のもとで、涅槃（釈迦が亡くなるときのことをいう）に入ろうとする釈迦を中心として、嘆き悲しむ弟子たちの群像をパノラマのように配したものです。なかでも釈迦の脈を執っている名医耆婆の姿はとくに勝れており、医師の姿を表現したものとしては日本で最も古いものです。耆婆はジーバカといい、マカダ国の阿闍世王《あじゃせおう》に仕えた帝医でした。耆婆はインドの国々で修行して医学の奥義を修め、七年後に帰国して仏弟子たちの病気を治療したと伝えています。

その耆婆がまさに入滅せんとする釈迦の脈をとっている場面を中心として、普賢・文殊菩薩とともに、仏弟子たちやインドの国王をはじめとする多くの人びと、そして八部衆《はちぶしゅう》（釈迦が説法されるときにいつも聴聞していたというインドの神々のことで、仏教の守護神となっている）などの古代インドの神々の悲しみの様子を、リアルに表現しているのです。

とくに比丘たちの表情はすばらしく、釈迦の入滅に際しての愛弟子たちの悲嘆の様子が真に迫るように表現されています。

ある者は大きく口を開いて大音声に泣き叫び、ある者は口を一文字に結んで悲しみに耐えつつ歯をくいしばっています。ある者は拳をにぎり、胸をたたき、あるいは天を仰いで号泣しています。それらの悲痛な姿は、われわれの胸に強く迫るものを感じます。このような悲嘆にくれるありさまを巧みに表現した比丘たちの像は古くから「法隆寺の泣き仏」と呼ばれてきたのです。比丘たちとともに釈迦の入滅に立合っている多くの神々・国王・大臣・女性たちの表現もまことに優れています。これらの群像からは、作者の造形感覚のすばらしさが感じられるとともに、その描写は、奈良時代に流行していたヘアースタイルやファッションなどを推測する資料となることでしょう。

私は、この場面に参拝するたびに、比丘たちの表情から、釈迦の入滅という一大悲劇に直面して悲しみにくれている、声なき声が聞こえてくるような錯覚に陥ります。それほどに悲壮感漂う感動的な情景なのです。

それほどの迫真の表現となったのは、釈迦入滅という比丘たちの悲しみの様子を、作者が精魂を傾けて造顕したためではないでしょうか。

しかも、その表現はモデルとなった人びとを忠実に写したものと思われます。一二〇〇年前の人びとの表情や口を開いたときの顎の骨格などが、医学面での研究資料の一つとなるのではないかとさえ思わせるほどのすぐれた表現です。それほどに写実性豊かな「泣き仏たち」なのです。

ところが、この四面の場面は、釈迦の生涯を代表したものとはいえないと思うのです。もし代表したものであるならば、次のような「釈迦の主な事跡」が考えられるからです。

①釈迦誕生
②カピラ城の四門出城
③苦行
④ブッダガヤでの成道
⑤サルナートでの初転法輪
⑥霊鷲山での説法
⑦祇園精舎での説法
⑧クシナガラでの涅槃

ここに維摩と文殊の問答の場面や弥勒説法などの場面があることは、代表的な釈迦の生涯からすれば、極めて特殊な表現のように思われてならないのです。

【図12】五重塔比丘像

太子が『維摩経』を註釈され、太子と維摩が同じように在家の仏教信者であることから、維摩と文殊の問答の場面からは、太子の姿が浮かんで来るようです。

弥勒説法は、五十六億七千万年後に、弥勒仏が釈迦に変わって人びとを救済する場面ですが、これも太子の再来を願った造形ではないでしょうか。

また舎利の分割は、太子を供養するために多くの寺塔が建立したことを表しているようにも考えられます。

私は、これらの場面が、釈迦と太子を重ね合わせた「ダブルイメージ」を表現したものではないかと思っているのです。それは、この塑像群が、太子を景慕する信仰の所産として造顕された可能性が高いからです。

六　太子供養の殿堂・夢殿

法隆寺から四〇〇メートルほど離れたところに上宮王院があります。

上宮王院とは聖徳太子の寺院という意味で、法隆寺の東方にあることから東院伽藍あるいは東院とも呼んでいます。その中心に建つ八角円堂《はっかくえんどう》の前方には礼堂《らいどう》、後方には舎利殿《しゃりでん》と絵殿があり、廻廊がこの円堂を取り囲むように、礼堂と舎利殿、絵殿に接続しています。礼堂の南には東院の南門があり、その左右には廻廊の南と東、西を囲むように築地が延びています。そして舎利殿と絵殿の後方には東院の講堂である伝法堂が建っているのです。

中心にある八角円堂のことを古くから夢殿と呼んでいます。この夢殿が斑鳩宮にあった仏殿のことであるとする伝承もあります。太子が経典の字句を理解できなかったときには、その仏殿に入って瞑想されたところ夢の中で仏から教示を受けたと伝えています。その故事によって、太子信仰が高揚しつつあった平安時代ごろから夢殿と呼ばれるようになったらしいのです。

昭和九年〜十四年にかけて行なわれた舎利殿の解体修理のときに、その周辺から、焼土や仏殿に使われていたと見られる瓦などとともに掘立柱の建物や井戸なども発見されました。そして、それが斑鳩宮の一部であることが確認されたのです。

とりわけ宮殿の跡から瓦が出土したことは、宮殿内に瓦を葺いた仏殿が建っていた可能性が高まりました。それらの遺構は、ほぼ南面している現在の東院伽藍の方位とは異なって、北で西に約二〇度振れているのです。これは若草伽藍跡の方位に極めて近いといわれています。なおこの発掘調査で初めて、礎石をもたない掘立柱の遺構が確認され、考古学史

【図13】夢殿（林功画伯）

上に大きな足跡を遺したことはよく知られています。

またこの舎利殿の付近からは鎌倉時代の修理のときに、斑鳩宮のものと思われる柱根を発見したとする記録があります。そのころの人びとは、それを宮殿の門の遺構であると思った、と記しています。

皇極二年に上宮王家の人びとが滅亡したのち、太子の聖地でもある斑鳩宮が空しく荒れていたのを見て悲嘆感涙した行信という高僧は、その復興を発願することとなります。やがて春宮坊阿倍内親王（のちの孝謙天皇）に奏上して、斑鳩宮の跡に上宮王院（東院）を建立したと伝えています。

伽藍の中心にある夢殿の堂内には、中央に八角の須弥壇が二段、花崗岩で築かれており、その壇上の中心には本尊の救世観音像が安置されています。また本尊の頭上にあたる円堂の屋根には、金銅製の宝珠が輝いているのです。この宝珠の形が五重塔西面塑像群の舎利塔と類似していることから、夢殿は一種の塔婆でもあり、本尊上宮王等身（太子と等身）の観音像を安置する金堂の役割をも兼ねている建物ということになります。

昭和の解体修理のときに行なわれた発掘調査の結果では、夢殿の四方を廻廊で囲い、北廻廊の外側に七丈屋（絵殿・舎利殿の前身建物）と伝法堂が建っていたことが確認されています。したがって、この伽藍配置は普通の寺院建築とは異なり、夢殿を中心とした特殊な様式であることが明らかとなったのです。

では、どうして伽藍の中心に円堂が建てられたのでしょうか。

円堂とは一般的に故人の供養堂の意味をもっていたとされており、まさに、この円堂こそは太子の供養堂ということになると思われます。おそらく、行信がこの伽藍の建立を計画するときに、まず中心の建物である円堂の位置を入念に検討し、そこを基点として他の建物の配置を決定したはずです。この地点を円堂の建立に選んだということは、この場所こそが斑鳩宮の内でも太子にとって、最も意義深い場所であると考えていたからではないでしょうか。しかし、残念ながらそれを立証する遺構は確認されていません。

行信は待望の上宮王院を完成させるとともに、そこへ太子ゆかりと伝える品々を蒐集することにも懸命となったのです。橘夫人《たちばなぶにん》三千代をはじめ、行信などの法隆寺僧や元興寺僧から施入されたものもありました。とくに光明皇后からの施入の品も多く含まれています。

このように上宮王院は、行信を中心とした太子を渇仰する人びとによって太子の供養堂として建てられたのです。そこに太子の遺物と伝える品々を集めることによって、太子景仰のメッカとなったのでした。

この上宮王院は、法隆寺とは別の寺院として建立され、法隆寺とはまったく異なった性格の組織の寺院であったようです。それは法隆寺と上宮王院にそれぞれに財産目録（資財帳）があることからも明らかです。上宮王院が現在のように法隆寺の傘下に含まれるのは十二世紀前半のころからです。法隆寺の経尋《きょうじん》という別当の時代に（一一〇九～一一三一）、上宮王院の院主であった隆厳《りゅうげん》を辞めさせて法隆寺別当の所轄としたのでした。そして永久四年（一一一六）には完全に上宮王院は院主職を停止して、法隆寺の支配下に入ることとなったのです。

すでに述べたように、この上宮王院の建立は太子を供養するためであり、太子の命日である二月二十二日の忌日法要を行なうことが、造立の大きな目的の一つであったというべきでしょう。やがてその法要のことを聖霊会と呼ぶようになります。

聖霊会は、上宮王院が完成したであろう天平二十年（七四八）ごろからはじめられたと伝えています。とくに入唐僧として知られる道慈《どうじ》（～七四四）がその導師をつとめたり、聖武天皇の行幸があったとする伝承もありますが、それらは史実としては疑わしいとされています。
いずれにしても、ここで聖霊会が修行されたことによって上宮王院夢殿の建立目的はほぼ完了をしたということになると思います。

七　学問寺から官の大寺へ

法隆寺が建立された飛鳥時代、仏教には特定の宗派は存在していなかったのです。しかし推古三年（五九五）に来朝して太子の師僧となった高句麗の慧慈や百済の観勒《かんろく》などの学僧たちの多くは、三論宗《さんろんしゅう》の学匠であったと考えられています。

天武元年（六七三）に呉国の智蔵《ちぞう》が法隆寺に止住して、三論宗を弘めたと伝えていることから、そのころの法隆寺では三論宗系の学問が中心であったようです。それとともに、『勝鬘経』『維摩経』『法華経』の三経を講讃することに重点が置かれていたのです。それは太子が推古十四年（六〇六）の四月十五日に法華・勝鬘の両経を推古天皇の要請に応じて講説されたことや、三経の註釈書として『三経義疏《さんぎょうぎしょ》』を撰述したことに由来しています。この太子の講説は推古六年のことであったとも伝えています。

推古二十七年（六一九）の十月に太子が病床に臥せられたとき、推古天皇は田村皇子（のちの舒明天皇）を遣わして病気を見舞われたことがありました。そのとき天皇は太子の望みをお尋ねになり、それに応えた太子のご遺願が『四節願文《しせつがんもん》』であるというのです。

『四節願文』には、多くの寺院を建立し、「仏法僧の三宝」の仏教の教えの法力によって日本の国土と国家を護りたいという、太子の強い願いが繰り返し述べられており、この『四節願文』こそが「法隆寺における太子信仰の根幹」となっています。とくにその第二願において、太子は法隆寺のことを「法隆学問寺」と呼び、法隆学問寺に住んでいる僧侶たちに対して「毎年の夏安居《げあんご》（現在は五月十六日〜八月十五日の期間）に『勝鬘経』『維摩経』『法華経』の三部の経典を講じてほしい、それを行なうことによって仏法は栄え、人びとに幸せが訪れ、仏法の教えの力によって日本の国が安泰となるであろう」と遺願されたのでした。

この願文の趣旨にしたがって、法隆寺では三経を講じることが太子のご遺命であると考えたのです。そのことから三経を講讃することが法隆寺の教学や信仰において不動の地位を築くこととなります。法隆学問寺という寺名も、太子が命名されたものであり、三経の講讃を寺僧たちの一大使命とすることになったのでした。

七世紀の後半になると、入唐僧たちによって伝えられた多くの教学が、法隆寺にも大きな影響を及ぼすこととなります。奈良時代における法隆寺教学の普及状況を示す記録に、天平十九年（七四七）勘録の『法隆寺資財帳』があります。それによると、「律衆」「三論衆」「唯識衆」「別三論衆（成実衆?・）」とする記載があり、それに加えて三経の講讃料として「功徳分料」のことを記しています。

「唯識衆」とは法相宗のことで、七世紀の後半から八世紀のはじめにかけて伝来した新しい教学であり、元興寺や興福寺に伝来していました。それが、やがて法隆寺をはじめとする諸大寺の学僧たちによって大いに研鑽されて栄えることとなるのです。法隆寺では主として興福寺に伝来した唯識の学流を汲んでいると伝えています。

また『正倉院文書』には、天平勝宝三年（七五一）ごろに『深密経疏』などの論書を法隆寺が所蔵しているとする記載や、同七年には法隆寺僧たちが光明皇后願経を校正したといった記録もあり、このころの法隆寺教学の高揚ぶりを偲ぶことができます。

上宮王院の建立を推進したり、『大般若経』などの写経を発願した行信は、そのころの仏教界でも高い地位にあり、法相宗の法隆寺初伝者と伝えています。著書には『仁王護国経疏』三巻があります。その弟子である孝仁《きょうにん》も法相宗系の学僧として『因明《いんみょう》入正理論疏記』三巻の著書があり、これら行信・孝仁の師弟を中心として法隆寺教学が大いに隆盛を極めたのでした。

『法隆寺資財帳』には「律衆」のことも記録していますが、その系統および流布状況については明らかではありません。しかし行信が六人の僧に「律」を修学させたとする伝承があることから、鑑真が渡来する以前からすでに法隆寺で律が流布していたことをうかがわせています。

また、そのころ古密教も伝わっていたようです。神護景雲二年（七六八）に始行された「吉祥悔過《きちじょうけか》」の行法の中に、古密教（雑密）が含まれているとする伝承もあります。しかし、現行の行法の中から、それを裏付ける箇所を見出すのは困難なようです。ところが法隆寺には、奈良時代の「鐃《にょう》一柄」や、唐代の「五大明王鈴《ごだいみょうおうれい》一口」（ともに法隆寺献納宝物）などが伝来しており、何らかの形で古密

【図14】法隆寺学問寺軒丸瓦の拓本（著者提供）

教が伝えられていた可能性を否定することはできないようです。

このように、法隆寺では学問寺として、南都の諸大寺とともに多くの教学を研鑽していたことをうかがわせています。そのような背景のもとに、八世紀の後半ごろから、興福寺・東大寺・元興寺・大安寺・薬師寺・西大寺など平城京の近くにあった寺院とともに、七大寺の一つに数えられることとなります。

また宝亀元年（七七〇）四月には、大安寺・元興寺・興福寺・薬師寺・東大寺・西大寺・弘福寺・四天王寺・崇福寺とともに十大寺と呼ばれ、称徳天皇の発願による「百萬塔」を分置されたことはよく知られています。このように太子の寺として再生した法隆寺は、官の大寺としての性格を強めることとなるのです。

八　法隆寺を支えた財源

法隆寺は、世界最古の木造建造物として一九九三年に日本ではじめて世界文化遺産に登録されました。しかし、現在の法隆寺が建立されたころには、けっして日本をを代表する最高最大の寺院ではなかったのです。法隆寺が太子によって創建されたときは、その時期を代表するAクラスの寺院の一つであったかも知れません。しかし、天智九年（六七〇）の焼失後に再興した法隆寺は、BクラスかCクラスの寺院であったと思います。そのころすでに太子の一族は滅亡し、法隆寺のスポンサーとなる有力な人物の影はどこにも見られないからです。

法隆寺の再建は、法隆寺へ施入された太子の遺産や太子を慕う多くの人びとの力によって始まったのではないでしょうか。そのために資金の確保に苦労をしながら再建作業が進められ、財源の不足から、その作業が中断することもしばしばあったようです。そのときの法隆寺には資材や技術を選択するような余裕はなかったと思います。やがて太子の寺・法隆寺が再建の途上にあることを公認した朝廷からの援助を受けることとなり、八世紀のはじめに再建が完成したのでしょう。

資金に欠乏しながら完成した法隆寺が一三〇〇年後の今日に現存し、国家や強力なスポンサーに恵まれて造営した大寺院の建物のほとんどが残っていないという、まことに不思議な現象に注目する人は極めて少ないのです。このことは、いくら材質の良い木材を使い、優れた技能をもって寺院を造営したとしても、それを維持することがいかに大切であるか、ということを私たちに語りかけているようです。

法隆寺では約一〇〇年から二〇〇年の間に行なわれる大修理と、五〇年から一〇〇年の間に行なわれる屋根の葺き替えを中心とする小修理を、コンスタントに行なってきたのです。もし一度でも修理することができなかったとしたら、その建物は崩壊していたはずです。法隆寺を支えてきたものは、寺僧を中心とした多くの人びとの、太子信仰に寄せる献身的な努力そのものであったといえるのではないでしょうか。

法隆寺の再建が完成したという八世紀ごろに法隆寺に住んでいた僧は一七六人、見習い僧の沙弥《しゃみ》が八七人の計二六三人で、そのほかに仕事に従事をする人びとが五三三人いたと『法隆寺資財帳』は伝えています。その数に関しては、そのころ元興寺九八九人、東大寺三一〇人、四天王寺二七二人、薬師寺一七二人であり、他の寺院と比較しても法隆寺には多くの従事者たちがいたこととなります。その法隆寺を維持するために必要な財源を『法隆寺資財帳』に記載している荘園や荘倉に求めたのでしょう。

その内訳は、成町二、三二六町二段二八八歩、水田三九六町三段二一一歩三尺、陸地一、九二九町九段七

六歩二尺四寸、とする広大な領地であったと記しています。これらの寺領からの収益の使途は、仏分・灌仏分・法分・聖僧分・通三宝分・観世音菩薩分・塔分・常燈分・別燈分・通分・一切通分・寺掃分・四天王分・金剛分・温室分などに区分され、それぞれ法隆寺の維持費にあてられていたのです。

『法隆寺資財帳』に記載している寺領の多くは、太子によって法隆寺へ施入されたものと見られています。その中にはかつて物部守屋の所領であった領地もあり、瀬戸内海の海上交通の要所なども含まれていたようです。

四国の伊予・讃岐をはじめ、備後・播磨・近江・摂津・大和・河内・和泉などの広範囲に及んでいます。そのほとんどは早くに法隆寺から離れたものと考えられますが、それらに関する史料は極めて少ないのです。おそらく寺運が衰えた平安時代のはじめごろには、大部分の領地が法隆寺から離れていたのではないでしょうか。

そのような状況の中で、太子が法隆寺へ施入された「鵤荘」は、法隆寺の経済を約千年にわたって支えたのでした。それは現在の兵庫県揖保郡太子町を中心とする地域のことです。この荘園は、太子が推古十四年(六〇六)に推古天皇から布施として賜った播磨国佐西五〇万代の地を「伊河留我本寺」・「中宮尼寺」・「片岡僧寺」の三ケ寺に施入したものと伝えています。

中世の法隆寺の記録からも寺僧たちを鵤荘に派遣して直接に荘園の把握に努めることに懸命となっていることがわかります。やがて、法隆寺の出先機関としての寺院が建立されました。それには、本寺である法隆寺の別名の「斑鳩寺」という寺名が付けられ、荘園内の地名にも法隆寺周辺の地名を移したものが見られるようです。このことは本寺である法隆寺がいかに鵤荘を重視していたかを示すものではないでしょうか。

かつて寺僧たちはたびたび鵤荘へ赴いたとする記録も遺されています。まさに鵤荘は法隆寺を支える大きな財源でした。この鵤荘から送られた資財によって法隆寺が現存しているといっても過言ではないでしょう。

法隆寺には、嘉暦四年（一三二九）に記された『法隆寺領播州鵤荘の図』や鵤荘に関する古文書が数多く伝わっています。やがて法隆寺の寺運は次第に衰退することとなります。そして天保七年（一八三六）の『斑鳩《いかるが》古事便覧《こじびんらん》』には、法隆寺は古くから大和・和泉・河内・摂津・近江・出羽（出羽国における荘園の記録は見当たりません）にあった知行所《ちぎょうしょ》が、五千百余石まで減少したと記しています。

九　太子信仰と聖霊会

都が平安京に遷されてからも南都の諸大寺は朝廷の厚い保護を受け、法隆寺もその恩恵に浴したといわれています。ところがそのころ天平年間に建立した上宮王院も老朽化しつつあり、悲惨な状況となっていたようです。

そのありさまを悲愴な面持ちで見ていた一人の高僧がいたのです。それは武蔵国の出身の道詮《どうせん》という学僧でした。学徳は遠く朝廷にまで聞こえ、その時代を代表する学僧の一人であったと伝えています。

道詮は太子を尊崇して、その遺徳の発揚につとめていましたが、やがて貞観元年（八五九）に、朝廷へ上宮王院の再興を奏上する機会を得ることとなります。その結果、上宮王院は建立当初を上回るすばらしい姿によみがえったのです。この再興を契機として、太子信仰は大いなる高まりを見せることとなり、聖霊会も再興されたようです。

ところが延長三年（九二五）に、講堂・北室《きたむろ》・鐘楼が落雷の被害に見舞われます。永祚元年（九八九）には、奈良時代末期に建てられた上御堂が台風のために倒れるといった惨事も起こっています。そのころの状況を伝える資料は多くありませんが、それらを再興するために寺僧たちは大変な苦労を重ね、正暦元年（九九〇）に、まず講堂と鐘楼を再建し、東大門・南大門なども現在地に移築して今の境内の姿を整えたのです。

そのころ、太子の生誕の地と伝える橘寺が荒廃したために、同寺の宝物が本寺である法隆寺の金堂内へ移納されています。その中には有名な「四十八体仏」（小金銅仏＝現法隆寺献納宝物）なども含まれていたのです。

また、神護景雲二年（七六八）から講堂で始められた吉祥悔過の法会も、承暦二年（一〇七八）から金堂に遷して修法されることとなり、新たに吉祥天と多聞天の像が造顕されています。

承和年中（八三四～四八）からは別当職が置かれ、その指揮の下で三綱職《さんごうしょく》（寺主《じしゅ》・上座《じょうざ》・都維那《ついな》で、主に太子の侍者であった調子麿の子孫たちが就任していたと伝えています）が法隆寺を管理することになったのです。

別当職もはじめは法隆寺に所属する寺僧が任命されていたのです。ところが十世紀のはじめごろからは東大寺や興福寺の寺僧が任命されることになり、十一世紀の中ごろには興福寺の寺僧が別当職に任命されることが多くなりました。これは法隆寺が次第に興福寺の傘下に入りつつあることを意味するものといえましょう。

やがて法隆寺の寺僧たちは、興福寺の政圧にもあまんじながら本願である太子信仰の発揚に必死の努力を重ね、新しい法隆寺の歩むべき姿を見出そうとしていたのではないでしょうか。それは太子信仰に生きる寺という、再建当初の目的に立ちかえることでもありました。

太子の四百年ご遠忌に当たる治安二年（一〇二二）ごろから、太子信仰の高揚は活発化し、延久四年（一〇七二）には聖徳太子不断念仏の道場として金光院《きんこういん》を建立しています。治暦五年（一〇六九）には上宮王院の絵殿の本尊として童子形の太子像を造顕したり、太子の生涯を表した障子絵伝を描いたのでした。

また、太子の五百年ご遠忌に当たる保安二年（一一二一）を中心として、聖霊院《しょうりょういん》（聖徳太子像を安置し供養する殿堂）の造立（保安二年）、勝賢《しょうけん》による『一切経』写経事業の発願（永久二年）、林幸《りんこう》による『一切経』写経事業の発願（保安三年）、三経院《さんぎょういん》（『勝鬘経』・『維摩経』・『法華経』を講讃する道場）の造立（大治元年）など、太子信仰にまつわる事業が行なわれました。そして永久四年（一一一六）には先にも述べたように、上宮王院の院主職が停止されて法隆寺の別当職が兼務することとなったのです。これは上宮王院が完全に法隆寺の傘下に入ったことを意味するものであり、法隆寺は太子信仰に生きる寺として、南都諸大寺の中でも独特の展開を見せることとなるのです。

奈良時代には、太子を供養する法会は『法華経』などの講讃が中心であったと伝

【図15】毘沙門天像

【図16】聖徳太子摂政像（著者提供）

えています。道詮が上宮王院をよみがえらせた貞観十三年（八七一）は太子の二百五十回忌に相当することもあり、上宮王院再興の慶讃法会が大々的に行なわれたものと思われますが、残念ながら、それを伝える記録はありません。

「聖霊会」という名称が定着するのは、十一世紀後半からのことです。それは「聖霊会」の名称が承保～嘉保年間（一〇七四～一〇九六）のころからたびたび古文献に記されていることでもわかります。このころから太子を景慕する気運が一層の高まりを見せ、太子の伝記や太子像などもさかんに造られています。

太子五百回忌に関する聖霊院建立などの記念的事業が完成した保延四年（一一三八）ごろからは、「聖霊会」の内容に大きな変化が見えはじめたのです。それは、現在の聖霊会に使用する「行道面《ぎょうどうめん》」や「舞楽面《ぶがくめん》」などの多くが保延四年を中心として作られていることからも想像することができます。保延四年からの聖霊会では、舎利御輿《しゃりみこし》を八部衆の輿舁面《こしかきめん》をつけた人びとが担ぐようになったことや、舞楽が演じられるなど、その内容に著しい変化が生じたのです。

聖霊会は、太子渇仰が華々しく開花した鎌倉時代に至って、最も隆盛を極めることとなります。しかし、それはあくまでも太子の聖跡である上宮王院で行なう法会であり、上宮王院が法隆寺へ吸収されてからもその伝統は継承されていたのでした。

　こうして、上宮王院ではじめられた聖霊会は、法隆寺の最も重要な行事として継承されることとなったのです。

一〇　薬師如来の霊験殊勝

　三経院の左手を北に登って行くと、高い石段の上に八角の円堂が建っています。これが西円堂です。西円堂は、法隆寺の西北の小高い丘にあることから「西北圓堂」あるいは「峯の薬師」とも呼ばれてきました。奈良時代の養老年間に、光明皇后の母公、橘大夫人の発願によって行基が建立したと伝えているのです。どうしたことか天平十九年の『法隆寺資財帳』には西円堂のことを示す記録がありません。しかし、西円堂の解体修理のときに地下から凝灰岩の基壇の一部を発見していますので、奈良時代に創建していたことは確かなようです。

　ところが、このお堂が永承元年（一〇四六）に倒壊したために、本尊の薬師如来坐像は講堂へ移されていたのです。それから二百年後にやっと西円堂の再建が始まりました。宝治二年（一二四八）十月二十六日に釿始《ちょうなはじめ》を行ない、十一月八日には上棟、建長元年（一二四九）に再建されたのが現在の西円堂です。

　本尊の国宝薬師如来坐像（脱活乾漆・漆箔・像高二四六、三センチ・八世紀後半）は行基が七仏薬師を七ケ寺に安置した一体であると伝えています。いずれにしても奈良時代を代表する丈六の立派な乾漆像です。この薬師如来に対する信仰は、お堂が再建された鎌倉時代ごろから大いに栄えることとなりました。とくに「峯の薬師」の霊験は殊勝にして信心の篤い人びとの病気をことごとく除く、という信仰となって弘まったのです。

とくに御所の信仰も篤く、御祈祷所としてたびたび御代参や御納物がありました。それは「薬師如来の霊験殊勝」のことが御所にも聞こえていたからでしょう。

西円堂には多くの武器や鏡などが奉納されています。武器類（刀・鎗・冑・鉄砲・弓）は男性の魂であり、鏡や櫛は女性の魂として、その最も貴重とするものを薬師の宝前に捧げて病気平癒の祈願の切なることを表したのでした。古記にも「諸国の道俗財物を捧げ武具・鏡・衣類など堂内に充満す」と記しています。

法隆寺には『西円堂懸物着到《さいえんどうかけものちゃくとう》』という奉納物を記録した七冊の古記録があります。これは宝永五年から明治十四年までの西円堂への奉納記録です。これによると奉納者の分布地域は、東は仙台、山形から、西は薩摩、大隅、長崎、対馬まで、ほぼ全国に及んでいたことを示しています。また奉納物についても「脇指」「銅鏡」「羽織」「弓」「鉄砲」「甲冑」「櫛笄《くしこうがい》」「綿入」「打敷」「人形」「雛」「扇子」「紙入」「お守り」「印籠」「金燈籠」「薬師経」などの多岐にわたっています。これらの奉納物の多くは現在も伝わっており、そのほとんどに奉納者の名前や年月日が記されているのです。

昭和の大修理までは、堂内のいたる所に刀が掲げられ、鏡が打ち付けられていたのです。『昭和資財帳』の調査によって刀剣が約四、二〇〇口（鞘のみのものを含む）、銅鏡は約二、四〇〇面の存在を確認しています。

このように西円堂は、法隆寺を代表する庶民信仰の霊場として参拝の人びとで賑わい、法隆寺にとって最も重要な殿堂となっていたのでした。

そのころ、西円堂の前と正面石段の下の二ケ所に茶店が置かれていた様子が、明治五年に撮影した写真にも写っています。

明治十三年には、薬師如来への信心の深い人びとの発願によって、西円堂の南正面に京都の清水寺のような「舞台」が新設されました。その舞台上からは大和盆地が一望できたと伝えています。しかし、二十六年後の明治三十九年には老朽化が激しくなり、取り畳まれたのです。

最近では「峯の薬師」のご利益にも変化があり、「峯の薬師は耳を治して下さる」という新しい信仰も加わり、耳の穴がよく通って聞こえるようにと「錐」を奉納する人も多くなりました。とくに、私は平成六年十月八日から西円堂へ「銅鏡」を奉納することを復興して、多くの人びとから鏡が納められています。このように西円堂薬師への信仰は、人びとによって大切に守られつつあるのです。

なお、この西円堂で毎年二月三日に厳修される鬼追式（鬼遣らい・追儺《ついな》）は、「薬師悔過《やくしけか》」（修二会《しゅにえ》）の結願《けちがん》法要

【図17】大和国法隆寺七堂伽藍真景図　部分　明治24年版
（著者提供）

のあとに行なわれる「悪魔降伏」の行事です。その行事は鎌倉時代の弘長元年（一二六一）から始まったと伝えています。かつてその鬼役は堂衆《どうしゅう》と呼ばれる下級僧侶たちが勤めていたのですが、寛政九年（一七九七）に行なわれた法隆寺内の融和をはかる寺法大改正によって、堂衆がすべて学侶《がくりょ》に昇進したのです。そのために堂衆の役割であった鬼役を勤める者がいなくなってしまいました。そのようなことから、日本最古の三重塔で知られる法起寺の背後にある法隆寺の直轄領であった岡本村の村民に鬼役を、その後見として法隆寺の事務などを司っていた算主仲間《さずなかま》たちが鬼の衣裳付けなどを補佐する、といった習慣が生れて現在に受け継がれているのです。

この行事に使用する鬼の面（重要文化財）は鎌倉時代に運慶が作ったとする伝承もあり、弘長元年から鬼追式が始まったとする記録とも一致します。

西円堂の北の背には薬師坊という建物があります。これは西円堂を管理する僧侶の住居でしたが今は無住となっています。古くから信仰の霊場として賑わっていた西円堂は、法隆寺の有力な財源でもありました。そのことからこの薬師坊に法隆寺の寺務所を設置したこともあったのです。寺僧たちは経費を節約するために明治七年から十四年までの七年間にわたってここで集団生活を送り、法隆寺を財政の危機から救おうとした、記念すべき建物でもあるのです。法隆寺にとっては思い出深い建物といえるでしょう。現在は重要文化財に指定されています。

なお西円堂の西に見える松林の山の中には、奈良と京都を戦災から護ることをアメリカ政府に進言したと伝えるラングドン・ウォーナーと、明治時代に仏教美術の研究に功績のあった平子鐸嶺の供養塔が建っています。

[第三章] 秘められた法隆寺の実像

一　寺僧たちの私生活と僧房

古代寺院では僧侶の止住する建物のことを僧房と呼び、中心伽藍の北と東西の三方に建っていました。それを三面僧房と呼んでいます。古くから寺僧たちは厳しい規律に沿った生活を僧房で送っていたことでしょう。しかし、僧房における寺僧たちの日常生活に関する史料などについては不明なことが多いのです。

我が国で最も古い僧房として知られる法隆寺の東室の規模が、『法隆寺資財帳』に記されています。それが法隆寺にあった僧房四棟のうちの「一口長一七丈五尺・広三丈八尺」にあたることが、昭和三十二年から同三十五年に行なわれた解体修理によって明らかになりました。その修理によって、北から第二房（部屋）と第三房の部分を創建時の姿に復元しています。

そのころは桁行二間を一房として仕切り、方二間の母屋と東西にある庇の部分によって構成しているのですが、これは奈良時代の僧房の基本的な様式のようです。東室にはそのような構造をもつ房が九房あったらしく、それを基準として他の三棟の規模を想定することも可能となります。「長一八丈一尺・広三丈八尺」のものは九房、「長一五丈五尺・広三丈二尺」のものは八房から九房、「長一〇丈六尺・広三丈六尺」のものは五房から六房あったこととなり、東室の九房と合わせると、そのころの法隆寺には三〇房から三二房が存在したものと想定されています。

また、『法隆寺資財帳』には法隆寺に一七六人の僧と沙弥八七人の計二六三人が止住していたとありますから、単純計算をすると一房に平均八、九人が住んでいたことになります。この一房に対する住僧数は、大安寺などの諸大寺とほぼ等しい居住密度であるといわれています。僧房の高さについても、『法隆寺資財帳』に記載する東室の高さが一一尺であり、西院廻廊の高さとほとんど同じです。そのころの僧房には床がなく、土間であった可能性が高いといわれています。おそらく寺僧たちは床几などを用いた大陸的な生活を営んでいたのでしょう。なお、資財帳には僧侶の日常生活に必要な施設として客房《きゃくぼう》二棟と太衆院《たいしゅういん》一〇棟、食堂一棟、温室一棟などのことも記録しています。

記載している施設名のうち、「客房」は主として他寺の僧が法隆寺を訪れたときに使用するものらしく、僧房に比べてその規模は小さいものです。また「太衆院」は寺僧たちの日常

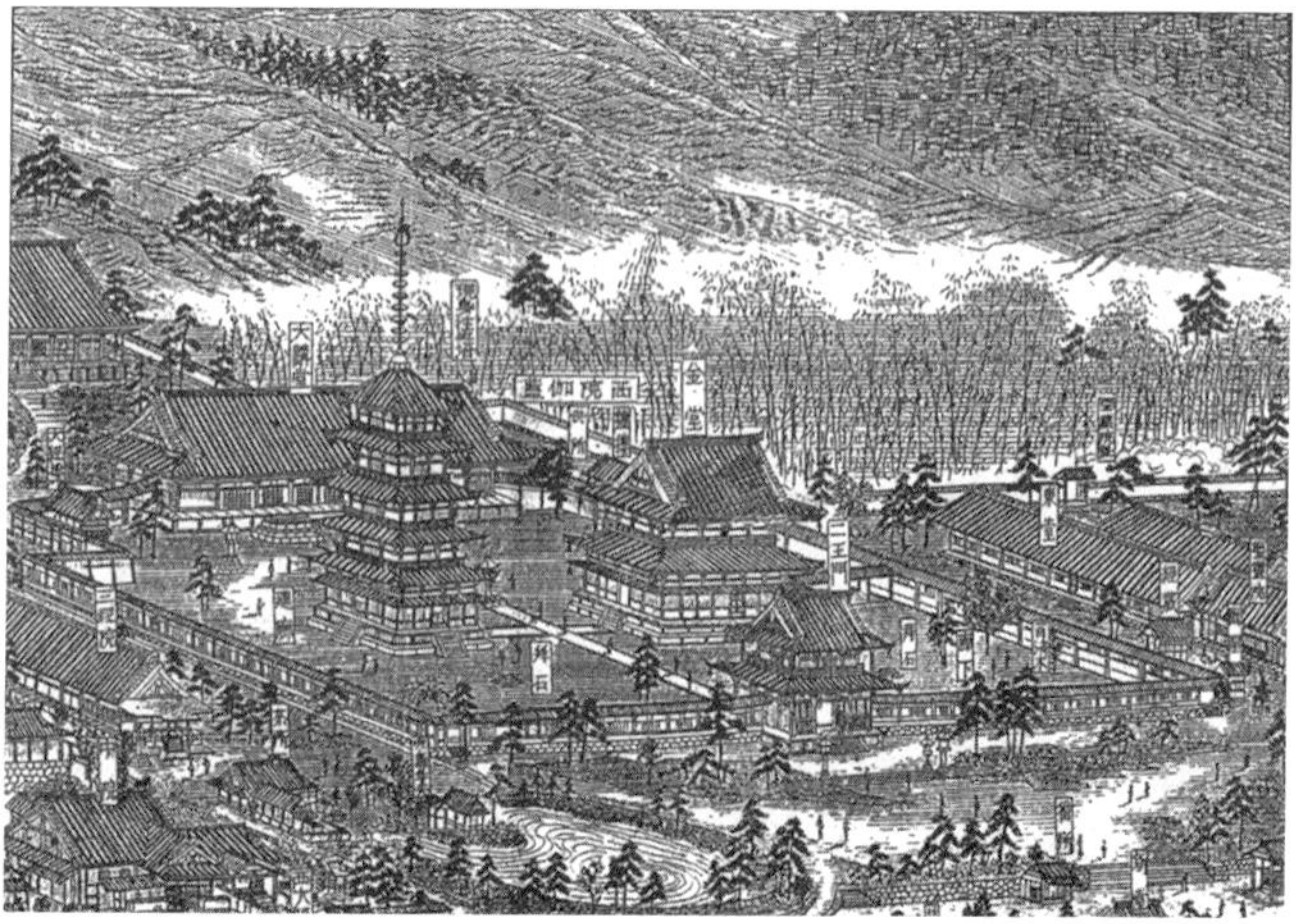

【図18】大和国法隆寺七堂伽藍真景図　部分　明治24年版（著者提供）

生活に関連する建物で、「厨《くりや》」「竈屋《かまや》」は食堂に付属する調理室的なものと考えられます。「政屋」は寺院の政務を行なう寺務所的な建物であり、「碓屋《うすや》」「稲屋《いねや》」「木屋《きや》」などは法隆寺の財物を収納する倉庫群でしょう。食堂と温室は寺僧たちにとって日常生活の必須施設だったのです。

法隆寺が再建された八世紀の初めごろにはこれらのすべての施設も完成していたものと考えられます。すでにふれたように、それらの使用方法などを伝える資料はなく『法隆寺資財帳』に記載する建物や什物類と、現存建物の復元資料などから推測するだけです。

十世紀になると僧房は連続する惨事に見舞われることとなります。北室が延長三年（九二五）に雷火によって講堂とともに焼失し、西室も承暦年中（一〇七七～八〇）に焼失、東室は康和三年～天永元年（一一〇一～一〇）にことごとく倒壊したのです。このように法隆寺の僧房は七十年余りの間にほとんどが壊滅しています。そのうち東室は保安二年（一一二一）に再興されましたが、そのときには南端の三房分を聖霊院として改造し、残りの六房のみが僧房としての復興でした。僧房として役割をはたしていたのは、再興した東室六房と小子房《しょうしぼう》九房（妻室《つまむろ》と呼ぶ）であり、北室と西室は再興されなかったのです。

なお昭和五十五年度に行なわれた防災工事に伴う発掘によって、大講堂の東で北室の遺構の一部を確認しています。また承暦年中に焼失した西室も、『法隆寺別当記』や棟木銘によって寛喜三年（一二三一）に再建したことが明らかとなっています。しかし、その造立は南七間だけであったらしく、そのうち四間は三経院にあてられています。その後、文永五年（一二六八）に西室の造営が行なわれ、その造営は三経院の北へ増築したものでした。

なお現存する妻室はその解体修理によって平安時代を下るものではないことが判明しています。妻室は東室の大房《だいぼう》に付属するもので、上代寺院の僧房は大房と小子房を一組とするのが通例とされており、この妻室は小子房の遺構として貴重な建物となっています。おそらく平安時代でも極めて早い時期に建てられたものでしょう。東室の大房には上位の僧が住み、妻室にはその従僧たちが住んでいたと考えられています。ところが僧房はそのころの寺僧たちにとって、安穏に天寿をまっとうする場所ではなかったようです。貞和五年（一三四九）に、疫病が流行して僧房で寺僧が他界したという記録があります。それまでの記録には三面僧房で寺僧が他界した例はなく、これは未曾有のことであったと記しています。

おそらく、危篤状態の寺僧を僧房からいずれかの場所へ移していたのでしょう。そのような記録から、寺僧たちが悠々自適に僧房で暮らすことはできなかったようです。そのために、寺僧たちは自己の資財によって法隆寺の境内に子院を作り、そこに移り住むことが多くなります。やがて僧房の一房を一人の寺僧が独占することとなり、その寺僧に居住権が生じるようになりました。そして寺僧たちがその居住権を売買することとなるのです。それを物語る資料として十三世紀ごろの権利書ともいうべき僧房の売券が伝わっており、寺僧たちの秘められた私生活に関する貴重な資料となっています。

二　寺僧たちの権力闘争

十二世紀ごろから、興福寺などの影響を受けて、法隆寺でも子院が造立されはじめています。すでに平安時代の末ごろから円成院《えんじょういん》・金光院《きんこういん》・北御門房《きたみかどぼう》・東花園《ひがしはなぞの》・興薗院《こうえんいん》・西園院《さいおんいん》・松立院《しょうりついん》・北室・地蔵院《じぞういん》・政南院《せいなんいん》・

中院《ちゅういん》・西福院《さいふくいん》・宝光院《ほうこういん》・瓦坊《かわらぼう》・法性院《ほうしょういん》・中道院《ちゅうどういん》などの子院が存在したことが古文書に記されています。しかしそのころの子院は坊舎だけで、後世のような築地や表門などはなく、生け垣などをもって周囲をめぐらした簡素なものであったようです。

弘長元年（一二六一）に後嵯峨太上天皇が法隆寺へ行幸されたときに境内の環境整備が行なわれました。そのときにはじめて子院の築地を築いたらしく『法隆寺別当記』に「諸房諸院の築地を槌きおおひ悉くこれ覆う」と記しているのです。おそらくそのころの子院の状態が極めて見苦しい状態であったのかもしれません。坊舎なども簡素なものであり、屋根も茅葺や板葺、柿葺、檜皮葺などであったのでしょう。記録によれば、法隆寺の代表者である別当が居住する坊舎のことを「瓦坊《かわらぼう》」とよび、そのころとしては珍しい瓦葺の坊舎であったのです。そのころの子院は、瓦坊をはじめ持仏堂を所有していた金光院・中院・法性院などの特別なものを除くと、ほとんどが簡略な規模の坊舎であったようです。

やがて寺僧の多くが僧房から子院へ移行し、子院はますます増加するのです。そして政蔵院《せいぞういん》・安養院《あんよういん》・金《こん》剛院《ごういん》・西南院《さいなんいん》・閼伽井坊《あかいぼう》・椿蔵院《ちんぞういん》・西之院《にしのいん》・知足院《ちそくいん》・脇坊《わきぼう》・弥勒院《みろくいん》・多聞院《たもんいん》・湯屋坊《ゆやぼう》・明王院《みょうおういん》・宝蔵院《ほうぞういん》・西《にし》坊《ぼう》・北之院《きたのいん》・仏餉院《ぶっしょういん》・東倉院《とうそういん》・発志院《はっしいん》・阿弥陀院《あみだいん》・橋坊《はしのぼう》・福園院《ふくおんいん》・蓮池院《れんちいん》・法花院《ほっけいん》・善住院《ぜんじゅいん》・西東住院《にしとうじゅいん》・中《なか》東住院《とうじゅいん》・東住院《とうじゅいん》・蓮光院《れんこういん》・文殊院《もんじゅいん》・十宝院《じっぽういん》・賢聖院《けんじょういん》・橘坊《たちばなぼう》などの多くの子院が造立されています。

これら子院の名称として「仏教の用語や本尊名より命名したもの（阿弥陀院・弥勒院など）」「子院の敷地の地名やその地にあった建物から命名したもの（花園院・閼伽井坊など）」「子院が建てられた方位から命名したもの（西南院・西之院など）」「子院で行なわれる教学や信仰から命名したもの（明王院・金剛院など）」などが見られます。

そのころ、南都の諸大寺などの僧侶間においては、「学侶」と「堂衆」（禅衆《ぜんしゅう》）と呼ぶ制度が生れていました。制度の内容は各寺院ごとに異なるものと考えられますが、共通するのは、学侶を上位とし、堂衆をその下位としていることです。この制度がいつごろから発生したかはわかりませんが、法隆寺では十二世紀ごろには確立をしていたと思われます。嘉禎四年（一二三八）ごろに、寺僧の顕真《けんしん》が編した『太子伝私記』に「学衆《がくしゅう》」と「禅衆」のことを記しており、この制度が鎌倉時代には成立していたことを示しています。

学侶は「学衆」とも呼び、顕密二教の学行を専《もっぱ》らにして、主に講経論談を修学する学問僧のことをいいます。それに対して堂衆とは「堂方《どうほう》」「禅衆」「夏衆《げしゅう》」とも呼び、修行や律を専門として、夏は堂に籠もって安居禅行を修し、仏前に香花を供えて法要の承仕を担当する僧のことをいいます。その堂衆の中で、修行を専門にして主に西円堂や上之堂の堂司役（法要の準備や管理などを行なう）などを勤める系統の僧のことを「行人《ぎょうにん》」と呼んでいます。また、律を専門として主として上宮王院・律学院の堂司役などを勤める系統の僧のことを「律宗方《りっしゅうがた》」と呼びます。これらの行人方と律宗方の双方を代表する一臈《いちろう》のことを「両戒師《りょうかいし》」といい、行人の一臈を「夏一戒師《げいっかいし》」、律宗方の一臈を「院主戒師《いんじゅかいし》」と呼んでいます。

このような学侶・堂衆の資格は、この制度が発生したころのものですが、やがてその意味内容も複雑な変遷をみせ、ついに学侶が法隆寺全体を支配する制度にまで変化するのです。この僧侶間の制度は、さらに僧侶が居住する子院へも影響を及ぼすこととなります。やがて法隆寺の管理機構にとっても重要な制度の一つとなったのです。

室町時代になると学侶上位、堂衆下位の傾向が強まりを見せ、両者の対立は激しさを増すことになりました。それを裏づけるものとして、永享七年（一四三五）の南大門焼打事件があります。その焼失原因を学侶・堂衆間の争いによって堂衆が焼却したものと伝えているのですが、その真相は謎につつまれています。

このような惨事は突如として起きたものではなく、それ以前から、すでに両者は険悪な状況下にあったようです。享禄三年（一五三〇）の『坊別并僧別納帳』という記録には「学侶坊」と「堂衆坊」の区分が明確化しており、それぞれの子院への米の支給高にも格差が生じています。そのころの法隆寺には四十七ケ院の子院があり、学侶と堂衆の区分が完全に生じていたのです。そして学侶が四二名、堂衆が八二名であったと記載しています。これによって人数的には堂衆が多かったことになりますが、現実には学侶が法隆寺を支配する傾向が強かったようです。

学侶の子院は主として西院側にあり、堂衆は東院側に建っていたのです。そのことから学侶のことを「西寺」、堂衆を「東寺」と総称していたのでした。しかし、そのような寺域の区分もはじめは完全ではなかったらしく、金光院が学侶坊でありながら東寺側にあり、西寺側にある阿弥陀院が堂衆坊であった時期もあります。しかし、学侶と堂衆の対立闘争が激しくなるにつれて、やがて完全な敷地の区分が行なわれました。そして金光院は堂衆坊、阿弥陀院は学侶坊となったのです。

その後も学侶と堂衆の争いは絶えることがなく、西寺と東寺に分かれて互いにその権力を争ったのでした。両者ともに織田信長や豊臣秀吉などの為政者たちに使節を送って金品を献上して、自己に有利となるように働きかけていたようです。

そのようなことから織田信長によって、天正二年（一五七四）に法隆寺が西寺と東寺に分離されることとなりました。

ところが、徳川幕府の確立に伴って、封建的な身分制度が寺院にも大きな影響をみせることとなります。

やがて、学侶となる条件は、公家か五代以上相続している武家の出身者であることが明文化され、寺院の封建化がますます加速することになったのです。

三　法隆寺を支えた技能者たち

仏教が日本に伝わったことによって多くの寺院が建立されることとなりました。そして多くの技術者たちが、優れた新しい文化を携えて、朝鮮半島の国々から渡来したと考えられています。

『書紀』によると敏達六年（五七七）十一月に、百済王から経論や律師《りっし》、禅師《ぜんじ》、比丘尼《びくに》、呪禁師《じゅごんし》、造仏工《ぞうぶつたくみ》、造寺工《てらつくるたくみ》などの六人が派遣されています。また崇峻元年（五八八）にも百済から仏舎利や僧をはじめ、寺工《てらたくみ》太良未太《だらみだ》、文賈古子《もんけこし》、露盤博士《ろばんはかせ》将徳白昧淳《しょうとくはくまいじゅん》、瓦博士《かわらはかせ》麻奈文奴《まなもんぬ》、陽貴文《ようくえもん》、㥄貴文《れうくいもん》、昔麻帝弥《しゃくまたいみ》、画工白加が渡来しています。

これらの記録によって、大工のことを「造寺工」とか「寺工」と呼んでいたことがわかります。おそらくそのような寺工たちやその末裔たちから直接に教えを受けた技術者たちが、多くの寺院の造営にも携わったことでしょう。

『書紀』には、推古二年（五九四）に推古天皇が仏教興隆の詔を発したことによって、豪族や臣下の人びとが積極的に寺院の造営を行なうこととなり「君親の恩の為に、競いて仏舎を造る。即ち是を寺と謂う」と記しています。このときから寺院のことを寺と呼ぶようになったのでした。推古三十二年（六二四）のころには「寺院が四十六箇寺あり、僧侶が八百十六人・尼僧五百六十九人がいた」と記しています。おそらく、それらの寺院の造営に従事した多くの技能者たちがいたことでしょう。

ところが、法隆寺の創建や再建などに従事した技能者たちのことを伝える記録はありません。法隆寺の修理や新造などに関わった技能者たちのことは十三世紀ごろからやっと記録に登場するようになります。建保七年（一二一九）の『舎利殿棟札』に「大工・土佐権守《とさのごんのかみ》平末光《たいらのすえみつ》・引頭大夫藤井国里・引頭大夫守治国治」とあるのが最も古いものです。しかし、それらは法隆寺専属ではなく興福寺に所属していた技能者たちであったようです。十一世紀ごろから興福寺の寺僧たちが法隆寺の別当職に就任することが慣例となり、法隆寺が興福寺の指揮下に入っていたことが影響しているのかもしれません。

そのようなことから、法隆寺の修理には興福寺系の技能者たちが従事していたと考えられます。弘長元年（一二六一）の「岡元寺塔修理棟上（京より番匠一〇人。下鍛冶二人。大工八人）」や文永五年（一二六八）の「西室造営（番匠南都より下り被る）」などにも京や興福寺系の技能者たちが従事していたことを示しています。ところが十三世紀の後半から専属の技能者たちの結束が強まり、興福寺は建治三年（一二七七）春日大社では弘安九年（一二八六）に組織化したようです。

そのような背景のもとに、やがて法隆寺でも技能者たちも結束をするようになりました。延慶三年（一三一〇）に行なわれた法隆寺の守護神をまつる惣社《そうしゃ》の棟上の記録に「大工四人・福寿太郎・九郎・四郎・三郎」と記しています。この記録だけからは法隆寺の大工制度が組織化したと断言することはできませんが、十四、五世紀ごろには法隆寺の大工集団が成立しつつあったと考えてよいでしょう。

それを傍証するものとして、文明七年（一四七五）ごろに、大工たちの寺院である修南院《しゅなんいん》が建立されたことが挙げられます。この修南院は、夢殿の東側にあり、「珠南院《しゅなんいん》」「東林寺《とうりんじ》」とも呼ばれていました。この修南院の建立は、法隆寺所属の大工組織の成立とその強い団結を示すものといえましょう。

法隆寺と大工組織との結びつきを示す資料としては『文明四年公文所《くもんじょ》補任記』（一四七二）の年中行事を記しているところに「高座番匠の役也」とあり、大永八年（一五二八）六月二十四日の「番匠大工職金剛四郎子太郎四郎補任」などの記載があります。これらの記録が法隆寺の公文書に登場する番匠大工の最も古いものです。やがて法隆寺所属の技能者たちは、その由緒を太子に結びつけることによって、その権威を高めることとなります。

そのようなことから、仏法を守護する四天王に擬えて上位の四人の大工を「四大工」と呼ぶようになりました。そして工匠たちがその臈次《ろうじ》によって四大工職に補任したのです。やがて「法隆寺四大工職」のことが、多くの資料に登場することとなります。その最も古いものが文禄二年（一五九三）の『新堂の棟札』です。それには、「四人大工・平多聞《たいらのたもん》勘九郎《かんくろう》・平政盛《たいらのまさもり》金剛善四郎《こんごうぜんしろう》・平宗次郎《たいらのむねじろう》大夫《たゆう》・藤原家次《ふじわらいえつぐ》勘太郎《かんたろう》」と記しています。そのことを裏付けるかのように『法隆寺公文所補任記』に「補任　四人番匠大工職之事」と記すようになりました。

ところが、慶長十一年（一六〇六）の聖霊院・南大門・伝法堂などの棟札には、つぎのように記しています。「番匠大工　一朝惣棟梁　橘朝臣《たちばなのあそん》中井《なかい》大和守《やまとのかみ》正清《まさきよ》・小工　藤原《ふじわら》宗右衛門尉《そうえもんのじょう》宗次《むねつぐ》・寺職工　平金剛大夫政盛《たいらのこんごうたゆうまさもり》・藤原《ふじわら》左大夫《さたゆう》家次《いえつぐ》・平宗次郎」。この棟札には法隆寺大工の組織の特徴を示す「四大工」の記載は見られないのです。それは、法隆寺の工匠たちの組織が徳川政権の技能官僚である中井正清の支配下に入ったことを意味するのではないでしょうか。この棟札にも見られるように、かつて法隆寺に所属する四大工職の一人であった中井正清が徳川家康の庇護を受けて「一朝惣棟梁大和守」と名乗ることが許されたのです。正清は畿内にある寺院の修造や江戸城、駿府城、名古屋城、伏見城、二条城などの城郭の造営にも采配を振っており、豊臣家と徳川家の対立の根拠の一つとなった方広寺の大仏殿や鐘楼の造営なども指揮していたのです。

四　中世から慶長に行なわれた修理の真相

法隆寺は八世紀のごく始めごろに再建されましたが、それ以降もたびたび屋根の葺き替えなどの修理をしています。最も大きな修理をしたのは鎌倉時代でした。そのころ奈良の寺院は復興期で、寺僧たちが積極的に活躍した時代です。世情の影響を受けた、法隆寺でもお堂を修理をしたり、建物も新たに造られました。

昭和五十九年に発行された『法隆寺の建築』という書物があります。浅野清という学者の著書です。浅野は昭和九年から二十四年まで、法隆寺の解体に保存工事事務所の技師として従事した人で『古寺解体』という名著もあります。法隆寺を解体したときの話とか、あるいは戦時中に法隆寺の宝物を疎開するときにたいへんご苦労いただいたことが語られています。お元気なときに、もっと教えてもらっていたらと後悔をしています。残念ながら、今はその著書から学ぶしかありません。

その著書によると、鎌倉時代に、荒廃していた法隆寺がかなり整えられたのですが、この改修によって古い姿の失われたものも少なくなかったということです。しかし、新しい堂もそれぞれに精彩を放ったのでした。いずれにしても、この時代に法隆寺は大改造を行なっているのです。それまでの様式が著しく変化したのですが、修理によって建物が再生したことも事実のようです。

その修理費をどのように捻出したかは記録にもみられません。おそらく、そのころの法隆寺では、領地から納められる米などが浄財になったことでしょう。しかし、それだけでは十分ではなかったはずです。勧進僧たちが人びとから寄付を募ることもあったようです。この勧進僧に浄財を寄せてくれる人びとを奉加衆と呼びます。そのような浄財によって大修理を行なったのでしょう。それ以降も、屋根の葺き替えなどの小さな修理をたびたび行なっています。

その次の修理がたいへんでした。豊臣秀吉は慶長三年（一五九八）に亡くなりました。そしてその二年後に、天下分け目の関ヶ原の戦いが起こるのです。徳川家康は秀頼に対して、秀吉の菩提を弔うために近畿一円の寺社の修理を行なうように、と勧めたのです。これは、大坂城に蓄えてある財宝を使い果たさせようとする家康の策謀であったといわれています。このときに修理を指揮したのが大和郡山城の城主であった増田長盛でした。

まもなく関ヶ原の戦いがあり、増田長盛は西軍についたのです。やがて西軍が敗れて長盛は隠居を命ぜられ、修理担当者を片桐且元（竜田城主）と交代します。そして、法隆寺の慶長の大修理が行なわれたのです。この修理で、老朽化していた法隆寺は一息つきました。そのときの修理について、浅野は次のように記しています。

「法隆寺建立以来の大規模な修理となったが、その方法は決して神経のいきとどいた、入念なものではなかった。それどころではなく構造の安全をはかるために、思いきり大手術を断行したもので、このため従前の建物の建具や雑作などは惜しげもなく撤去され、補強用の貫が柱に縦横にさし通され、屋根は全面的に葺きかえられ、日本建築の表情を大きく左右する軒回りなども少なからず改造をうけた。これによって崩壊寸前にあった諸堂は、破壊をまぬがれたが、他面この無慈悲な決断によって、それまでよく伝えてきた貴重な古形式が失われたものも多かった。」（『法隆寺の建築』浅野清著）

これによって、慶長の修理がいかに大改造であったかがわかります。昭和大修理では、なるべく創建当初の姿に復元しようと努力されたのです。ところが、この慶長の大修理によって復元できなくなった箇所も多かったということです。

五　大工頭正清の台頭と秀頼による大修理

豊臣秀吉の天下統一によって諸社寺の領地の多くが改易されました。太子から施入された播州の鵤庄などが、法隆寺から離れることとなったのです。天正十三年（一五八五）の秋に、豊臣秀長（秀吉の弟）が大和大納言として郡山の城主となったときには大和の諸大寺の寺領がことごとく減額され、法隆寺の所領も千石余りに減少したのです。

その後、文禄四年（一五九五）の検地によって、現在の奈良県広陵町にある「安部」を中心とする地域が法隆寺の新しい知行所となりました。法隆寺は、「千石」の石高をもって、かろうじて維持することとなったのです。

南都の諸大寺の知行高については『大日本神社仏閣御領』につぎのように記しています。「興福寺二万一千百十九石・多武峰社《とうのみねしゃ》三千石余・東大寺二千二百十石・法隆寺千石・唐招提寺三百石・薬師寺三百石・西大寺三百石」。この知行高は明治維新まで安堵されることとなります。しかし、千石といっても正租（実際の収入高）は五百石あまりであったといわれています。

そのころの法隆寺の財源は、この額面の千石と、片桐且元から寄進された法起寺の周辺にある岡本村から納められる六石余、西円堂などへの賽銭が主流となっていたのです。しかしそれは、かろうじて現状を維持するのが精一杯で、堂塔の修理費を捻出することは不可能でした。

そのころ、天下人として実権を掌握した秀吉が、天正十四年（一五八六）に京都方広寺の大仏造立を発願したことはよく知られています。この大工事には全国から多くの優れた工匠たちが集められたといいます。そのとき、法隆寺の「四大工」の一人であった中井正吉という棟梁が大和の工匠たちを率いて参画し、その技量を大いに発揮したといいます。この中井正吉は大坂城の築城にも従事したとする伝承もありますが、その真相は定かでありません。

その後、法隆寺の四大工職の株を正吉から嫡子の正清が継承したようです。慶長三年（一五九八）、太閤秀吉の死去に伴って天下は徳川家康の手中に移りつつありました。そのころ正清の器量が家康の目に留まったらしいのですが、どうしたことか、その経緯や秀吉時代の正清の業績はわからないのです。正清は、徳川政権の傘下に入ったことによって、秀吉との関係を記録から抹消したのかもしれません。

やがて関が原の戦いのころから、家康は正清を側近の一人として寵用するようになります。そして正清を大和・山城・河内・和泉・摂津の五畿内と近江の六ヶ国の大工頭に任命したのです。慶長七年（一六〇二）ごろからは二条城や江戸城の造営にも関わらせています。そして正清は、慶長十一年（一六〇六）七月十三日の後陽成院御所造営の手斧初めのときに、「従五位下大和守」に叙任されました。

慶長十一年には、家康の居城となる駿府城が完成してから僅か二ヶ月余りで、天守や本丸が全焼したのです。この報せを受けた正清は、すぐさま駿府城に馳せ参じて懸命にその復興につとめており、これに対する褒美として家康から貞宗の脇差を拝領したのでした。

このような忠臣ぶりによって、家康は正清をますます信頼することとなったようです。しかしそのころ、豊臣家と徳川家は一触即発の不穏な状況下にありました。すでに紹介をしたように家康は、秀吉の遺児である秀頼に対して、父秀吉の菩提を弔って畿内一円の寺社の修理を行なうことを勧めています。おそらく家康は、大坂城に蓄えられている黄金を少しでも減らすことを考えていたのでしょう。それはまさに、天下を手中にするための大戦略の一つであったはずです。

家康の計略であることを知りながら、秀頼はあえて社寺の修理に着手しています。この修理には、豊臣家の老臣として知られる片桐東市正《ひがしいちのかみ》且元が修理奉行として資金面の管理を行ないました。そして正清が一朝惣棟梁として修理の全体を指揮していたのです。このころには正清の禄高も千石となり、旗本格の待遇を受けていたのでした。

ちょうど法隆寺でも、伽藍の堂塔が老朽化し、早急に修理を行なわねばならない時期に直面していたのです。この秀頼による修理は法隆寺にとっては願ってもないものでした。やがて秀頼を大檀越として且元と正清の指揮のもとに大修理が始められ、中心伽藍をはじめ南大門・聖霊院・伝法堂などのすべての殿堂に修理が施されたのです。おそらく正清も故郷である法隆寺の修理に格別な思いを込めて指揮をしたことでしょう。

いずれにしてもこの修理は法隆寺創建以来の大規模なもので、建物の構造の安全を図るために思い切った大手術を施したのでした。

この大修理によって、崩壊寸前にあった堂塔は破壊を免れたのです。しかし、多くの建物の古い様式が失われたことは千秋の恨事であるといわれています。しかも、倹約のためでしょうか、補強材の多くには杉材や松材が使われており、やがてそれが老朽化を早めることとなったようです。

こうした秀頼による慶長の大修理が完成をしたころから、豊臣家と徳川家の対立はいよいよ激しさを増し、そして天下を二分する一大決戦へと向かうこととなります。

なお、正清が携わった主な建物としては、伏見城・二条城・智恩院・増上寺・法隆寺大修理・仙洞（後陽成院）御所・江戸城・駿府城・方広寺大仏殿・名古屋城・内裏・東大寺大修理・茶臼山陣小屋・久能山東照宮・日光東照宮・江戸紅葉山東照宮などが知られています。

六　大坂冬の陣始まる・法隆寺に立寄った徳川家康

豊臣家と徳川家の天下を二分する激突が切迫しつつありました。家康は浄土宗の熱心な信者でした。家康は日課供養として「南無阿弥陀仏」の六字の名号を書写しつつ「厭離穢土《おんりえど》・欣求浄土《ごんぐじょうど》」の実現を願っていたと伝えています。慶長十九年（一六一四）三月には、南都興福寺の一乗院《いちじょういん》や喜多院《きたいん》などの法相宗の学匠たちを駿府城に招いて法相宗の教義に関する問答を行なわせ、それを聴聞しています。

そのころ、興福寺の喜多院には空慶《こうけい》という高僧がいましたが、黒衣の宰相として名高い天海《てんかい》（天台宗の高僧）から生仏のように敬われたと伝えているのです。天海の蔵書に南都系統の書籍が多く秘蔵されているのは、この空慶と天海の交誼を示しているようです。駿府城に招かれた学匠たちの中には、法隆寺の阿弥陀院の住持である実秀《じっしゅう》の姿がありました。なぜ実秀が登城を許されたのかはわかりませんが、そのころの南都を代表する学匠の一人として、天海などの推挙があったのかもしれません。

その実秀が住持をしていた阿弥陀院は法隆寺のほぼ中央に位置する子院です。大坂勢からの防御の面からも、家康の陣屋として最も適していたようです。来るべき日を予測していた正清は、早くから家康の寝所の造営など阿弥陀院の改築に着手していたのです。そのころ将軍職を秀忠に譲った家康は隠居して「大御所」と呼ばれていましたが、なお実権を掌握して、真の天下統一を夢見ていたのでした。

いよいよ豊臣家との対立は激しさを増し、やがて方広寺の鐘銘に「国家安康」「君臣豊楽」という文言があることを巡って問題が勃発したことはよく知られています。慶長十九年八月十七日に、正清は駿府城に登城して、家康につぎのように進言をしているのです。「奈良の興福寺南大門、法隆寺の御持堂や聖皇院、東大寺の法華堂などの棟札には大工の名前が記されていますが、豊臣家が建立している方広寺の棟札には大工の名前が記されていません。これは前代未聞のことであります」と。これに対して『駿府政事録』は「大御所ご立腹なり」と、家康が激怒したことを記しています。

このような正清の進言が、大坂冬の陣を早めることとなった可能性も高いようです。やがて、豊臣家の老臣であった片桐且元も大坂城を離れて家康に加担をすることとなります。そして十一月四日に且元は、大坂城近辺の図面を家康に献上しているのです。それを受けて、家康は本多《ほんだ》上野介《こうずけのすけ》正純《まさずみ》・成瀬《なるせ》隼人正《はやとのしょう》正成《まさなり》といった忠臣たちを召集して、大坂攻めの密議を行なったり、正清に命じて大坂近郊の詳しい図面を製作させています。そして、いよいよ大坂に向けて進軍を開始することとなるのです。

家康は慶長十九年十一月十五日の午前六時ごろに二条城を出発。その日の宿所であった木津に到着したのですが、その建物が狭いことを理由に、急遽、奈良の中坊《なかのぼう》秀政《ひでまさ》の館へ向かったと伝えています。これは大坂勢による急襲などを懸念したのかもしれません。その翌十六日は早朝から雨が降っていましたが、正午ごろに法隆寺へ向けて出発しました。やがて家康は奈良から郡山を通って夢殿前に到着したようです。そこには家康の信頼を受けていた実秀や大工頭の正清などが出迎えていたことでしょう。とくにこの法隆寺は久しく兵火を免れた霊場であり、家康は伽藍を巡拝して太子に戦勝を祈願したと伝えているのです。

このとき阿弥陀院の境内に家康の愛馬を繋いだという「駒止め松」が、幕末のころまであったようです。また、家康は戦勝を祈願して、法隆寺へ「轡（久治作）」「御剣（信国作）」「御剣（天国作）」「香合（螺鈿）」「六字名号（登誉上人筆）」などを寄進しています。

そのころ、大坂城の豊臣秀頼の側近たちから、法隆寺に向けて密使が派遣されました。「法隆寺は豊臣家の恩顧に応えて大坂方に味方せよ」と申し出ているのです。慶長五年から秀吉の菩提を弔うために行なわれた法隆寺修理の、大檀越であった豊臣秀頼には大恩があり、その決断には苦慮したことでしょう。しかも、法隆寺が豊臣家に味方をしたならば、大和半国を寺領として寄進するという条件がついており、それには心を動かされたようです。太子時代からの重要な所領であった播磨の鵤庄を失っていた法隆寺としては、喉から手が出るほどの有り難い申し出であったに違いありません。しかし、いかなる好条件であっても、豊臣家の申し出に従うことはできませんでした。それは徳川家の優勢が世の流れであったからです。

やがて家康の軍勢は法隆寺を出発し、正清も一族郎党三十余騎と大工千六百人余を引き連れて家康に付き従ったといいます。家康軍は竜田本宮付近（奈良県生駒郡三郷町）を南下して大和川の「藤井の渡し」を渡って、河内の道明寺へ向かったと伝えているのですが、その真相はわかりません。

このとき、家康は進軍するための山道を新たに造らせており、十七日には摂津の住吉に泊まっています。その日から、家康に従軍していた家臣団は甲冑を着けたのでした。ちなみに、映画やテレビなどでは早くから甲冑を着けて出陣をする姿が見られますが、あれはあくまでも演出であり、いざ決戦というときになって、はじめて甲冑を着けたようです。それでなければ、兵も馬も重くて身体が持たなかったことでしょう。

家康は進軍中にもさまざまな戦略を練っています。十二月十三日には正清に命じて城攻めのための「梯子」や「熊手」を作らせて武将一人宛に梯子を五十づつ配分したり、十五日にも正清に命じて大砲の台である仏郎機《フランキ》を作らせています。このように、正清は建物の造営だけではなく、軍事的にも重要な存在だったのです。

やがて豊臣家との和議が整って徳川軍が引き上げた慶長二十年四月二十八日に、大坂勢一万余人（三千人ともいう）が、豊臣家に加担をしなかったことに対する報復として法隆寺の西の村落を襲って放火しています。幸い寺僧たちの防御によって、火が西大門から境内に入ることを防いだと伝えています。しかし、これによって法隆寺の近郊にあった正清宅は焼失したといいます。その事件から正清は居宅を京都御幸町御池下るに移すこととなったようです。やがて畿内の大工頭として、幕府における中井家の地位は磐石なものとなり、その伝統は明治維新まで継承されたのでした。

なお、正清は元和五年（一六一九）に近江国水口《みなくち》で没しており、京都長香寺《ちょうこうじ》へ葬られました。また奈良における菩提寺として斑鳩町竜田の浄慶寺《じょうけいじ》があり、中井家の墓は法隆寺北方の極楽寺墓地にもあります。現在でも、法隆寺から浄慶寺へ依頼して、中井家の墓地の供養をしてもらっています。

[第四章] 封建社会を生きつづける法隆寺

一　はじめての法隆寺堂塔公開

徳川家康による天下統一によって、寺院にも封建制度が大きな影響を及ぼすこととなりました。そして寺僧たちの身分制度も確定したのです。

寛文九年（一六六九）の『法式条々《ほうしきじょうじょう》』という記録には、法隆寺の学侶や堂衆（堂方ともいう）が守るべき法則を十九ケ条にわたって列記し、法隆寺の年中行事における学侶と堂衆の役割などを詳しく記しています。その末尾に、堂衆は上宮王院観音堂・太子堂・西円堂を学侶から預かり、朝暮の勤行、香華《こうげ》燈明《とうみょう》の調達、堂内の掃除などを行なう役人であると記しています。これは、堂衆が完全に学侶の支配下に入ったことを示すものといえましょう。

こうした身分制度の確立によって、法隆寺の学侶になる条件に寺僧の出自の種姓の吟味がなされるようになりました。まず学侶となるためには身分の高い家筋が求められ、それが明文化されることとなります。「学侶は公家又は五代相続の武家の子、種姓吟味の上で児を取立てるものなり。」と。これによると学侶に取り立てられるのは公家もしくは五代以上相続をしている武家の出身者であることが必須の条件でした。公家の出身者は無条件で学侶に交わることができましたが、武家の場合は実家から師匠宛に家系図の提出が求められました。学侶の集会《しゅうえ》の席上でその系図に誤りがないことを吟味されて、学侶たちの同意を必要としていたのです。

法隆寺には、明治維新までに学侶の集会へ提出された百数十通に及ぶ寺僧たちの家系図が現存しています。その中で寛文五年（一六六五）十二月二十三日に提出した良賛《りょうさん》のものが最も古く、続いて寛文十一年（一六七一）十二月十二日の覚賢《かっけん》、延宝元年（一六七三）十一月十九日の覚勝《かくしょう》の系図があります。元禄八年七月二十三日から記された『系図入日記』も寛文五年の良賛の系図から始まっていますから、系図を提出するという規則が寛文年間に規定されたものと考えられます。そのころの法隆寺の学侶には「大和国片桐家の家臣」や「山城の賀茂侍」「藤堂家無足人」「大坂御蔵奉行」「松平相模守の家臣」「春日社神主」「賀茂社家」「大工頭中井家」などの子息たちが出家しています。

やがて徳川政権も安定をしたころから、ふたたび伽藍修理が必要になってきました。慶長年間に行なわれた伽藍の修理に松や杉が補強材として使われたこともあり、早くも老朽化が始まったようです。寺僧たちは、その修理費用をどのようにして調達すべきかを相談しています。法隆寺ではたびたび寺僧を江戸へ派遣して、幕府の援助を願い出ていたのです。そのころ幕府には、全国の社寺から修理への財政的援助の要望が寄せられていましたが、受入れることはなかったといいます。当然のことながら法隆寺からの願いも聞き入れられなかったのです。

幕府からの援助はまったく不可能であり、法隆寺は独力で伽藍を修理しなければならなかったのです。そのころの法隆寺には、一九名の学侶と二八名の堂衆がいたと記録しています。これらの寺僧たちによって法隆寺が運営されていたのです。切迫する事態の中で、一つの試みとして、法隆寺ではそれまで公開していなかった堂塔のご開帳を決断することになります。

元禄三年（一六九〇）の二月十五日から五月に至る三ケ月間にわたって、はじめて伽藍の堂塔を開扉して広く人びとに公開したのでした。

『法隆寺諸堂開帳霊仏霊宝絵像等目録』にはつぎのように記しています。（要旨）

「来る元禄四年は聖徳太子一千七十年のご遠忌に当たるのでその浄財を得るために、はじめて堂塔を一般の人びとに公開することになりました。その賽銭によって聖霊会を勤修したり、堂塔の修理をしたいと考えています。そのようなことから前年の元禄三年に諸堂を開扉して霊仏霊宝を拝観させることとしたのです。そのときに寺僧たちが個人で所有している宝物も展観をすることと致します。」

このときに、はじめて金堂の南正面が開かれたり、夢殿や聖霊院なども公開されるなど、未曾有の大開帳が行なわれたのでした。また寺僧たちが私有している仏像や仏画などの宝物も特別に公開したのです。

この開帳によって「銀百三拾六貫七百四拾七匁五分」（約二千三百両余という）の浄財が寄せられていいます。それによって、翌元禄四年に行なわれた聖徳太子一千七十年御忌の聖霊会を盛大につとめることができたのでした。しかも、このときから聖霊会の会場を東院夢殿から西院大講堂前へ移して行なったのです。これは広い会場で行なうことによって多くの人びとに参拝することを求めるとともに、多くの賽銭が納められることに期待をするものでもありました。

ご開帳で集まった浄財によって五所社、綱封蔵、西室、金堂、夢殿、食堂などを応急的に修理をしています。しかし、法隆寺の伽藍の建物の総数は三十数棟にものぼることから、抜本的な対策を講じる必要に迫られていたのです。

ちょうどそのころ、東大寺では大勧進の公慶《こうけい》上人が大仏殿の再興に東奔西走し、唐招提寺では松蔵院の英範《えいはん》が堂塔の修理を行なうために奔走していたのです。そして元禄五年（一六九二）三月十七日には東大寺大仏殿の開眼法要が勤修され、法隆寺の寺僧たちも出仕しています。これらのことも法隆寺の寺僧たちを大いに刺激したことでしょう。

同じころ、信濃の善光寺が金堂、宝塔、楼門などの再興のために出開帳を計画、元禄五年に、江戸の本所《ほんじょ》回向院《えこういん》において秘仏善光寺如来の出開帳を行ない、大成功を収めていたのです。そして江戸に続いて京都や大坂でも出開帳を行ない、多額の浄財を集めることに成功しています。そのような影響もあり、法隆寺の寺僧たちは、江戸での出開帳を決断することとなるのです。

二　苦心の知恵、江戸出開帳

伽藍がふたたび老朽化したことによって窮地に直面しつつあった法隆寺では、元禄三年のご開帳によって集まった浄財で応急的な修理を施しています。しかし、全伽藍の修理には程遠い状態でした。浄財の確保に苦慮していた寺僧たちは元禄七年（一六九四）正月十二日に浄財を集めるために江戸で出開帳を行なうことを決定したのです。

江戸ではそのころ、中山安兵衛が高田馬場で伊予西条藩士菅野六郎左衛門の果たし合いに助太刀をして町衆の人気者になっていたり、歌舞伎も栄えていたころです。まさに花の元禄とうたわれた時代でした。武家も町人も物心ともに豊かになり、ご信心や珍しい文物、上方の文化の香りなどを求めるゆとりが出ていたのではないでしょうか。

寺僧たちは、寺社奉行に対して出開帳の許可を出願するときに、法隆寺の由来を紹介する資料として「釈迦御袈裟」「太子御手題梵網経《たいしおてだいぼんもうきょう》」「神代真鈴《じんだいしんれい》」「太子御足印《たいしごそくいん》」「八臣瓢壺《はっしんのひさごのつぼ》」「御弓《おんゆみ》」「御矢《おんや》」の七種類の宝物と金銅仏や仏画などを携えて出府することとなりました。また、新たに画師の長谷川等真《はせがわとうしん》が模写した四幅の「聖徳太子絵伝」を持参しています。これは出開帳のときに太子のご遺徳を布教する絵解きに使用するためのものでした。

旅立ちの準備を整えた寺僧の覚勝や覚賢、懐賢《かいけん》の三僧は、法隆寺一山を代表して江戸へと赴きます。そのころ、法隆寺から江戸までは一一日の日数を要しました。やがて、出府した寺僧たちは寺社奉行所や桂昌院の家老上野半左衛門を訪れ、江戸出開帳出願の趣旨を訴えつつ、その許可が下されるように懇願したのでした。とくに将軍綱吉のご生母、桂昌院の筆頭家老であった上野半左衛門が覚勝の縁戚であったことは法隆寺にとって大いに幸いしたようです。

五月三日には、覚賢と懐賢が寺社奉行所に対して「出開帳の口上書」を提出しています。そして寺社奉行たちに対して、老朽化した法隆寺の伽藍を修理するために江戸で出開帳を行ない、その浄財をもって伽藍を修理したいと願い出たのでした。これに対して奉行たちは法隆寺が江戸で出開帳を行なうのは今回が初めてか、以前にも行なったことがあるか、と尋ねています。寺僧が今回が初めてです、と申し上げると、奉行たちは、これからよく検討をするので退出をするように、と申し渡しています。そのようなことから覚勝たちはしばらく奉行所からの吉報を待つこととなりました。

覚勝たちは、将軍や桂昌院の庇護を受けていた知足院隆光や護国寺《ごこくじ》、霊雲寺《れいうんじ》、増上寺などの高僧たちとも親交を深めています。これらの僧侶たちは幕府の要人とも繋がりが深く、その紹介と助言のもとに、大名家をはじめ旗本や寺院などへ宝物を持参して浄財の寄進を受けることとなります。

大和の片田舎から下向した覚勝たちには花のお江戸の僧侶たちの姿はずいぶんと華やかに見えたことでしょう。それは閏五月廿七日のことでした。覚勝たちが宝物を持参して隆光の自坊である知足院を訪れて隆光をはじめ、真言宗の高僧たちに宝物を開帳したときのことです。このときには摂津多田院（兵庫県川西市）の智空や唐招提寺の英範なども同席して食事の饗応を受けています。宝物の拝観を終えた高僧たちは、法衣を脱いで囲碁、蹴鞠、風呂、築山の見物などに興じたのです。そして庭の池に船を浮かべて酒を酌み、茶会などを催すなど、長日の饗応を受けたのでした。

このように覚勝たちは江戸の高僧たちの豪華な生活に驚いて「殆ど極楽浄土の如し」と日記に書き残しています。

なかでも増上寺の貞誉《じょうよ》からは格別の力添えを得ることとなりました。そのころ本所にある回向院は、出開帳の場所として最適であり、石山寺や信州善光寺なども出開帳を行なって大成功を納めた実績がありました。貞誉から「太子は諸宗共に帰依奉るべき事は勿論のことであり、謹んで尊敬申し上げる。出開帳に関する御用があれば承ろう。御開帳の場所は回向院（無縁寺・東京都墨田区東両国）が最も宜しいと思われる。関係者にも協力するように伝えておこう。」（要旨）と、好意あふれるお言葉をいただいたのです。これによって、覚勝たちは大いに元気づけられたのでした。

このような多くの人びとの協力とともに、慶長十九年に東照大権現家康が法隆寺にお泊まりになったという由緒などが大いに功を奏したことはいうまでもありません。やがて、出開帳の願いが幕府に聞き届けられることとなるのです。閏五月九日ついに覚勝たちは寺社奉行の戸田能登守から待望の「法隆寺の江戸出開帳」の許可を受けたのでした。

出開帳の許しを受けた覚勝たちが感激に涙したことはいうまでもありません。すぐさま、その朗報を待ちわびている法隆寺へ知らせました。幸いなことに、江戸を出発する南都の酒屋の飛脚の便があり、十八日には法隆寺へ書面を届けてくれたのです。

そして貞誉の助力もあって、開帳の会場が本所回向院に決定することとなりました。そのころ法隆寺では、江戸からの朗報を今や遅しと待ちわびていたのです。やがて待望の許可の知らせを受けた寺僧たちは、太子のご宝前に報告をするとともに、すぐさま出発の準備に取りかかったことはいうまでもありません。いよいよ江戸出開帳へ向けての行列が法隆寺を出発する日が訪れたのです。

六月九日早朝に、門外不出の秘宝である「南無仏舎利」などの宝物が法隆寺を出発しました。それに供奉する良尊《りょうそん》（六十六歳）、良賛（四十一歳）などの寺僧たちは朱の網代籠に乗り、法隆寺の役人たちが付き従う七〇余名に及ぶ行列でした。

寺僧たちは各々旅装束に身を固め、緊張した面持ちで法隆寺を後にしたことでしょう。それは法隆寺の存亡が、まさにこの出開帳の成功にかかっていたからです。宝物は六月二十日に江戸へ到着しています。これを出迎えた覚賢と懐賢たちは品川で合流しました。そこで「南無仏舎利」と「太子の御影」を鳳凰の櫃《ひつ》に入れ替え、良尊たちも旅姿から正式の法衣に改めて江戸へと入ったのです。

覚勝は、江戸の信者たちと高輪まで出迎え、宝物を増上寺の太子堂に安置しています。そのとき増上寺では貞誉らが「南無仏舎利」を奉迎されたと伝えています。寺僧たちにとって、いよいよこれからが正念場でした。

三　綱吉の生母桂昌院の庇護

元禄七年七月五日から待望の法隆寺出開帳が回向院で開かれたのです。その開白法要では増上寺の貞誉に導師をお勤めいただき、丁重なご回向とともに黄金一枚が寄進されています。

なお、この出開帳に先立つ寺僧たちの奔走が功を奏して、法隆寺から持参していた宝物を将軍綱吉の生母である桂昌院が上覧されることとなりました。そのころ桂昌院は各地の寺社に対して多くの寄進をされていたのです。

このような有力者の支援を得られれば、法隆寺にとって追い風になることはいうまでもありません。それには中宮寺宮から桂昌院への紹介状や知足院の隆光、桂昌院の家老上野半左衛門などの口添えの効果が大きかったというべきでしょう。とくに隆光は唐招提寺で得度して若いころに法隆寺で修学をしたともいわれており、南都の寺院とは深い関わりがあったのです。

六月十六日早朝から、覚勝、覚賢、懐賢の三人の寺僧たちは桂昌院の家老上野半左衛門宅を訪れ、そこから宝物を携えて登城することとなりました。平川口の下馬前で駕籠を降りて、緊張しながら、江戸城三の丸の玄関から老中部屋へ案内されたのです。そこでお茶を頂戴し、しばらくして桂昌院直属の家老や家臣たちに挨拶を行ない、まず護国寺の賢広《けんこう》や桂昌院の側近たちが宝物を拝見しています。これは桂昌院が上覧されるまでに宝物を吟味する必要があったからでしょう。

いよいよ桂昌院への上覧の時刻となり、宝物一つ一つを新調した台に乗せて、桂昌院の御前に持参し、賢広が宝物の説明を行ないました。宝物をご覧になっていた桂昌院は格別の関心を示されて、法隆寺伽藍の修理の料として金三百両を寄進されたのでした。宝物を上覧された桂昌院は殊の外ご機嫌麗しく、ご満悦の様子であったと伝えています。

宝物の上覧が終わってから、寺僧たちは食事の饗応を頂戴することとなりました。あいにく覚勝が病気を押して伺候していることを申し上げて遠慮したところ、桂昌院の格別の配慮によって、お粥を頂戴しています。その後、御成御殿《おなりごてん》を拝見し、布施として寺僧たちは白銀一枚づつを頂戴したのでした。その後、寺僧たちは、老中などに宝物上覧が無事終わったことに対する謝辞を述べて下城し、すぐさま将軍綱吉の側

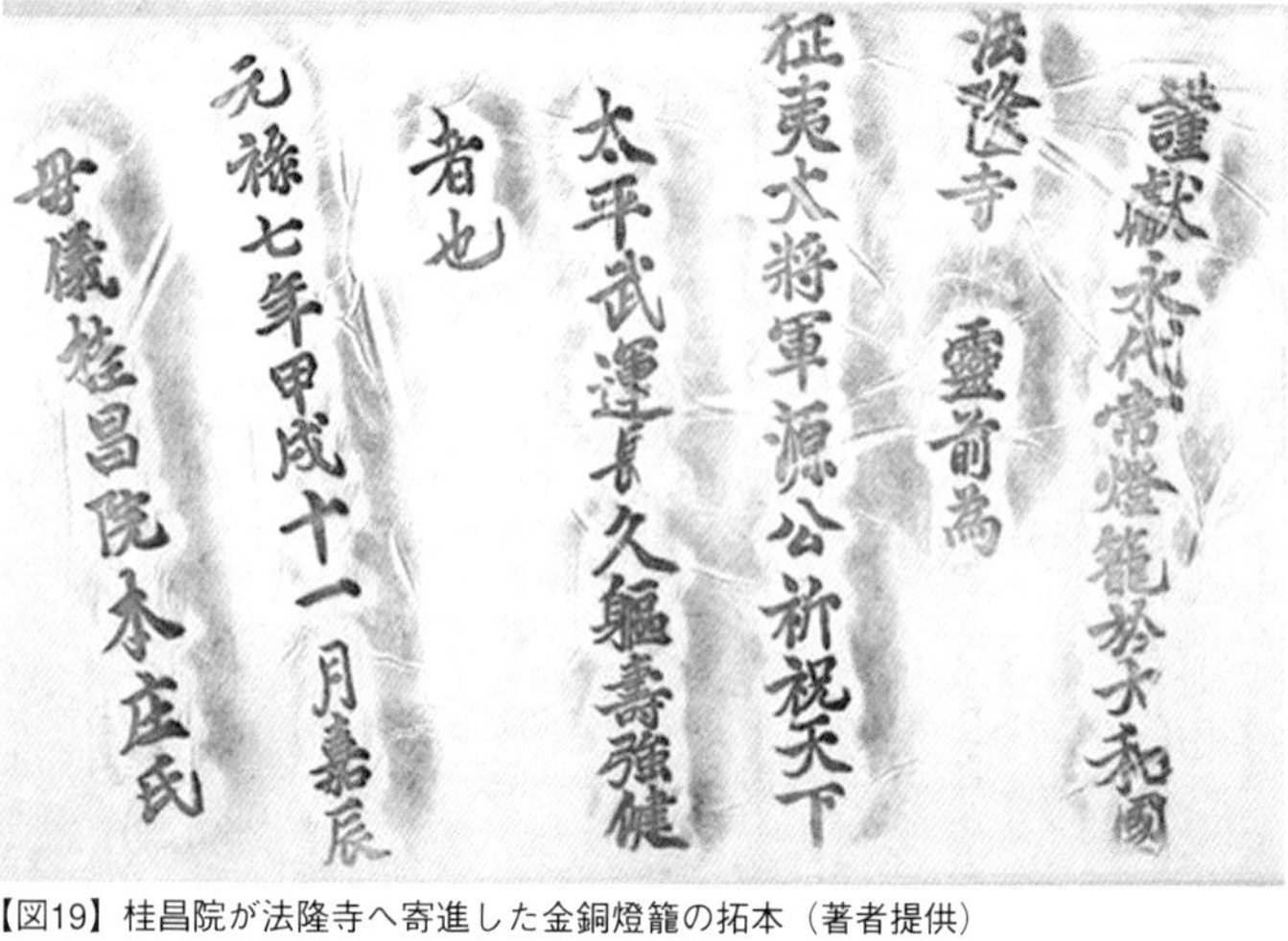

【図19】桂昌院が法隆寺へ寄進した金銅燈籠の拓本（著者提供）

用人である柳沢吉保《やなぎさわよしやす》の屋敷や護国寺、増上寺、霊雲寺をはじめ寺社奉行の松浦壱岐守、南都奉行の神尾飛騨守の屋敷などを訪れて上覧の報告と謝意を述べています。

やがて「南無仏舎利」などの宝物が江戸に到着してからも、ふたたび桂昌院の宝物上覧が行なわれることになりました。このとき桂昌院は、多くの宝物の中でも、とりわけ金銅の阿弥陀如来像がお気に召したらしく、しばらく預かりとなっています。ところが、その阿弥陀如来像が返されたという記録がありませんから、ひょっとしたら桂昌院に召し上げられた可能性もあります。このときにも桂昌院から米二百俵、薬、白布などを拝領しています。

それ以降も、桂昌院はたびたび宝物の登城を許しており、とくに覚勝が、桂昌院から格別の処遇を受けているのです。これも、桂昌院の家老である上野半左衛門が覚勝の縁戚であったことによるものと思われます。覚勝にとって最たる出来事は、九月十八日に一人で「南無仏舎利」などの宝物を携えて登城したときのことでした。桂昌院は綱吉の息女である鶴姫と一緒に宝物を上覧され、鶴姫やお局たちからも多くの寄進がありました。そのとき、今日は神田明神の御神事があり行列が城の外を通るので、平川橋の矢倉付近に設けてある御床で一緒に見ようという桂昌院からの有り難いお誘いを受けています。覚勝は身に余る厚遇に感激し緊張しながら、桂昌院のお側近くで行列を拝見したのでした。「御殿に於いて御料理御菓子御茶まで下され、重々以て有り難き御事なり。この度、六僧参府の内、覚勝一人の取り分、此の如きの御懇冥加の至り、忝く存じ奉る御事なり」と、記しています。

その後も覚勝はたびたび桂昌院へのご機嫌伺いが許され、やがて覚勝の進言によって、将軍綱吉の武運長久のために、桂昌院が法隆寺大講堂の前に常夜燈を建立されることになるのです。

それは覚勝と懐賢が「南無仏舎利」「十六歳太子像」などの宝物を三の丸御所に持参したときのことでした。覚勝が法隆寺に常夜燈の御建立についての愚意を言上したところ、それをお聞きになった桂昌院は即座に建立することに同意され、その建立料として五〇両が下げ渡されたのです。

また桂昌院は、江戸へ下向している六人の寺僧と法隆寺に残っていた四人の上位の僧に対して「紫裏の綾」の御衣一領宛てを下賜、さらに法隆寺のすべての寺僧に対して「御帯一条」を与えられています。そのときの感激を覚勝たちは「両僧は有難き希代の御事と感涙し乍ら退出した」と記しています。

桂昌院が護国寺へお成りになったときにも、覚勝は法隆寺の総代として伺候して、御菓子一折を献上したことがありました。しかし、その菓子は桂昌院専属の台所で拵えたもので「覚勝献上」と書いた短冊風の札を付けただけのものでした。覚勝自身はその菓子の形や名前も知らない、と記しています。そのころ城中では食べ物に対するチェックが厳重であったことを示すものです。そのとき覚勝は桂昌院から真綿十把《たば》と鶏卵煮を賜わっています。鶏卵煮は御近従の人びとが料理したものでした。覚勝が出開帳を終えて法隆寺へ帰山するときに桂昌院から特別に「茶地緞子《どんす》」を頂戴しています。その緞子は「将軍家の葵」と「桂昌院の九つ目」の紋の入った反物でした。これを袈裟に仕立てて将軍家の武運長久を祈祷するように、とのお言葉とともに、「目録」を賜わっています。なお、覚勝が桂昌院から下賜された織物で作った五条袈裟は、『昭和資財帳』の調査のときに、法隆寺の土蔵内からその断片を発見しています。

こうして覚勝は、桂昌院のおそば近くに伺候することが許されたり、袈裟に仕立てる茶地緞子が下賜されるなど、格別の厚遇を受けたのでした。この覚書を下賜された覚勝は桂昌院の家老上野半左衛門に対して「重々有難く、冥加の至り」と深謝して退出しています。やがてこのような桂昌院の庇護なども大いに影響して、綱吉の宝物上覧が実現するのです。

四　将軍綱吉の宝物上覧

幕政に関わっていた多くの人びとの協力と、寺僧たちの涙ぐましいまでの奔走によって、悲願であった綱吉の宝物上覧が実現しました。

桂昌院の助言なども大いに功を奏したことでしょう。元禄七年九月三日にいよいよ「南無仏舎利」などの宝物が登城することとなりました。宝物を携えた良尊たち六人の寺僧が登城することを許されたのです。綱吉への宝物の説明は霊雲寺の覚彦《かくげん》が行なっています。おそらくそのころの慣習から、法隆寺の寺僧が将軍に対して直接にご説明をすることは許されなかったのでしょう。

綱吉による宝物の上覧を無事に終えた良尊たちは、学問好きで知られる綱吉による儒教の講義を聴聞しています。それに引き続いて、老中の次席で、綱吉が演じるお能「高砂」「融」「江口」の三番を拝見する名誉に浴したのでした。寺僧たちは大名衆よりも上席に着座することが許されたのです。「誠に以て前代未聞の冥加の至りなり」と、その感激ぶりを記しています。

それから二日後の九月五日には、覚勝と覚賢が、将軍のお側用人として権勢を誇っていた柳沢吉保の屋敷を訪れています。そのとき綱吉から寄進の白銀一、〇〇〇枚の目録を拝受したのです。覚勝は上段の間に上がることが許され、吉保から直々に目録を頂戴したのでした。その後も寺僧たちは、吉保の指示によって、老中大久保加賀守、戸田山城守、阿倍豊後守、土屋相模守、牧野備後守の屋敷を訪れて、綱吉からご寄進を拝領したことに対する謝意を申し上げています。

この綱吉による宝物上覧が実現したことと、綱吉から伽藍修理料を寄進されたことが、法隆寺の出開帳を大成功へと導いたのでした。また、出開帳のために江戸へ持参した宝物は、回向院で江戸の人びとにご開帳をするとともに、毎日のように「南無仏舎利」などを大名家や旗本の屋敷へ運んで開帳したのです。宝物を大名や旗本の妻子などにも参拝していただくことによって、多くの金品の寄進を受け、寺僧たちも食事などの饗応を受けています。

この出開帳で特記すべきことは、六月三十日には、黄門さまで名高い水戸中納言光圀の所望によって、小石川にあった水戸藩の下屋敷へ「南無仏舎利」などの宝物を持参したことです。そのとき、覚さんのモデルともいわれる安積覺兵衛《あさかかくべえ》たちが寺僧たちを饗応しています。光圀公が「南無仏舎利」を拝観されるときには、烏帽子装束に改められ、威儀を正して奉拝されたのです。その後、寺僧たちは、後楽園に案内されて丁重なご接待を受け、白銀七枚、銭二貫文などの寄進を受けたのでした。

この出開帳では、七月五日から九月五日に至る二ケ月の間に一、六七七両余りの浄財が集り、予想以上の成功をおさめて幕を閉じました。九月四日に増上寺の貞誉を導師として結願法要が執り行なわれ、翌日の九月五日には寺僧たちによる「法隆寺開帳」の結願法要を行なっています。

ところが、江戸の人びとから出開帳の閉幕を惜しむ声が高まり、出開帳の延期を願い出ることとなりました。九月五日に寺僧たちは寺社奉行所を訪れて、出開帳が無事に結願したことを報告しています。そして改めて出開帳の延期を願い出たのです。それに対して奉行所は、その延期を即座に許可しています。おそらく綱吉や桂昌院などによる宝物上覧のことが功を奏したのでしょう。ふたたび九月十五日から十月十五日までの一ケ月間の延期が決定しました。その期間中にも三二六両余りの浄財が集まったのです。

こうして、江戸における出開帳は大成功をおさめ、めでたくその幕を下ろしました。宝物と寺僧たちは、冬が到来するまでに急いで法隆寺へ帰らねばならなりませんでした。十月二十二日の早朝に「南無仏舎利」などの宝物を携えた行列が回向院を出立しています。出発の日付まで太子のご命日の二十二日を選んでいたのです。供奉する僧は良尊・良賛・覚賢・貞応・懐賢の五僧でした。覚勝は桂昌院からの寄進の目録を拝受するために暫く江戸に逗留したのです。

江戸を出発した行列は将軍が上覧された宝物ということもあって、各地で大歓迎を受けたようです。そのため、江戸へ赴くときよりも少し時間をかけて、十一月四日に奈良に到着しています。すぐさま南都奉行所などへ江戸における出開帳が大成功をおさめたことを報告し、郡山の城下を通って夢殿の不明門の前に到着したのは、その日の午後二時ごろでした。そこには寺僧たちをはじめとする多くの人びとが出迎えていたのです。

宝物はすぐさま宝蔵に納められ、聖霊院では、太子に出開帳が大成功をおさめたことを報告する法要を行なったことでしょう。

五日後の十一月九日に覚勝は桂昌院からご寄進いただいた目録の奉書などを携えて帰山しています。この奉書を受け取るために覚勝は一人で江戸に留っていたのです。しばらく自坊の中院で旅の疲れを癒していた覚勝は、十一月二十三日に京都諸司代の小笠原佐渡守を訪れています。それは江戸において綱吉から寄進を賜わった「白銀千枚」の手形の裏判証文を受けるためでした。そしてようやく十一月二十八日に南都奉行所でその証文と引換えに銀子を受取っています。

参考までに、この出開帳で集まった金額を紹介しておきましょう。

綱吉からの寄進は七一六両余、桂昌院からは五〇〇両と寄進常燈籠代五〇両、諸大名からの寄進は九七五両余、江戸の寺院や人びとからの寄進は二、〇〇〇両余、その合計四、二四六両余りでした。なお、江戸への道中費用や滞在費、準備費などに使った九〇〇両余の諸経費を差し引いても三、三〇〇両余の大金を得たこととなります。その浄財によってすぐさま伽藍の大修理に着手するとともに、江戸に続いて京都や大坂でも出開帳を行なうこととなるのです。

五　京都、大坂での出開帳

江戸の出開帳での大成功で自信を得た寺僧たちは、京都や大坂でも出開帳を開くことを決意したのです。まず、翌元禄八年（一六九五）に、京都の真如堂で出開帳することとなりました。このときは地理的に近いことから、聖霊院の太子像を出開帳のご本尊とするために、輿に乗せて出御しています。二月二十七日に法隆寺を出発した宝物は、知恩院の紹介によって伏見の西岸寺で一泊。翌日の二十八日の正午ごろに真如堂に到着。そして三月三日に開白法要を厳修して、三十日間に及ぶ出開帳が始まったのです。

ところが、期間中は夥しい長雨の日々が続いたために、さらに一ケ月間の延期を願い出ています。五月八日に東山天皇、五月十四日に仙洞御所（霊元天皇）による宝物の叡覧が実現し、関白近衛家など五摂家をはじめ、公家や京都所司代小笠原佐渡守などの屋敷へも宝物を持参したのでした。

五月十二日には太子を最も尊崇される宗派の一つである一向宗（浄土真宗）西本願寺寂如門主も宝物をご覧になり、五月二十二日には京都における出開帳も結願をすることとなりました。出開帳に協力いただいた多くの人びとにご挨拶を済ませた寺僧たちは、五月二十四日の午前十時ごろに、太子像をはじめとする宝物に供奉して真如堂を出発。法隆寺への帰途についたのでした。帰りも行きと同じように伏見の西岸寺で宿泊して、翌二十五日に法隆寺へ帰着しています。

このときの出開帳で寄進された賽銭は八〇〇両余でしたが、道中の費用などの諸経費に四五〇両余を必要としたため、実収入は三五〇両余でした。

京都に続いて、翌元禄九年（一六九六）には大坂の四天王寺で出開帳を行なっています。このときも聖霊院の太子像が輿に乗って出御されることとなりました。三月五日午前四時ごろに三〇〇人に及ぶ行列が南大門を出発。太子像や「南無仏舎利」、「善光寺如来御書」などとともに南無阿弥陀仏・南無妙法蓮華経と書かれた旗二流を掲げての大行列でありました。このような名号や題目を墨書した旗を掲げることによって宗門を問わず多くの人びとに出開帳へ参詣をしていただこうとする配慮がうかがえます。

このときは、尊殊、良尊、覚賢、懐賢、尊長、行秀の寺僧たちが駕籠に乗って宝物のお伴をしています。南大門では留守を預かる寺僧たちや近在の人びとが、出開帳の成功を祈りつつ、この大行列を見送ったのでした。

南大門を南下した行列は、五百井《いおい》や竜田の村落を通り、大和川の難所として知られる亀瀬に向かったようです。亀瀬の難所を少し過ぎた所から船に乗って大坂へ至るコースは、古くから人びとが利用していた道筋であったようです。船は午後三時ごろ、大坂の京橋に到着しています。下船した寺僧たちは、大坂の人びとに大和法隆寺の宝物を四天王寺で開帳することを知らせながら進んだことでしょう。四天王寺の門前では、同寺の僧たちから丁重なる出迎えを受けています。

いよいよ三月八日午前八時から、四天王寺での出開帳が始まりました。しかしこのとき、江戸での出開帳の中心的役割を果たした覚勝の姿はありませんでした。覚勝はふたたび江戸へ下向して、桂昌院へのご機嫌伺いを兼ねて、常燈籠を建立したことなどの報告を行なっていたのです。そして五重塔の修理料や中宮寺の修理料、大坂での出開帳へのお供えなどの寄進を受けたのでした。

大坂での出開帳の期間中には、オランダ人が江戸へ赴く途中に参詣したり、また、道頓堀では岩井半四郎による法隆寺開帳をテーマとした歌舞伎が演じられています。大坂の町では、法隆寺の出開帳のことが大いに話題となっていたようです。出開帳は四月二十七日に結願の予定でしたが五月九日まで延期され、さらに二十五日まで再延期をしています。

大坂での出開帳結願の翌二十六日午前八時ごろには四天王寺の講堂を出御して、法隆寺への帰途につきました。そのとき平野町の人びとは、街道を清掃し、砂や水を撒いて行列を迎えています。一行は昼食のために柏原の本陣である、平野屋与次兵衛宅《ひらのやよじべえ》などで休息し、法隆寺から出迎えにきた一〇〇人余りの人びとと合流しています。法隆寺に帰着したのはその日の薄暮のころであったといいます。

大坂の出開帳で得た賽銭は一、三〇〇両余、必要経費が七七〇両余に及んだために、実収入は五三〇両余でした。こうして江戸・京都・大坂の三ケ所で開いた出開帳によって集まった実収入は合計四、二〇〇両余になりました。法隆寺ではこの資金によって元禄の大修理を行なったのです。

なお、その後も、伽藍の修理料を得るための出開帳は、享保九年（一七二四）に京極和泉式部誠心院、宝暦六年（一七五六）大坂四天王寺などで開いていますが、いずれも元禄出開帳のような大成功をおさめることはなかったようです。

六　元禄大修理の裏事情

法隆寺では、これらの出開帳で集まった浄財を資金として、切迫していた伽藍の大修理に着手することとなりました。すでに小規模ながら、諸堂の応急的な修理は始まっていたのです。元禄三年（一六九〇）には五所宮、元禄四年には聖霊院・綱封蔵・西室・金堂廊下・上宮王院廊下・馬屋・大経蔵・食堂・三宝院などに着手をしています。しかし、本格的な修理は江戸での出開帳が成功を修めた翌年の元禄八年からのことでした。

そのころ、建造物の新造や修理には、南都奉行所や京都大工頭中井主水に届け出て許可を得ることを必要としていたのです。中井主水とは、家康の寵用を受けていた正清の末裔です。中井家は、建造物の造営や修理などを監督する幕府直属の役人として、畿内における建築行政の総元締的な地位にありました。その身分は五〇〇石四〇人扶持で、畿内の大工・杣《そま》・木挽《こびき》など一万数千人を支配し、幕末まで、京都に「中井役所」を構えていたのです。

中井家が元禄五年（一六九二）十月二十七日に作成した『棟梁住所并大工杣大鋸《おが》木挽人数作高之覚』によ

ると、六ケ国の杣・大鋸・木挽など六、九七一人と大工六、六七七人をその指揮下に置いていたと記しています。杣とは山から用材を切り出すことを業としている人のこと、大鋸とは十四世紀ごろに大陸から導入された木工具の鋸のこと。木挽とは木材を大鋸でひき割って角材や板に製材することを業としている人のこと、をいいます。

法隆寺が元禄九年十一月に南都奉行所へ差し出した覚書によると、すでに元禄九年までに修理が完了していたものは、五重塔・御祈祷所・金堂・大講堂・上之堂・食堂同細殿・鐘楼・経蔵・仁王門・廻廊・護摩堂・御霊屋・勧学院・八ッ足門・四ッ足門・東院廻築地・東院惣門・惣社宮でした。その年の十二月にも入札して元禄十年（一六九七）から工事に着手するものは、太子堂（聖霊院）・上宮王院（夢殿）・西円堂・三経院・役行者堂・綱封蔵・権現社・一切経蔵・東室・西室・大湯屋及び四ッ足門・南大門・西之大門・中之門（東大門）・寄門・北之門・山口之門などです。それに続いて修理すべき建物としては舎利殿・絵殿・伝法堂・礼堂・東院廻廊・東之鐘楼・新堂・金光院・西惣築地・五所社・天満宮・立田社となっています。

このように元禄の大修理は三七件余に及ぶ大事業でした。この記録からも、諸堂を極めて短い期間で修理をしていることがわかります。それはそのころの修理のほとんどが屋根の葺き替えが中心であったことを示しているのです。

とくに五重塔の修理は、桂昌院を大檀越として元禄九年五月に着手、同年の十一月には完成しました。この修理のときに、五重塔の五層目を解体して、屋根を急勾配に改めています。また、軒先の重みを支えるために力士型の支柱などを新造したり、垂木先の金具なども新調したのです。

しかし、五重塔の四重目以下は建立してから僅かに部材の入れ替えなどはあっても、解体をされたことはありませんでした。その勾配は緩やかで創建当初のままの姿を残しており、その形態は昭和の大修理のときも踏襲しています。五層目だけが改造を受けて急勾配になったのです。それは雨水の流れを考慮したものでした。

金堂の修理も、五重塔と同じようにほとんど補強が中心で、軒先を支えるために竜や獅子などの支柱を新造したり、飾金具などの補修も行なっています。

このときの修理費には、徳川家と桂昌院のご寄進に拠るところが多かったのです。そのことから、幕府の許可を受けて、堂塔の甍には徳川家の「葵」や桂昌院の「九つ目」の紋様の瓦を葺いたのでした。

このときの修理のもう一つの特徴は、修理業者たちによる入札制度を導入していることです。最も多くの建物の修理を落札した業者は京都の井筒屋七郎兵衛でした。井筒屋は元禄九年に五重塔や金堂、廻廊、経蔵、御供所などの諸堂の修理を落札しており、翌元禄十年にも諸堂二十ケ所の修理を請負っています。

すでに紹介したように、室町時代から、法隆寺の近在に止住していた大工仲間たちが組織化していたのです。その代表的な大工のことを「四大工職」と称し、法隆寺から任命を受けていたのでした。ところが元禄三年に、四大工職の民部大夫という人物が、総社などの建物を修理したときに法外な修理費用を請求したことが発覚したというのです。そのために法隆寺から、寺内への出入り禁止の処置を受けていたらしいのです。残念ながらその真相を伝える資料は充分ではありません。

しかし、いよいよ伽藍の本格的な修理が始まると座視していることができなくなり、元禄八年（一六九五）二月に、中井役所の仲裁によって法隆寺に対して詫びを入れ、やっと許しを受けています。おそらく法隆寺への出入りが叶うように中井役所や寺僧たちにも懇請をしたのでしょう。

なお、井筒屋が請負った木工以外の石工や瓦工、金具工などには、それぞれに法隆寺から直接に賃金を支払っているようです。このときの修理の内容については、幸いほとんどの工事の仕様書や決算書などが現存しています。これによると元禄の修理では、慶長の修理に比べて大きな改造は少なく、柱のゆるみを直したり損壊した部材を取り替えるといったもので、現状維持が修理の基本方針であったようです。

建物の修理と並行して、仏像や絵画、法具、雅楽道具などの修理も行なわれています。秘仏として名高い夢殿のご本尊である救世観音像も、元禄九年に修理を受けていたことが、昭和六十二年に行なわれた修理のときに判明しているのです。

元禄の大修理は宝永四年（一七〇七）ごろまで続きました。それがほぼ完成した宝永七年（一七一〇）ごろからは子院の修造が行なわれ、現存する子院建築のほとんどはこの時代に修理したり、新造をしたものです。とくに表門はこの期に造立されたものが多く、子院研究の貴重な資料となっています。

とくに覚勝は、五重塔の修理が完成したことを桂昌院へ報告するために、塔の模型を作って献上しているのです。

ここに改めて将軍綱吉の生母桂昌院が、元禄七年から、宝永二年（一七〇五）に遷化されるまでの十二年間にわたって、法隆寺の修理に対して多大の寄進をされていることを特記しておきたいと思います。

七　封建制度下の寺院の姿

徳川政権の安定に伴って、法隆寺で施行される法則にも封建的な制度が大きな影響を及ぼしたことは、すでに紹介したとおりです。

すでにそのころ、興福寺僧が法隆寺別当職に補任する慣習は廃止され、法隆寺の学侶の首座の寺僧が代表者である「寺務職」に就任するようになりました。しかも法隆寺の運営は学侶たちの集会で協議されて決定をすることとなっていたのです。その決定に対し、堂衆たちは意見さえ述べることが許されませんでした。

封建的な風潮が強まるなかで、次のような役職が定められています。寺務職（法隆寺の代表者）、年会五《ねんえご》師《し》（その年の対外的な公務と一山の寺務を担当）、修理奉行（伽藍の修理）、納所奉行（寺領の支配と知行の配分）、公文所（寺僧の官位の任命）、沙汰衆（寺務に関する事項を寺僧などへの通知）、学頭職（勧学院に住して学問の振興を図る）など、これらの役職を中心とした組織のもとに、法隆寺の運営が行なわれるようになったのです。

元禄四年（一六九一）には、江戸出開帳の功労者となる覚勝の提案によって、毎年の年会五師を勤める寺僧たちが、法隆寺日記でもある『法隆寺年会日次記《ほうりゅうじねんえひなみき》』を記すこととなりました。幸い、幕末まで記された日次記のほとんどが伝わっており、この時期の法隆寺の動向を伝える貴重な資料となっています。

ところが享保十二年（一七二七）正月十八日の夜半に、勧学院の「宸殿解脱之間」「対之屋」「唐門」などがことごとく焼失し、そのときに聖教類（経典や註釈書）などの多くが焼失したと伝えています。残念なことに、その中には法隆寺の古記録類なども含まれていたことでしょう。

幸いにも『古今一陽集』『良訓補忘集《りょうきんほもうしゅう》』をはじめとする記録書や、法具類、棟札などの墨書銘などによって、その欠を補うことができるのです。中心伽藍も、慶長年間の大修理によってしばらくは修理の必要がなく、主に子院関係の造営や修理が行なわれていたことが棟札銘によって明らかとなっています。

江戸期を代表する事件としては、元和八年（一六二二）に金光院と律学院が焼失したことです。それによって堂衆の記録書の多くを失ったようです。堂衆たちはすぐさま再興に着手するために勧進をはじめたのですが、資金が足りず、完成までに半世紀以上も要したようです。そのことは昭和五十一年から同五十三年に行なわれた律学院の解体修理によって明らかとなっています。

また貞享元年（一六八四）十一月五日にも西大門が焼失する惨事があり、法隆寺にとって決して安穏な時代ではなかったのです。しかし、すでに紹介をしたように、元禄七年からの出開帳による浄財によって大修理や新造が行なわれたのでした。その修理は建物のみにとどまらず、仏像、仏画、法具をはじめとする多くの寺宝に及んだことは、墨書銘などによって知ることができます。

なお、浄財を得るために行なわれた宝物のご開帳にも関連して、その宝物の由来や霊験などを記すこととなりました。元禄十一年（一六九八）には『法隆寺《ほうりゅうじ》堂《どう》社《しゃ》霊験《れいけん》并《ならびに》仏《ぶつ》菩薩《ぼさつ》像《ぞう》数量《すうりょう》等《とう》記《き》』を作成しています。そのころ、覚勝の後継者である良訓という寺僧が古記録の保護に努めていたのです。法隆寺をはじめ子院の反古の中から発見した古文書を整理してその修理を行ない、他家所蔵のものなども盛んに書写を行なったのです。現在、法隆寺に所蔵する古記録のほとんどは良訓の修理によって伝わったものといってもよいでしょう。そのようなことから、法隆寺の古文献の保護に努めた良訓の功績は高く評価されています。

そのような基礎資料をもとに、良訓が法隆寺の歴史とそのころの状況をまとめたのが『古今一陽集』です。

今日では法隆寺の研究に不可欠の史料となっています。

その後、天保七年（一八三六）ごろには、寺僧の覚賢が法隆寺に伝わる金石文や諸記録を集めた『斑鳩古事便覧』を著しています。これもそのころ行なわれた法隆寺のご開帳の史料として作成したものであり、『古今一陽集』とともに、この時代の法隆寺の姿を伝える貴重な史料となっているのです。

つぎに、このころ法隆寺で展開していた学問の様子を紹介しておきましょう。まず、宗派については、寛永十年（一六三三）の『和州法隆寺末寺帳』に次のように記しています。

「法隆寺宗旨之事。當寺は聖徳太子の御時より以来、三経院に於て毎年一夏九旬の間、三経同太子御製之義疏を講談せしめ候。仍りて三経宗（法華、勝鬘、維摩の三経）と号す。兼ねて習学する所は三論、法相、律宗、真言なり。」

このように法華・勝鬘・維摩の三経の講讃や三論・法相・律・真言を伝統教学としており、寺僧たちは学頭職による講義を勧学院で聴聞していたのです。

かつて学頭に就任をしていた椿蔵院の実円が延宝三年（一六七五）二月十八日から閏四月十四日の間に「唯識論」を講じており、それを自他宗の学徒たちが聴聞していたとする記録も伝わっています。それ以降も観音院の高順、普門院の懐賛、弥勒院の懐賢、西南院の行秀などが相次いで学頭職に就任して「唯識論」などを講じました。

参考までに、そのころ、法隆寺の安居の講師を勤めていた実雅という学僧が語っていた講演の口調が、講本に記されているので紹介をしておきましょう。

「明日（五月十六日）は朝の間は唯識の同音でござる故、夕談義でござる程に、そう心得さっしゃれ、八つどき（午後二時）になつてから始まりまする。」

やがて法隆寺の学問も序々に衰えを見せ、ついに学頭職を寺務職が兼ねることとなりました。そのような中でも、法相宗の碩学として名高く、賢聖院の住持であった隆範という僧が、人びとの勧めに応じ、文政九年（一八二六）九月に『成唯識論述記』を講じています。

その隆範はふたたび天保九年（一八三八）四月十六日からも『成唯識論述記』を開講して、法隆寺の寺僧たちがそれを聴講したことが『法隆寺年会日次記』に記録されています。

この隆範の学徳に対しては、存命中に、法隆寺から「法印権大僧都《ごんだいそうず》」を贈っているのです。これはきわめて異例な処遇であったと思います。

江戸時代末期に近づくと、一層の寺運の衰えによって、学問もますます衰退をするようになります。それでも、従前からの慈恩会や三蔵会などの伝統行事は、形骸化はしていたものの、幕末まで厳修されていたのです。しかし、明治維新を迎えて、そのほとんどの伝統行事が中断されることとなるのです。

八　公家の猶子《ゆうし》となる寺僧たちが続出

徳川時代も後半になると、学侶による法隆寺支配も徐々に困難をきたす傾向を見せはじめます。学侶は人数のうえでも減少の一路をたどっており、出身についても、学侶となり得る条件の家と養子縁組を行なってから、法隆寺に入寺して学侶となる寺僧もいたようです。寛政九年（一七九七）ごろの法隆寺の寺僧は、学侶が一〇人・堂衆が一八人・承仕が二人となっていました。伽藍の荒廃も激しさを加えており、学侶や堂衆に関する諸制度も崩壊しつつあったのです。法隆寺の護持安穏を願うには、まずこの制度を改正する必要に迫られていたのでした。

ついに寛政九年九月に全堂衆が一括して学侶に昇進したい旨を学侶衆へ願い出ています。そのときの文書によると、学侶への昇進によって学侶と堂衆の争いをなくし、伽藍の修理とその護持に専念するために無益の浪費を削減することなどを述べています。その結果、学侶の同意を得て堂衆の願いは条件付きで聞き届けられたのでした。

その主な条件は、寛政九年から三ケ年間は堂衆を准学侶と称して学侶に昇進する準備期間とすること、三年後の寛政十一年（一七九九）十二月二十二日に正式に学侶への加入を許すこと、堂衆の大法師位の者は慈恩会の竪儀《りゅうぎ》を遂業すること、堂衆はしかるべき家の養子となること、堂衆はすべて学侶の弟子となること、新たに堂衆坊三ケ院を設置すること、などでした。そして寛政九年九月一日に衆議一決連印状を聖徳皇太子の御宝前に献じています。ここに至って従前のような学侶と堂衆の区分は消滅することとなったのです。

この統合によって生じた変革としては、新規に堂衆坊として奥金剛院・宝光院・北之院の三ケ院が定められたこと、この新堂衆は旧堂衆に比べてさらにその地位は低下し学侶に完全に隷属するものとなったこと、学侶と旧堂衆の配分知行高が統合されて諸経費の節約につとめたこと、年中行事の役割区分が改正されたこと、西円堂鬼追式の鬼役が堂衆行人役であったものを、この昇進によって寛政十年（一七九八）から法隆寺直轄地である岡本村の村人たちに申し付けたこと、新堂衆が聖霊院・上宮王院・西円堂・律学院の堂司となったこと、西円堂・聖霊院に輪番役を設置したこと、西円堂は修理方、聖霊院は蔵沙汰人《くらさたにん》が輪番となった

（この二ケ所がそのころの法隆寺の庶民信仰の殿堂となり、財政源としても重要であった）こと、などでした。

そのころの寺僧たちの中には公家の猶子となった者も少なくありませんでした。猶子とは名義だけを公家の家族の一員となることをいいます。そのために公家に金品を贈って猶子になることを願い出る僧が続出したのです。

寺僧たちが猶子となることに執着した背景には大きな理由がありました。それは室町時代に、朝廷から「権大僧都」までの僧位が法隆寺の僧たちへ与えられていたことに関連します。僧位の内訳は、権大僧都一人、権少僧都《ごんしょうそうず》二人、権律師《ごんりっし》三人となっていました。しかし、大僧都から上の位に昇るには興福寺で行なわれる維摩会《ゆいまえ》の竪義を遂げることなどが必須条件となっていたのです。そのために享保十六年（一七三一）に遷化した覚勝までの寺僧は、すべて権大僧都が最高位だったのでした。

ところが、覚勝の次に寺務職に就任した堯懐《ぎょうかい》は、五条宰相為範の猶子となったのです。それによって享保十七年（一七三二）十二月二十七日に禁裏へ参内して天皇の尊顔を拝することが許され、紫衣が下賜されて権僧正の位を賜わることができたのです。

この堯懐が、公家の猶子になり、権大僧都より上位に昇進した、法隆寺で最初の寺僧でした。それ以後も、花園家や柳原家などの公家の猶子になる寺僧が続出しています。そのころの文書によると、寺僧たちが猶子となった公家から資金の提供を求めたこともあったようです。

寺僧たちは自分の地位の昇進に懸命となり、堕落が始まるのです。かつて隆盛をきわめた子院も次第に衰退のきざしを見せるようになりました。安政三年（一八五六）の『自公儀梵鐘取調記』によると、そのころの子院は全体的に老朽化が進んでいたようです。この時代に大和葺などを瓦葺に葺き改めた子院は崩壊を免れましたが、それができなかった建物は相次いで荒廃しているのです。

このような法隆寺の衰退に拍車をかけたのが明治維新でした。この変革によって多くの学侶が隠退したり退寺をしています。そして子院の建物も老朽化による崩壊が続出したのです。それに伴って、ふたたび学侶・堂衆・承仕の制度も崩れる傾向が強まっていたのでした。

そのころ、寺僧たちは、個人の財産を増やして、一つでも多くの子院の権利を確保することに懸命となっていたのです。子院の管理権は法隆寺自体にはなく、「子院を保護する権利を有する家」が持っていたのでした。そのような家のことを「寺元《てらもと》」と呼んでいます。寺元とは、本来は子院の支援者のようなものであり、この制度は、江戸時代のはじめごろから存在していたようです。ところが、寺元が支援者という立場から次第に管理者へと変化し、やがて寺元から子院へ弟子を送り込んで、その子院を支配する権利を行使するまでになったのです。

そのような子院の権利はやがて売買されるようになり、寺僧たちが、財力に任せてその権利を買うといった事態も生じています。それらの子院には、法隆寺の知行から十石宛が配分され、その子院の管理権をもっている寺僧がそれを受ける権利を有していたのです。管理権を持つ子院の数が多ければ多いほど配分米が増加して、寺僧の収入が増えたことはいうまでもありません。

寺僧間の制度が、すでに寛政十一年（一七九九）の改正によって緩和していたとはいっても、未だ封建制の風潮を根強く残していたのでした。そのようなことから、新時代に即応した完全な寺法の改正が必要となったのも、当然といわなければなりません。

［第五章］混迷と激動の時代から苦難の復興へ

一　廃仏毀釈の嵐の中で

幕藩体制の崩壊が近づくと、尊皇攘夷が堂々と唱えられ、廃仏の声も日ごとに高まっていたのです。法隆寺の寺僧たちの間にも、平田篤胤《ひらたあつたね》などの国学の思想が浸透していたのでした。とくに若い僧たちは、その思想を信じて仏教は浅ましい教えであり、自分たちは父母や師匠に誘われるままに出家したが、それは大いなる誤りであったと反省するようになったのです。やがて、出家したのは、国家の罪人にも匹敵する大罪を犯したものであり、早く還俗して、父母や師匠の罪を謝罪しなければならない、と唱えて法隆寺を去る者もいたといいます。事実、幕末に法隆寺を去った寺僧が極めて多いのです。そのすべてが国学の影響によるものかどうかはわかりませんが、そのころに退寺した寺僧が多くいたことだけは事実でした。

そのような時期に全土を揺るがすような大事件が起きます。黒船の来襲でした。嘉永六年（一八五三）六月三日に、ペルー提督が率いるアメリカ合衆国海軍東インド艦隊が浦賀に来航して、幕府に開港を迫ったのです。

この国難に対して、法隆寺ではさっそく「黒船討伐祈願」を行なうこととなります。九月二十一日には、法隆寺の近くにある小泉藩や郡山藩が異国船の襲来に対して軍勢を出陣させており、法隆寺でも二十五日から二十七日までの三日間、聖霊院のご本尊の扉を開いて異国船退散の祈祷をしています。『大般若経』の転読を行なって、黒船の退散を祈ったのです。そのときに使った『大般若経』は奈良時代の神護景雲元年（七六七）に夢殿を建立した行信の発願によって書写されたものでした。法隆寺では昔から「疫病退散」や「寺領の保全」などに関する大きな苦難に遭遇したときに、しばしば転読をしている由緒ある経巻です。

「黒船討伐祈願」には、ことのほか妙海という寺僧が熱心でした。尼崎藩の藩士の出身であった妙海は、文政十三年（一八三〇）に出家して普門院という子院に住んでいたのです。よく和歌を詠み、勤皇僧として名高い京都清水寺の月照《げっしょう》とも親しく、強い尊皇の志を抱いていたといいます。

ちょうどそのころ、夢殿に隣接する中宮寺には、侍講《じこう》をしていた伴林光平《ともばやしみつひら》や上島掃部《うえしまそうぶ》という二人の勤皇の志士がいたのです。侍講とは天皇や皇族などに学問を進講する職のことをいいます。そのころ中宮寺の門跡には有栖川宮熾仁親王の息女が出家していて「慈心院宮《じしんいんのみや》」と呼ばれていました。彼らはその慈心院宮に講義をしていたのです。

光平は大阪の志貴郡《しきのこおり》にあった浄土真宗の尊光寺《そんこうじ》の次男として生れましたが、国学を学んで尊皇攘夷の志を抱き、天皇陵が荒れているのを嘆いてその実情などを調査していたのです。文久元年（一八六一）に上島掃部の推挙によって中宮寺の侍講となってからは、駒塚の近くにあった東福寺に住んでいたのでした。

文久三年（一八六三）八月十三日に孝明天皇が攘夷祈願のため大和へ行幸されることが決定しました。それに呼応して勤皇の志士たちが大和五条代官所を襲撃する事件が起こります。これが「天誅組の乱」です。その知らせを受けた光平は法隆寺村の平岡鳩平を伴って天誅組に加わっています。光平は不幸にも捕らえられて元治元年（一八六四）二月十六日に京都で斬首されました。四十八歳のことです。

法隆寺の近くで煙管屋を営んでいたという鳩平は、勤皇の志が強く光平と行動を共にしていましたが、幕府の追撃を逃れ、維新後に名を北畠治房と改めています。

上島掃部は広島の出身でしたが、中宮寺の執事を勤めていた叔父の村山隼人助《むらやまはやとのすけ》を頼って中宮寺へ身を寄せていました。叔父に従って漢学を学び、勤皇の志を抱いて大いに鼓吹していたようです。やがて中宮寺の執事を勤め、妙海や光平とも親交を深めるようになったのでした。文久三年、天誅組の旗挙げによってその軍資金集めに奔走し、その生涯を皇威の回復に捧げましたが、明治二年一月六日に他界しています。

妙海はこの掃部や光平・鳩平とも深く関わっており、尊皇攘夷を大いに唱えた勤皇僧として知られています。法隆寺の若い寺僧たちが国学に走ったのも、こうした人びとの影響があったのでしょう。

安政二年（一八五五）にも、堂衆の学栄の弟子であった寛栄という寺僧が、異国降伏を祈って国王や国家を護ることを説いた『金光明最勝王経《こんこうみょうさいしょうおうきょう》』を納める箱を作っています。その箱の裏には、つぎのような墨書を記しているのです。「金光明最勝王経を納める箱を作ることによって異国降伏のための武勇が高まり寺僧たちの学問が増進することを祈る」と。

このような時期に、やがて明治の退廃から法隆寺を復興する中院の定朝という寺僧は、廃仏の思想が蔓延して仏法が軽んじられるのを憂いつつ、じっとその嵐が吹き去るのに耐えていたのでした。定朝はただひたすら古書を読み、法隆寺の一二〇〇年に及ぶ苦難の歴史を振り返っていたといいます。

慶応三年（一八六七）十二月九日、王政復古の宣言によって官軍が奈良に入ってきました。新政府はそれまでの奈良奉行を罷免して「奈良巡撫総督」を置いたのです。

天皇親政を旗印としている維新政権は、その正当性を天皇神話に求め、それによって神道を国教化する必要があったのです。そのため「神仏分離に関わる法令」が布告されます。それは神官の地位を高めるとともに、一〇〇〇年に及んで寺院と神社が一体となっていた「神仏習合」を完全に壊滅させることとなります。

神社を管理している僧侶を還俗させて神官となることを奨励したり、神社から仏教色を一掃することに重点が置かれたのです。しかし政府は、神仏分離政策によって廃仏毀釈に発展することを恐れていたといいます。あくまでも王政復古によって神道を国教とすることが大きな目的であり、仏教を破却するものではなかったようです。しかし結果的には仏教弾圧となっています。いずれにしても、そのような布告のもとに神社を寺院から分離することに成功したのでした。

法隆寺関係では、南都随一の勢力を誇っていた興福寺が大打撃を蒙りました。まず、慶応三年十二月には興福寺の学侶が、いち早く玄米一、〇〇〇石を朝廷に献上して恭順の意を表明しています。その翌慶応四年（一八六八）には政府から興福寺の寺僧たちに対して大阪行幸の守衛、大和国の行政権の委任などが命じられました。

そのような背景のもとに、同年四月十三日、興福寺の一乗院や大乗院をはじめとするすべての寺僧たちが、復飾《ふくしょく》することを役所に申し出たのです。復飾とは僧侶が還俗することですが、一般人となるのではなく神官に復帰する意味が込められていたように思います。これによって興福寺の寺僧たちは、神祇官から正式に春日大社の神官になることが許されました。神祇官とは明治元年に神祇や祭祀などを総括するために置かれた官庁のことで明治四年の八月に神祇省と改めています。

これによって一二〇〇年に及ぶ輝かしい法統を誇っていた興福寺は事実上の廃寺となり、寺僧たちは興福寺を捨てて春日大社の神官になったのでした。

二　寺院の権威失墜と混迷

興福寺は、藤原鎌足の遺志によって建てられた「山階寺」を起源としています。和銅三年（七一〇）に藤原不比等が奈良に移して、藤原氏の氏寺とし、それが南都を代表する寺院に発展したのです。その興福寺が、明治元年を境に、完全に廃寺となったのでした。

ほとんどの子院や諸堂は破壊され、わずかに堂塔を残すだけの哀れな姿になったのです。そこにかつての雄姿はなく、一乗院は奈良県庁に、他の堂舎にも官庁が置かれています。

内山永久寺《うちやまえいきゅうじ》（天理市杣之内町付近）や、三輪神社の神宮寺である大御輪寺《だいごりんじ》なども、またたく間に廃寺となりました。比叡山でも山麓の日吉山王権現社に押し寄せた群衆によって、仏像や経典など仏教色のあるものはことごとく焼き払われるという事件が起こっています。

そのころ、興福寺の五重塔が二十五円（五円ともいう）で売却されようとしたことは、よく知られた話です。

やがて春日大社の神官となった旧興福寺の寺僧たちの中から、華族に列する人も現われます。それは藤原氏一門の中でも地位が高かったからでした。その人たちを、奈良華族と呼んでいます。そのころ奈良の町では、このような流行唄が歌われていたといいます。「坊主あたまに冠のせて、のるかのらぬかのせてみよ。」

それは興福寺を捨てた奈良華族たちを風刺するものでした。
　かつて南都随一の勢力を誇っていた興福寺の、解体を目の当りにした法隆寺の寺僧たちの動揺ぶりは、想像を絶する状況であったことでしょう。寺僧たちが遅まきながらその対応策を相談して、とりあえず朝廷に五〇〇両を献上することを決定しています。それは、興福寺が解体した一ケ月後の、慶応四年五月のことでした。そのときの領収書にはつぎのように記しています。（要旨）

「金　五百両

　右はかねてよりの天朝のご恩に報いるために献上したものであるから、ここに受領することとした。」と。

　そのころ中院の住持であった学侶の定朝は、寺僧たちに対して、法隆寺の規則の大改革を行なうべきであると訴える意見書を提出しています。明治元年十一月の「対法隆寺大衆建白書」がそれです。それには法隆寺の頽廃を憂い、ご一新を契機として寺門の興隆を計るために古くからの封建的な制度を全廃し、新しい時代に相応しい制度を作る必要性を記していました。しかし、残念なことに、そのような定朝の進言に耳を傾けようとする寺僧はほとんどいなかったのです。寺僧たちは、新しい時代の流れを充分に理解していなかったのかもしれません。定朝は止むなく、自分の思いをしばらく棚上げすることとなりました。

　このような混沌とした時代に、法隆寺を根底から揺るがすような事件が起きています。それが、管廟破却という大事件でした。新政府から神仏分離に関する法令が出された翌年に、法隆寺の境内にある天満宮を破壊したのです。

　法隆寺から神道色を一掃することを急ぎすぎたのでしょうか。天満宮の破壊は、法隆寺の一人の寺僧が主犯でした。その寺僧はすでに寺務職の頼賢《らいけん》に継ぐ責任ある地位にありました。その事件はすぐさま奈良政府の知るところとなり、役所へ呼出されて詰問され、「隠居せよ」との判決が下されたのです。

しかし、この事件をきっかけとして定朝の意見書が寺僧たちにやっと理解されるようになります。そして一大改革が断行される方向へと大きく前進したのでした。

そのころ、廃仏毀釈によって寺院の権威が失墜していたこともあり、村人たちが法隆寺の廻廊の中へ牛や馬を繋いだり、農具を放置したこともあったようです。封建的な寺院であった法隆寺に対する嫌がらせであったのかもしれません。古くから聖域としてきた伽藍内で牛馬が放尿するために悪臭が漂い、建物の柱が腐敗していたのです。そのようなことから、法隆寺は役所に対してその行為を禁止する制札の掲示を願い出ています。寺僧たちにとっては、まさに悪夢を見ているような時代であったことでしょう。

世情では、米が急騰しており、法隆寺では困っていた人びとに粥を焚き出して施すこともありました。すべてが混乱した時代だったのです。やがて、管廟破却事件が落着した九月十八日に、定朝はふたたび、法隆寺の寺務を担当する「年会五師所《ねんえごししょ》」に宛てて「口上書」を提出しています。その口上書には、つぎのように記されていました。（要旨）

「この王政復古という新しい時代になりましても、わたくしのような浅学な者が古い規則に従って、法席を汚し、高禄を戴いてまいりました。しかし、よくよく考えれば、それはご維新の趣旨に違反するものであり、世間に対しても恥じるべきことであります。よって、わたくしは、このたび法隆寺から支給されていました俸禄と僧位を聖徳太子のご宝前にご返却をすることと致します。どうか、みなさんもわたくしの意見にご賛同いただき、旧例を一掃して、法臈や階級を問わず、学徳を兼備えた人物を抜擢して法隆寺の復興に対応していただきたいと思います。どうか、わたくしの発意にご賛同くださいますように、お願いを申しあげます。」

この進言に法隆寺の学侶たちは賛同の意を表明して、それぞれの俸禄や僧位・子院の敷地や建物・山林などをすべて法隆寺へ返納したのでした。しかしこれからが法隆寺にとっていよいよ正念場を迎えることとなるのです。

やがて新しい規則の制定を実施して、学侶・堂衆・承仕を全廃し法隆寺は新時代への一歩を記すこととなったのでした。とくに明治八年に定朝が法隆寺住職に就任して法隆寺の再興に尽力するのです。

三　高まる宝物の価値と宗派の併合

法隆寺には太子の時代からの多くの宝物が伝わっています。それらの宝物のほとんどは綱封蔵に安置しており、古くからその開閉は寺僧たちによって厳重に行なわれてきました。また金堂や舎利殿などの諸堂にも、多くの宝物が収められていたのです。とくに舎利殿には、太子に関連する宝物がたくさん収蔵されていたのでした。

寺僧たちは、それらの宝物はすべて太子信仰の遺宝であるとの考えから大切に守ってきたのです。ところが堂塔に安置しているご本尊などの代表的な宝物の目録はあっても、ほとんどの宝物の完全な台帳はありませんでした。宝物の目録もないままに明治維新という混乱期を迎えたのです。

しかし、それは法隆寺だけではなく、多くの寺院でも同じ状況でした。ようやく廃仏毀釈の嵐が静まろうとしていた明治四年、太政官布告によって「古器旧物保存法」が施行されます。これは、日本の文化財保護行政の先駆的なものであり、我が国固有の文化財を保護しようとするものでした。

この施行には、廃仏毀釈によって寺院や仏像など多くの文化財が破壊されたことを憂えた有識者たちの意向も大いに影響していたことでしょう。翌五年には、全国の有名古社寺などが所蔵していた古文化財が、政府によって調査されることとなりました。これを「壬申の調査」と呼んでいます。

法隆寺の調査は、その年の八月二十六日から行なわれました。この調査には、文化財の保護行政に大きな足跡を遺すこととなる町田久成、内田正雄、蜷川式胤などが出張し、横山松三郎という写真師も同行する大規模なものでした。調査団の一行は法隆寺の夢殿の近くにあった旅館に泊まり、三日間にわたって寺宝の総合調査を行なっています。

それには寺僧たちも立ち会い、町田らは金堂などの主要な建物に入って仏像などを綿密に調査したのです。運搬の可能な宝物は普門院へ運ばせて入念に調べています。この調査は極めて強引なものであったようです。古くから開いてはならないという掟がある「善光寺如来御書箱」も開いていたのです。その箱の中には、信濃の善光寺如来から太子への書状が三通入っているという伝説がありました。しかし、古くからの信仰で開かれることはなかったのです。ところが、調査団はそれを強引に開いていたのです。

そこには言い伝え通りに三通の書状が入っていました。その一通を柏木という調査員が写したものが、東京国立博物館に所蔵されています。また、横山松三郎が金堂の内部や普門院の縁側に並べた宝物類を撮影した、貴重な写真も残っています。

いずれにせよ、この調査によって宝物の管理は厳重になりました。しばらくして一つの画期的な計画が奈良で実行されようとしたのです。それは、東大寺の大仏殿とその廻廊で、奈良の社寺や個人が所有していた古物や奈良の特産品などを集めた大展覧会を開催しようというものでした。副知事にあたる権令の藤井千尋の勧めで、植村久道ら奈良の有力者たちが「奈良博覧会会社」を組織して明治八年から開いた「奈良博覧会」です。

これには「壬申の調査」を行なった町田久成や蜷川式胤らが協力し、出陳物についても助言をしていたようです。展示物は正倉院と法隆寺の宝物が中心で、古代のすばらしい文化財が一堂に会するという、有史以来はじめての画期的な催しであり、多くの人びとの関心を集めたと伝えています。

『奈良博覧会の出陳目録』（明治八年四月）には、つぎのように記しているのです。

「奈良博覧物品目録　第壱号

会場陳列の物品は大半正倉院宝庫天武天皇より孝謙天皇に至る七朝の御物にして、何れも一千有余年の物たり、加之《しかのみならず》法隆寺所蔵の聖徳太子の御物を以てすれば実に我朝古昔物品製造の宏大なるを徴《ちょう》するに余りあるものなれば云々。」

法隆寺の宝物のすばらしさと重要性は、明治五年の調査とこの博覧会によって、広く世に知られることとなりました。

ちょうどそのころ、欧米にならって東京に博物館を建設しようとする計画が持ち上がっていたのです。それを計画したのが、明治五年の調査の中心人物であった町田久成でした。町田は文部省博物館局長から帝室博物館長をつとめ、我が国の博物館の基礎を築き上げた人物として知られています。帝室博物館は現在の東京国立博物館の前身です。

その町田久成らによる「壬申の調査」が行なわれた明治五年の十月に、太政官の布告によって「法相宗」「華厳宗」「律宗」などの小規模な宗派は「真言宗」「天台宗」「浄土宗」「浄土真宗」などの大きな宗派に併合せよ、との指令が出されていたのです。法隆寺としては単独の宗派としての独立許可を政府に懇請したのですが、許されることはありませんでした。そして明治六年、西大寺・唐招提寺・薬師寺とともに、真言宗の所轄を受けることとなるのです。このとき東大寺は浄土宗に所轄されています。法隆寺ではあくまでも真言宗の客寺的なものであり、一時的な処置であると思っていたのですが、容易には真言宗から独立することが許されなかったのでした。

四　宝物の献納と下賜金

そのころ政府では、寺院の制度が変化したために宝物類の永世保護が難しくなっていることを心配していたのです。そのようなこともあって明治八年には正倉院を内務省の所轄としたようです。

その状況を伝聞した法隆寺では、この機会に積極的に宝物を皇室へ献納しよう、と考えるようになりました。それには平岡鳩平という人物が深く関わったようです。

すでに紹介したように平岡鳩平は法隆寺村で煙管屋を営んでいたようですが、光平と一緒に、大和で挙兵した天誅組に加わっています。維新後には系図を買って北畠治房と名乗ったのです。やがて勤皇の功績を認められて、横浜開港裁判官を拝命しています。北畠は明治二十四年に大阪控訴院院長となり、同二十九年には、王政復古のために勲功があったとして華族に列することを許されたのでした。そして男爵を授かり、正二位を賜わっています。片田舎の法隆寺村としては最高の出世頭でした。

北畠は自分の郷里に立派な邸宅を構えました。その北畠邸は、農村には珍しい武家屋敷風の豪華な大邸宅です。その庭園へ若草伽藍跡から大きな礎石を運び込んだことは有名な話として語り継がれています。

北畠はその権勢にことよせて無謀なこともしましたが、法隆寺の良き理解者として擁護もした人物です。

その北畠が法隆寺の意向を受けて、町田久成などと、宝物を献納することについて協議したのではないかと思います。明治九年に、北畠は法隆寺から五重塔内の塑像を手元へ取り寄せていたのです。そのことを聞いた町田が、是非ともその塑像を展覧会へ出陳してほしいと要請した記録が遺っています。そのとき献納宝物のことなども、二人で話し合われた可能性があると思います。

法隆寺住職の千早定朝が、宝物の献納を最終的に決意した理由は明らかではありませんが、おそらく、つぎのようなものであったと考えられます。

○各寺院では管理に困って宝物を売り払う傾向にあり、法隆寺ではそのようなことがないようにしたいこと。

○宝物を献納することによって、政府において法隆寺の存在を知ってもらえるならば、真言宗からの独立も実現可能となることに期待をしたこと。

○宝物を献納することによって、恩賞金が下賜されるならば、それを基本金として法隆寺を復興したいこと。

やがて定朝は寺僧たちを一堂に集めて、宝物の献納について、その理由を詳しく説明して賛同を求めたようです。この意見に反対するものはありませんでした。これで法隆寺側の態度は決定します。

明治九年十一月、法隆寺から、堺県の県令であった税所篤宛《さいしょあつし》に『法隆寺御蔵物品目録』を添えた「古器物献備御願」を提出しています。それには、つぎのように記されていました。（要旨）

「法隆寺の宝物は、聖徳太子以来のもので法隆寺では大切に守護を致してまいりました。ところが近年、法隆寺は衰微をいたしまして、大切な宝物を収めている宝蔵も雨漏りがする有様であります。宝物の中には中国の隋代の宝物も含まれております。この度、別紙の目録に記しました宝物をすべて献納することによって、勤王の万分の一にもかなえることが出来れば幸せに存じます。」

この書類には、宝物献納に同意する一一名の寺僧たちの署名が添えられていたのです。じつは、この書類とは少し内容の異なるものが、もう一通作られていました。それには「若しこの献納によって下賜金をいただけるならば、それを法隆寺の復興金と致します」と記しています。しかし、それは下賜金を要求するものである、という理由から採用されなかったようです。

『法隆寺御蔵物品目録』には、「衲袈裟《のうけさ》」をはじめとする宝物一五六件と塵介小切一三櫃、長持二棹のことが記されていました。その内容は、飛鳥時代から江戸時代までの仏像、仏画、書蹟、仏具、調度品、文房具、武器などの優品が多く、その中には太子の遺愛の品と伝えるものも含まれています。この目録の基本となったものは、明治五年の調査目録と、同八年の奈良博覧会の出陳目録であったと考えられます。

献納宝物の品々は明治九年の奈良博覧会が閉幕したあと、しばらく東大寺の東南院に預けられていたのです。この献納願を受け取った堺県令の税所篤は、明治十年（一八七七）二月に、法隆寺から皇室へ宝物を献納したいとの願書を提出していることを天皇に奏上しています。しかしそのころ、九州では西南戦争が勃発しており、宝物献納のことはしばらく保留されていたようです。

やがて西南戦争の収束に伴って、明治十一年二月二十七日付けで、宮内大臣徳大寺実則《とくだいじさねつね》より、法隆寺からの宝物献納を受理するという通達が堺県令宛に伝達されました。

それには、つぎのようなことが付記されていました。（要旨）

「このたび大和国平群郡法隆寺村にある法隆寺の宝物が献納されることを決定した。それについて特別の思し召しをもって一万円が下賜されることとなった。今後はその恩賜金をもって法隆寺の建物の修理と法隆寺を末長く保存することを期待する。」

明治十一年一月二十二日付の朝野新聞に、つぎのように報じています。

「法隆寺へ御下賜金

堺県下法隆寺聖徳太子伝来の宝物を昨十年西京へ行幸の節　税所県令より献納され　今度宮内省より金一万円御下げ渡しに成りて　該寺の破損を修繕せらるることと聞けり。」

それに伴って、東大寺の東南院へ預けていた宝物が正倉院へ移されることとなりました。法隆寺では、このご下賜金によって公債（国債のこと）を購入しています。この公債を寺僧たちが勝手に引き落とすことを心配して、債券を堺県に預けました。そしてその利息金だけを毎年の法隆寺の維持基金として受け取っています。こうして、宝物献納が法隆寺を再生するための出発点となったのでした。

五　新たな資財帳作り

多くの寺宝を献納した法隆寺に残されたのは、ほとんどが、移動不可能な大きな仏像などの宝物ばかりとなりました。

住職の定朝は若いころから古い記録に興味を抱いていたこともあり、法隆寺の歴史にはきわめて明るかったようです。綱封蔵に入るたび、献納によって空白となった宝物の状況に淋しさを感じていたといいます。それを埋めるためにも、是非とも宝物を補充して、それをしっかりと将来に伝えて行くことの必要性を強く世に訴えたのです。寺僧たちが住んでいる子院には、多くの什物を所有していました。

ところがそれには法隆寺の管理権は及んでいなかったのです。定朝はこの機会に子院に伝わる什物を法隆寺へ集めておきたかったのでしょう。その中には法隆寺に関係するものも多く含まれていたからです。しかも、そのころ多くの寺院では、困窮した寺僧たちが什物を美術商に売り渡す光景が日常茶飯事に見られた時代でもありました。

定朝はそれを恐れていたのです。幕末のころから、法隆寺でも子院の什物が流失しつつあったからです。太子の伝記として最も古い『上宮聖徳《かみつみやしょうとく》法《ほう》王《おう》帝《てい》説《せつ》』までもが寺僧の手によって売却されていたのでした。それは法隆寺にとっては信仰の上からも最も大切な書物です。定朝は、ふたたびそのようなことが起こらないことを願ったのでしょう。

やがて定朝は、住坊の中院に伝わる軸物や什物を率先して綱封蔵へ収めることとしました。そして、寺僧たちにもそれぞれの什物を法隆寺へ寄付することを求めたのです。そのような呼びかけに応えて、寺僧たちが、住坊に伝わる什物や個人所有の古器物などを法隆寺へ寄付しています。定朝はさらに、近くに住んでいる人びとにも呼びかけて、古器物の寄付を求めはじめます。また、骨董商たちも法隆寺関係の古器を所有しており、それらをできるかぎり買い戻すことにも懸命になったのです。

そのような努力によって、一年ほどの間に二百種類余りの古器や古画が集まりました。そのことについて、明治十二年に作成した『法隆寺宝物古器物古文書目録端書』に、つぎのように記しています。（要旨）

「聖徳太子は、我が国に仏教を弘められ、インド、中国、朝鮮半島の国々から請来した宝物などを、すべて法隆寺へ納められました。

そのようなことから法隆寺は我が国第一の宝庫でもあります。したがって歴代の天皇は法隆寺の宝庫を勅封とされ、みだりに開閉することを禁じられました。宝庫を修理するときは、かならず勅使を派遣されています。後世になって、その宝庫は綱封蔵と呼ばれることとなりました。（中略）中世から勅封が廃止されましたので、綱封蔵の管理を寺僧たちが行なうようになったからです。その綱封蔵を開閉するときには鍵預衆という四人の寺僧と公文所という封印を行なう寺僧がかならず立合うこととなっていたのです。

とくに綱封蔵の南蔵を開閉するときは寺僧が全員立合っておりました。南蔵には大切な宝物を収めていたからです。寺僧が独断で勝手に開閉することを堅く禁じております。そのように宝物を厳重に管理してまいりましたので、貴重な宝物を失うことなく伝えることができました。ところが最近、法隆寺は大変衰退し、綱封蔵の保存も行き届かなくなりつつありますので、貴重な宝物が散失するのではないか、と心配をしておりました。そのような事情から明治十一年に古器や古文書など、多くの宝物を皇室へ献納することと致しました。有り難いことに、その恩賜として一万円が下賜されました。

法隆寺では、その下賜金で公債を購入し、その利息で伽藍の諸堂や綱封蔵を修理したり、法隆寺に関わる古器や名画などを購入することと致しました。その古器や名画は綱封蔵に収め、天平十九年（七四七）に作成した『法隆寺伽藍縁起并流記資財帳』の例に倣って、新しい資財帳を編集したいと願っております。

そのようなことから、ここ三年間、古器や名画などを買ったり、寄付を求めてまいりましたので幸い宝物も増えております。」

このような定朝の卓見によって、法隆寺の再興が計られたのです。いずれにしても、宝物の献納が法隆寺を復興する大きな足掛かりとなったのでした。

六　真言宗から法相宗への独立

宝物を献納したことによって法隆寺再興の希望が出てきました。それは法隆寺という寺院の存在が、政府でも知られるようになったからです。

法隆寺では、この機会に真言宗からの独立を果たしたい、と積極的な行動を開始します。あるときは「三経宗」として独立しようとしたり、東本願寺の協力を得て太子信仰を弘めようと考えたり、定朝の心は大いに揺れ動いていたようです。明治十二年十月に、意を決して、内務卿伊藤博文宛に「独立本山之儀御願」を提出することとなりました。（要旨）

「去る明治十一年の五月に真言宗の所轄から離れました。そして新たに西部大教院を設置し、真言宗西部と称して管長職を設けることを仁和寺などの諸寺とともにご許可をいただいて、今日に至りました。ところが本年の四月に新しい伝達があり、真言宗が各派に分れていたのを一つの宗派に統一されることとなりました。

しかし、法隆寺は古くから法相宗であり、真言宗とは教義なども異なり、布教などにも困惑をいたしておりました。とくに近年は真言宗から何の連絡もない状態であります。そのような状況でありますので、何卒この機会に従前の法相宗に復旧をいたしたいと存じます。どうか特別のご配慮をいただき、法相宗として独立することを、ぜひともご許可いただきたくお願い申上げる次第であります。」

しかし、その願いはむなしく却下されました。その理由は、明治十一年に真言宗から独立した真言宗西部は再び真言宗に併合されているので、法隆寺はまず真言宗と充分に協議せよ、というものでした。ところが、その後も真言宗との接触は行なわず、真言宗からも何の連絡もなかったのです。そしてさらに十三年二月十三日に「法相宗独立願書并相承伝暦」を内務省に提出します。明治十年一月に教部省は廃止され、その事務は内務省の社寺局へ移されていたからです。それに対して内務省の社寺局から、法隆寺の塔頭や末寺の数量などを提出するようにとの通知がありました。すぐさま必要書類を作成して提出したのですが、それ以後は内務省からは何の連絡もありませんでした。

このような法隆寺の態度に対して、真言宗内には、法隆寺の独立を許してはならないという声が高まっていたと伝えています。

真言宗からの独立問題が一向に前進しない状況に苛立ちを覚えた定朝は、内務省への直訴を決意することとなります。翌十四年十二月一日、定朝は寺僧を伴って、上京したのです。このとき定朝は五十九歳でした。

東京に着いた定朝は、同行していた寺僧を使者として関係者に上京の挨拶を行なっています。使者が訪れたのは北畠治房をはじめ社寺局長の桜井能監、東本願寺東京執事の鈴木恵淳、長崎裁判所検事長の春木義彰、先の堺県令であった議官の税所篤、先の堺県参事であった大蔵省少書記官吉田豊文などでした。それらは定朝が昵懇であった人びとであり、定朝がこれから一層の協力をお願いしなければならない人たちでした。

とくに春木義彰は法隆寺村の人で、幼名を雄吉といいました。幼くして勤皇僧であった妙海の弟子となり、伴林光平や上島掃部などの教えによって勤皇の志を抱くようになったようです。幕府の手にかかって光平が斬首されたことを知った春木は、憤慨してその遺志を継ぐことを誓ったといいます。やがて各地の志士たちと結んで皇威の回復に尽力したのです。その功績によって、検事総長や東京控訴院院長などを歴任した人物でした。妻には中宮寺の執事を勤めていた上島掃部の娘を娶っています。

鈴木恵淳は、明治十二年から法隆寺の境内に東本願寺の説教場を設置していた縁によるものでしょう。

上京した翌明治十五年一月十八日に、社寺局長の桜井から定朝に対して「法相宗への独立が可能である」とする待望の内意が伝えられたのです。

社寺局長の桜井は、再興した興福寺を巡視するため明治十四年八月に奈良を訪れ、法隆寺にも立ち寄っていました。それに同行したのが久邇宮《くにのみや》家の執事をはじめ、清水寺住職の園部《そのべ》忍慶《にんけい》、高野山の釋玄《しゃくげん》猷《ゆう》など、興福寺の復興に心を寄せる人びとばかりでした。そのような経緯から、再興した興福寺と法隆寺が連名で法相宗への独立を許可されるであろう、という内意が伝えられたのです。

興福寺は慶応四年に廃寺となり、しばらく西大寺と唐招提寺が五重塔・北円堂・南円堂などの建物を管理していたのです。しかし明治十二年ごろから、藤原一門の人びとによって、氏寺である興福寺を是非とも復興したいとする声が高まっていました。興福寺を復興するために、九条道孝《くじょうみちたか》、近衛篤麿《このえあつまろ》、太政大臣三条実美《さんじょうさねとみ》らをはじめとする藤原一門の人びとが中心となって「興福会」を組織し、興福寺を護持しようとしたのです。

そしてついに明治十四年八月二十九日に、興福寺が復興され、その住職として京都清水寺の住職である園部忍慶を任命したのでした。園部忍慶は、幕末の高僧として名高い清水寺の忍向《にんこう》の弟子でした。忍向は月照ともいい、安政五年（一八五八）に西郷隆盛とともに入水自殺をした有名な勤皇僧です。

そのような忍向の弟子であった園部忍慶は、公家たちや寺院にも知人が多かったことはいうまでもありません。政府の要人とも昵懇で、興福寺の独立はさほど大きな問題ではなかったようです。

清水寺は古くから興福寺に所属していたのですが、明治五年からは真言宗に所轄されていたのです。その清水寺の園部忍慶が興福寺住職を兼務したこともあり、再興された興福寺も真言宗の所轄となっていたようです。そのようなことから、興福寺としても、真言宗から独立をしたいと考えていたのです。

法隆寺も真言宗からの独立を果たしたいという強い願いがあることを知っていた桜井局長は、法相宗への独立には極めて好意的な態度であったようです。興福寺の再興に尽くした桜井局長としては、興福寺の行く末をしっかりと見届ける責務を感じていたのでしょう。それには久邇宮家をはじめ九条道孝や三条実美などに対する配慮があったようです。桜井局長は、三条実美などに、興福寺と法隆寺が法相宗に独立する許可を与える具申を行なったものと考えられます。

久邇宮家は、伏見宮第十九世邦家親王の王子朝彦親王に始まる宮家です。朝彦親王は天保九年（一八三八）に出家して「尊応入道親王」と称して興福寺一乗院門跡の時代もありました。そのような関係から久邇宮家の意向を伺っていたのです。

桜井局長は、すぐさま園部忍慶を上京させることとしたのでした。一月十九日に京都を出発した園部忍慶は二十五日に東京へ到着し、翌日に定朝と面談をしています。そして二十七日には、定朝と園部忍慶のもとに、内務省社寺局へ出頭するようにとの召喚状が届けられました。社寺局に出頭した二人に対して、社寺局御用掛の磯村定之から、つぎのような内意が伝えられています。

それは、法隆寺から内務省に提出していた「法相宗独立願書」を願い下げ、改めて再興した興福寺と連名で法相宗への独立願書を提出せよ、というものでした。地方庁を通じて連名で提出すれば、社寺局で詮議して、独立が実現するように尽力したい、というありがたい内意が添えられていたのです。

真言宗の同意についても、桜井局長らが交渉に当たろう、という好意的なものでした。やがて局長の尽力によって真言宗と話し合う機会が設けられ、真言宗の釋玄猷と天台宗の村田寂順《むらたじゃくじゅん》の二人がその仲介に立つこととなったのです。

釋玄猷は真言宗の学匠で、のちに泉涌寺派の管長に就任した高僧です。村田寂順は天台宗の学匠で、三千院や妙法院の門跡、善光寺の大勧進を経て天台宗の座主に就任した高僧でした。

やがて多くの人びとの配慮によって法隆寺の独立を真言宗も容認することとなり、独立を確認する協定書の原案が作られたのです。明治十五年三月三十日に、東京の上野公園にある不忍池の中央に建つ弁天社で、真言宗と法隆寺、興福寺が和解の協議を行なうこととなりました。真言宗からは管長の代理として釋雲照《しゃくうんしょう》と随行の村山慎慶、法相宗からは興福寺住職の園部忍慶、法隆寺住職の千早《ちはや》定朝と随行の松田宗栄《まつだそうえい》、そして仲介者の村田寂順と釋玄猷らが集いました。真言宗を代表して出席した釋雲照は、のちに勧修寺や仁和寺の門跡を歴任した高僧でした。会談ではお互いに両者の意向を尊重し、ついに同意を取り付けるに至ったのです。

その合意のもとに、村田寂順と釋玄猷の裁量で「法相宗独立に付き願」と「独立の義に付き定約」の奥書と署名が行なわれました。これによって真言宗との問題はすべて解決し、六月二十六日に待望の法相宗への独立が認可されたのです。

しかし、定朝はこれで安心をしておれませんでした。これから興福寺との定約を結ぶ大きな仕事が待っていたからです。そのとき定朝は六十歳、園部忍慶は三十九歳でした。

興福寺住職の園部忍慶と法隆寺の執事であった秦行純《はだぎょうじゅん》たちが協議した結果、まず園部忍慶より年上であった定朝が法相宗管長に就任することに決まりました。管長は五年交代で、法隆寺と興福寺の住職が交互に勤めるという約束が結ばれたのです。同年七月二十五日付で法隆寺内に法相宗の大教院が設置され、定朝が法相宗管長に就任することとなりました。

なお、この時点で奈良の寺院として大宗派から独立したのは興福寺と法隆寺だけでした。東大寺が浄土宗から華厳宗に独立したのはその四年後の明治十九年、西大寺が真言宗から真言律宗に独立したのは明治二十七年、唐招提寺が真言宗から律宗に独立したのは明治三十三年のことです。

七　薬師寺の法相宗加入

定朝には、管長としての多くの仕事が待っていました。まず、法相宗の規則を作ることが差し迫った課題でした。真言宗や融通念仏宗などの宗則を参照しつつ法相宗の宗則を作成したのです。

完成した宗則は定朝と園部忍慶の立合いのもとに確認作業が行なわれ、園部忍慶は興福会に、法隆寺は北畠治房にそれぞれ相談をしたことでしょう。やがて両者の合意のもとに大阪府を通じて内務省に提出されました。法相宗宗則は明治十九年二月十日付で内務大臣の認可があり、いよいよその効力を発揮することとなったのです。

ちょうどそのころ、奈良の薬師寺から、法相宗管長である定朝のもとへ一つの願書が寄せられました。それには、薬師寺が法相宗へ加入をしたいということが記されていたのでした。薬師寺も、かつては興福寺や法隆寺と同じように法相宗を名乗っていたのですが、明治六年から真言宗の所轄を受けていたのです。

早くから独立したいと考えていたようですが、なかなかその機会がないままに十三年余りが経過していたのでした。そのときの薬師寺住職は西谷勝遍《にしやしょうへん》でした。前住職の鹿園増忍《しかぞのぞうにん》は明治十七年一月二十二日に遷化していたのです。鹿園増忍は、真言宗から独立するために明治六年ごろから西大寺、唐招提寺、薬師寺、法隆寺と行動をともにしていたのでした。しかし、法隆寺が興福寺系（北寺伝）の法相宗を名乗ったのに対して、薬師寺は元興寺系（南寺伝）の法相宗としての独立を願っていましたので、薬師寺は取り残された形となったのです。

ところが、鹿園増忍が遷化したころから、薬師寺の態度が急変してきます。明治十八年三月七日に、京都の清水寺が醍醐寺の所轄から興福寺の所轄へと移ったり、法相宗が独立宗派として大きく動きはじめたことに刺激されたのかもしれません。明治十七年に西谷勝遍が薬師寺住職に就任したころから、法相宗へ接近することになります。

明治十九年五月二十三日に、薬師寺から定朝のもとに一通の「奉伺口上書」が届けられています。それにはつぎのようなことが記されていました。（要旨）

「薬師寺は明治五年から真言宗に所轄されて参りました。ところが明治十五年に内務省が法相宗の独立を許可されたことを伺いました。

私共も法相宗へ所轄換を出願したいと考えております。もしその許可をいただいた場合は左記のようなご同意をいただけますでしょうか。

①寺の資格については興福寺や法隆寺と同様としていただき、薬師寺に優れた人材が出た場合には法相宗の管長に就任することができるでしょうか。

②薬師寺住職が欠員となった場合には、薬師寺の慣例によって寺僧が就任することに同意していただけるでしょうか。」

この願書は、西谷勝遍と同寺総代の連名で法相宗の管長のもとへ提出されました。

薬師寺からの法相宗への加入条件は、法隆寺などが明治六年に勧誘によって真言宗へ所轄されたときとほぼ同じ内容でした。

そのころすでに法相宗の宗則が効力を発揮しており、興福寺と法隆寺の二寺が本山として交互に管長を勤めることが決定していたのです。

定朝と園部忍慶は大局的な立場から、薬師寺を法相宗へ迎えることを選んだのです。一ケ寺でも多くの寺院が法相宗に加入することで、宗派の発展に繋がると考えたからでしょう。定朝は法相宗管長名で、薬師寺からの願書に同意することとなりました。薬師寺では、法相宗からの回答を待って真言宗の同意を得て、所轄換を実現しています。その作業は、法隆寺の独立への苦労からすれば、問題にならないほど簡単なものであったことはいうまでもありません。

明治十九年六月二十三日付で、薬師寺は、内務省から正式に法相宗への加入が認可されたのです。ちょうどそのころ、法相宗の僧たちの階級が決められています。従来の慣習にそって「僧正」「僧都」「律師」などが決められ、管長に就任すると最高位の「大僧正」に就くこととなっていました。

やがて定朝の任期が終わり、二十年七月からは興福寺の園部忍慶が法相宗の管長に就任することとなりました。この管長交代によって、法相宗の宗務所も法隆寺から興福寺へ移っています。

定朝は、管長職を終えてほっと一息をついていました。そして、これから法隆寺を復興するために、かねてから夢見ていたことを実行に移す時期が到来したのでした。定朝にとっては、法隆寺を学問寺とすることが大きな夢だったのです。そのためには多くの学僧たちを養育する必要がありました。

しかしそれには、学問に勤しむ本人自身の強い意思を必要としていたのです。それは定朝がいくら望んだからといって実現するものではありません。

そのころ、京都へ留学して勉学に励んでいた佐伯定胤という法隆寺の学徒がいました。定胤は明治十七年から、真言宗の釋玄猷と園部忍慶の紹介によって、泉涌寺の佐伯旭雅《さえききょくが》のもとで法相宗学を学ぶことになりました。

佐伯旭雅は泉涌寺で「成唯識論」や「成唯識論述記」「大乗法苑義林章」などの法相宗学を多くの学徒のために講じていたのです。そこには全国から、佐伯旭雅の学徳を慕って、向学心に燃える学徒たちが集まっていたのです。定朝は心の中で密かに、佐伯旭雅のもとで学ぶ定胤に期待を寄せていたようです。

その一方で、伽藍の老朽化も頭の痛い問題でした。どれから手を付けたらよいのか判らないほどひどい状態となっていたのです。修理資金の確保がまず大問題であったことはいうまでもありません。

それらの問題の解決に対処をしようとしていた矢先のことでした。興福寺の園部忍慶が胃病を患い、身体が衰弱しているという知らせが届いたのです。二十一歳もの年齢差はありましたが、定朝にとって掛け替えのない法友であり、法相宗の将来を託していたのです。その忍慶が、日に日に衰弱をしていたのでした。

八　定朝が興福寺と清水寺の住職を兼務する

明治二十三年二月二十三日に園部忍慶は遷化されました。四十七歳でした。このとき定朝は六十八歳、薬師寺の西谷勝遍は五十三歳です。訃報に接した定朝にとって、予期していたとはいえ大きな衝撃であったことはいうまでもありません。

そのころ、興福寺の寺僧は明治二十一年に出家していた朝倉《あさくら》景隆《けいりゅう》と、二十二年に出家した桜井《さくらい》教映《きょうえい》の二人でした。

朝倉景隆はもと興福寺の学侶でしたが、慶応四年に復飾していたのです。明治二十一年に、園部忍慶に従ってふたたび出家して、世尊院《せそんいん》という子院に居住していたのです。このとき朝倉景隆は六十四歳でした。桜井教映は明治二十二年三月に出家したばかりでした。

二人には、未だ興福寺の住職に就任する資格はなかったようです。興福会としても後任住職を誰にするか、ということが問題となっていました。二月二十七日に興福寺で園部忍慶の葬儀が行なわれたのです。導師は西大寺住職の佐伯弘澄が勤め、定朝も参列していました。

葬儀が終わると興福会では後任住職の選考が行なわれました。そのとき後任住職に定朝の名前が持ち上がったのです。その数日後、法隆寺を訪ねた興福会の役員である福智院《ふくちいん》庸徳が、定朝へ興福寺の住職を兼務することを依頼したのでした。それは久邇宮家をはじめ興福会全員の希望であることを伝えています。それに対して定朝は次のような返答をしているのです。（要旨）

「わたくしのような者を伝統ある興福寺住職にご推挙いただき恐縮を致しております。

しかし、わたくしはそのような任には不適当であり、とくに近年は身体も衰え、目も悪くなり、法隆寺の住職の職務も困難な状態であります。いずれ適当な人材に法隆寺住職を引き継いで隠退を致したいと考えております。

そのような状況でありますので、せっかくのご推挙ではありますが、ご辞退を申上げさせて頂きます。何卒、尊台から興福会の皆様によろしくお取り成しをいただきますようにお願いを申上げます。」

これに対して福智院は、さらにつぎのように説得したのです。

「これは久邇宮殿下をはじめ九条道孝閣下、三条実美閣下のご意向であります。

貴台の事情は充分に承知いたしておりますが、何卒お引き受けいただきますよう重ねてお願いを申上げます。

興福会といたしましても出来る限り早急に後任住職を選任致したく考えておりますので、よろしくお願いを申上げます。」

このような話し合いがあり、定朝はついに要請に応じることとなりました。

そのころ久邇宮家や九条道孝、三条実美といえば絶対的な存在でした。とくに法相宗への独立は、そのご威光によって実現していたからです。定朝にとっても法隆寺にとっても、そのような人びとの推挙をいただくことが名誉であったことはいうまでもありません。

こうして定朝は興福寺住職を兼務することとなりました。定朝は病苦と老齢を押して法隆寺兼興福寺住職と法相宗管長に就任し、多忙な日々を迎えるのです。

明治十九年に制定した法相宗の宗則によって興福寺と法隆寺の住職が交互に管長を勤めることとなっていたからです。そのために興福寺の後任住職が決まるまでは、定朝が終始その任に就かねばならなかったのです。

そのような異例の状況の中で、定朝は一つの決断をします。

それは、薬師寺を本山に昇格させることでした。薬師寺の西谷勝遍を管長に就任させ、管長非番の間に法隆寺と興福寺の復興に最善の努力をしようと考えたのです。

これについても定朝は、興福会や北畠と充分に相談したことはいうまでもありません。その了解のもとに明治二十三年四月に、薬師寺を本山に昇格させ、その住職を管長候補の一人とする宗則の変更を内務大臣山《やま》県在朋宛《がたありとも》に提出しています。

その「宗制寺法更正御認可願」には、つぎのように記していました。（要旨）

「明治十九年二月十日にご認可いただきました法相宗の宗則第一章第一項において管長は興福寺と法隆寺の両寺の住職が五ケ年交代で勤めることを規定致しております。

ところが去る明治十九年六月二十三日に薬師寺が法相宗に復帰をいたしました。薬師寺も興福寺や法隆寺と同等の資格をもつ寺院でありますので、このたび薬師寺住職を管長候補に加えて三寺の住職が五ケ年交代で管長を勤めることに致したいと思います。そのようなことから宗則に両本山とあるのを三本山に変更していただきますようにお願いを申上げます。」

これによって法相宗は興福寺と法隆寺に薬師寺を加えた三本山となりました。興福寺の後任住職が決定するまで、定朝と西谷勝遍が交互に管長を勤めることとなったのです。

定朝が興福寺住職を兼務期間中の明治二十二年六月十三日に「興福寺還仏会第三回法要」が執行されました。この「還仏会」は廃寺同然になっていた興福寺を復興し、その本尊を役所となっていた東金堂へ遷座した法要のことです。その第一回目の法要は明治二十一年四月に行なわれていました。それには久邇宮や山階宮をはじめ三条実美など興福会の要人たちが参列する、維新以来の未曾有の法儀であったと伝えています。明治二十三年に行なわれる第三回目の法要に先立って、一刻も早く興福寺の人材を整える必要がありました。

その年の三月二十三日に大西良慶と樋口貞俊の二人が出家をしたのです。二人は園部忍慶の弟子でしたが、すでに師匠が遷化していたために、定朝が出家の戒師を勤めたのでした。とくに、大西良慶は定朝が遷化したあと二十五歳の若さで興福寺の住職に就任し、興福寺や清水寺の復興と法相宗の興隆に尽くしたことで知られています。

出家した二人と、明治二十二年に出家していた桜井教映は、朝倉景隆の自坊であった世尊院で声明や作法を習ったといいます。それは朝倉景隆が声明や儀式の法則に詳しかったからです。その後の法相宗の声明はこの朝倉景隆のものが基本となったようです。

興福寺では、桜井教映・大西良慶・樋口貞俊の三人の養育が急務でした。それはまもなく行なわれる興福寺の第三回目の還仏会に間に合わせようという配慮があったからです。

六月十三日、九条道孝をはじめ久邇宮家の使者など多くの要人たちが参列して、興福寺還仏会第三回法要が盛大に行なわれました。定朝が導師を勤め、薬師寺からは住職の西谷勝遍、法隆寺から秦行純、薮内行意《やぶのうちぎょうい》、楓實賢《かえでじっけん》などの寺僧たち、さらに東大寺の寺僧も出仕していました。

興福寺からは朝倉景隆、桜井教映、大西良慶、樋口貞俊が出仕して、法要の中心的役割を果たしました。それは興福寺の復興を意味するものであり、九条道孝会長をはじめ興福会の人びとも大いに満足したと伝えています。

そのころ、興福会ではすでに興福寺の後任住職の人選を行なっていたのです。そして東京にある真言宗豊《ぶ》山《ざん》派《は》末寺長徳寺住職の、雲井良海《くもいりょうかい》という学僧に白羽の矢を立てていたのです。

良海はもと興福寺の学侶で、陽舜房秀証《ようしゅんぼうしゅうしょう》と称して蓮乗院に住していましたが、慶応四年に復飾していました。しかし明治十一年六月十九日に、東大寺の鼓坂《つざか》荐海に従ってふたたび出家して、雲井良海と名乗っていたのです。その後、東京の護国寺に寄留して高志大了《たかしだいりょう》に灌頂を受け、真言宗の豊山派に所属していたのでした。やがて豊山派中学林や曹洞宗大学林、築地西本願寺積徳教校などで「唯識論述記」「八宗綱要」「因明」

などの講義をしていたのです。

良海は、かつて興福寺にいたころから学匠としても知られていたようです。真言宗豊山派の学僧である権《ごん》田《だ》雷《らい》斧《ふ》が興福寺へ遊学したときに、陽舜房秀証と名乗っていた良海に遇って法相宗に関する南都の言い伝えなどを聞いています。そのことは権田雷斧の代表的な著作である『唯《ゆい》識《しき》論《ろん》帳《ちょう》中《ちゅう》独《どく》断《だん》』の中にも記されているのです。

このような学識のある興福寺ゆかりの学僧を、興福会は求めていたのでした。

興福会は久邇宮家や九条会長の意向を受けて、すぐさま良海のもとへ使者を派遣しました。それに同意した良海は、豊山派の許可を得て法相宗へ転宗することとなります。この話をすでに定朝も了承していました。

六月三十日、興福寺中金堂で雲井良海の「法相宗転宗式」が行なわれました。これによって良海はまず清水寺の住職に就任したのです。このとき五十五歳でした。翌年の二月十六日に雲井良海は興福寺住職と法相宗管長に昇進します。定朝が興福会の意向を受けてその地位を雲井良海に譲ったからでした。これによって定朝はふたたび法隆寺の復興に専念することとなります。

なお明治二十五年七月からは、宗則の改正によって薬師寺の西谷勝遍が法相宗管長に就任しています。そして興福寺では、良海が住職に就任したころから俄かに活気を見せるようになるのです。

九　法隆寺勧学院を開く

そのころ良海の弟子として板橋良玄《いたはしりょうげん》と佐伯良謙《さえきりょうけん》が出家しています。のちに板橋良玄は興福寺住職と法相宗管長、佐伯良謙は法隆寺住職と法相宗管長、聖徳宗管長に就任した学匠です。大西良慶とこの二人は、名前に良の字がつくことから「法相の三良」と呼ばれる学僧に成長するのです。

明治二十六年一月二十八日には興福寺の勧学院を開設することとなりました。興福寺の勧学院開設は、良海にとって、法相宗の将来を担う新進の学徒たちの研鑽道場とすることが大きな夢だったようです。

そのころ、法隆寺から京都泉涌寺の学匠佐伯旭雅のもとに留学していた佐伯定胤が、唯識の奥義を極めて清水寺などで講義をはじめていたのです。良海はその定胤を興福寺に迎えて法相宗学の講座を開き、あわせて法隆寺の楓定賢《かえでじょうけん》を歴史の教授に就任させました。定胤と楓定賢は同い年の二十六歳でした。定賢は法隆寺の楓實賢の弟子で明治十七年に出家して、歴史を得意としていたのです。

この開設に呼応して、法隆寺や薬師寺の寺僧をはじめ他宗の僧たちも入学することとなり、興福寺の勧学院は前途有望な学校となりました。ところが定朝もかねてから勧学院を法隆寺に開設したいと考えていたのです。

しばらく興福寺の勧学院の様子を見ていた定朝は、良海に対して、法隆寺で勧学院を開設するのが夢であり、是非とも貴僧の協力を得て定胤を法隆寺へ帰山させたいという手紙を出しています。

興福寺にとっては勧学院を開設して早々でもあり、定朝に同調することには不本意であったはずです。しかし定朝は法相宗の大長老で興福寺の兼務住職を要請していたこともあり、無礙に断ることもできなかったのです。

定朝の要請に対して、良海はしぶしぶ同意したのでした。法隆寺のような片田舎より興福寺は地理的にも多くの学徒が集るのに便利でした。良海は大先輩の定朝に義理立てをしたのではないでしょうか。

こうして同年八月一日に法隆寺勧学院を開設することとなりました。そのころ良海は、清水寺の成就院に寄留することが多くなっていたようです。

清水寺では、円養院という子院を清水寺に合併して、その建物を売却することを公式に寺の会議で決定していました。ところが円養院の住職が、そのことに同意していなかったとして虚偽の申立てを裁判所に起こしたのです。良海にとっては寝耳に水の話でした。そのころ清水寺の関係者が、二派に分かれていたといわれています。そのような清水寺の危機を一身に受けた良海が、明治二十七年五月十九日に、成就院の一室で切腹するという大事件が起こったのでした。

これは清水寺の内紛によるものであり、同年十一月二十四日に大阪控訴院は雲井良海らに無罪を言い渡しています。良海はその犠牲となったのでした。

この不幸な事件によって、定朝は、興福会からふたたび興福寺と清水寺の住職を兼務することを要請されます。興福寺の朝倉景隆を住職に就任させようとする動きも見られましたが、そのような噂が一掃されたことを確認してから、定朝は住職就任の要請に応じました。その朝倉景隆も、明治三十年六月十八日七十一歳で遷化しています。定朝は、興福寺住職として徒弟の指導に尽くした朝倉景隆の功績を讃えて「権僧正」「興福寺副住職」を追贈したのです。定朝は清水寺の状況を目の当りにして、かつて法隆寺でもそのような事件が起こっていたことを後世に伝えるために寺僧たちに語ったことがありました。それを速記したものが『参考の演説』です。

その冒頭には、つぎのような要旨が記されています。

「不幸にも清水寺では内部紛争が起こっていたのです。

とくに雲井良海が自害したのは清水寺の旧関係者と新関係者の対立によって裁判ざたになったことによるものでした。

かって法隆寺でも同じような事件もあり、私が実際に経験したことも数多くあります。今ここにその概略を語るのでそれを速記して後日の参考としてください。」と。

定朝も良海が遭遇したような事件を幾度もかいくぐってきたのでした。法隆寺内でも定朝に反抗する勢力が、法隆寺住職への就任に反対したり、定朝の実印を偽造して公文書に捺印するといった事件も起こっていたのです。

親鸞聖人作という伝説をもつ聖徳太子像は興善院の私物であり、法隆寺の公物ではないとして寺僧が裁判所へ訴訟をしたこともありました。しかも聖徳太子像が興善院の所蔵であることを定朝が証明している書類を偽造して定朝の実印を捺していたのです。やがて書類も実印も偽造であることが判明しています。

良海の自害という事件は、定朝にとっても我が身に詰まされるものを感じていたのでしょう。

一〇　夢殿・秘仏の扉

法隆寺夢殿の本尊「救世観音像」は、古くから秘仏として、明治十七年まで厨子の扉を開くことはなかったというのが定説となっています。開扉にまつわる話としては、明治十七年にアメリカのフェノロサや岡倉天心によって救世観音像に巻かれていた白布がはじめて取り除かれたというのです。

それに対して私は、そのときにはじめて開扉したのであろうか、もっと以前に開いていなかったのか、といった疑念を抱いています。

明治時代の記録類を整理していたところ、明治十七年八月十六日から二十日までの四日間に、文部省御用掛岡倉天心と米国人フェノロサとドクトル・ビゲローの三人が来寺して、法隆寺の諸堂及び古器物などを調査した資料が見つかっています。しかし、残念ながらその中には、最大の関心事である夢殿を開いたという記事は見当りません。ところが法隆寺が郡乙第三十六号の通達によって明治二十年五月十七日に宮内省、内務省、大阪府五部郡長へ提出した『法隆寺宝物古器物古文書目録』に、つぎのような記載があります。

「東院伽藍夢殿・宮内省検査済

本尊観音木像・壱体・高六尺五寸・後背共八尺

明治十九年八月廿一日宮内文部内務の各省より御出張御検印附の分」

ここにはじめて救世観音像の法量が記載されているのです。この記録が夢殿本尊の法量を記した最初の記録として極めて重要な意味をもつものといわねばなりません。

明治十九年八月四日付で戸長《こちょう》から法隆寺に対して一つの指令が寄せられました。それは、このたび社寺の宝器及び仏像仏画などの取調べのために内務・宮内・文部の各省から役人たちが出張して検閲をするので、不都合のないように厳重に対応せよ、という通達でした。そして八月二十一日午前九時に宮内省山県篤蔵、内務省社寺局八木雕、文部省御用掛岡倉天心などが出張して、諸堂に安置している仏像の寸法などを詳しく調査して、それぞれに検印札を貼ったといいます。

とくに検印札を貼った宝物の保存には、充分な配慮をするようにとの厳重なる指示があったのです。

その二年後の二十一年四月二十三日には、奈良県添上外四郡役所庶務課から九鬼隆一図書頭が社寺所蔵の書画古器物などの取調べのために巡回をするとの通知がありました。それに続いて五月二日にも、九鬼の巡回の件に関して、什宝類の取調書を編集し、郡役所へ提出するようにとの指令を受けています。

また六月一日には、近日中にその件について調査の準備を行なうために、役所の吏員たちが法隆寺に出張して、準備状況と目録と宝物の番号を照合する旨の申し出がありました。

六月八日に九鬼図書頭、九岡社寺局長、浜尾専門学務局長、岡倉美術学校幹事、フェノロサのほか、宮内省、内務省の官吏たち一二名が出張したのです。既に作成していた目録を調査団に提出して、寺僧の案内のもとに、十三日の午後五時ごろまで詳細な調査が行なわれています。この調査には東京から小川一真という写真師が同道し、宝物や伽藍の状況を撮影しているのです。

この調査から半年後の十一月二十三日に、宮内大臣の法隆寺巡視が行なわれることとなりました。その日は午前十一時に、土方宮内大臣、九鬼図書頭、宮内大臣秘書官などの来山があり、奈良県からは税所知事、郡役所から近藤書記、郡山警察署警部長が出迎えています。このときに案内した寺僧に対して、九鬼図書頭から夢殿本尊の写真を撮りたい、という申し出があったのです。

それに対して、定朝は書面をもって、つぎのように回答しています。

「本日御登山之際案内僧より夢殿秘仏観世音写真の儀に付き貴命の次第御承り奉り候処、右は先般御調査の際も勅奏任の外は拝観許さざる様取計を乞と候事故其侭御坐を動さずして撮影上命候はば敢て異存もこれ無し。外へ出し候儀は御断り申し上げ度、此段御洞察仰ぎ奉り候也。」

この書面からもわかるように、過日の調査のときに、夢殿本尊は天皇から任命された高等官以外の者には拝観を許さないように、と申し付けられていたのです。そのようなことから写真撮影も本尊を動かさずに行なっていただきたい、と返答をしたのでした。

この書状の文面にある「先般御調査之際も」は、いつの調査のことを指すのか判りませんが、この書状が九鬼図書頭宛のものですから、先般の調査は九鬼による明治二十一年六月八日から十三日にかけて行なわれた調査を指している可能性もあります。

フェノロサの『東洋美術史綱』や岡倉天心の『日本美術史』の中で述べる、夢殿本尊を開いた感激の様子を伝える有名な事件の年時は、明治十九年八月二十一日前後か、あるいは天心、フェノロサが九鬼図書頭に随行して調査した明治二十一年六月八日から十三日の間を指しているようにも思われます。

なお現在、夢殿の本尊救世観音像は毎年春秋二回に特別に開扉をしていますが、いつからそのような習慣が生れたのでしょうか。

それに関連して、大正十一年正月十八日の『法隆寺日記』に注目すべき記事があるのを発見したのです。それは明治三十六年から法隆寺住職に就任していた定胤が書いたものです。その要旨は、「夢殿の秘仏は明治二十年ごろから人びとに拝観を許しているが、それは古くからの秘仏信仰をけがす恐れがあります。そこで今回協議の結果、古くからの慣習を尊重して秘仏とすることを議決しました。そして永く秘仏として尊崇し、信仰篤き人びとが参拝を願う時には一山の大衆が出仕して法要を厳修して開くことを規定し、それを遵守する宣誓を牛王の裏に記して厨子内に納めたのです」というものです。

この記録から、秘仏を明治二十年ごろに開いたことを定胤が知っていた可能性があるのです。明治二十年といえば定胤は二十歳で、京都の泉涌寺で勉学に励んでいた時代であり、夢殿開扉という特記すべき事件を聞いていた可能性もあります。

この大正十一年一月十八日の宣誓によって、その年から毎年春秋二季に特別開扉を行なうこととなり、やがて春は四月十一日より五月二十二日まで、秋は十月二十二日より十一月十八日までの期間中に公開するようになったのです。

また昭和十五年の『法隆寺日記』にも注目すべき記載があります。それは、京都東山中学校から、救世観音像のご開扉年代とそれに立合った寺僧に関する問い合せが法隆寺に寄せられたことに答えたものでした。それには、明治二十年ごろに九鬼隆一やビゲロー・フェノロサなどが来山し、法隆寺住職であった千早定朝・秦行純・楓實賢・松田宗栄の寺僧たちが開扉法要を行なった、とあります。

私は、救世観音像の扉が開かれた時期としては、明治五年の町田久成らによる全国の古社寺の宝物調査の一環として、同年の八月十七日から法隆寺で調査が行なわれたときの可能性が最も高いと思っています。

町田らによって、永く開くことを禁じていた「善光寺如来御書箱」を強引に開いて書写していたことからも、このときに救世観音像も開扉した可能性があることを指摘しておきたいのです。

夢殿のご本尊救世観音像のご開扉年代については、未だ確固たる資料がないのが現状です。いずれにしても、開扉に関する資料が確認されないかぎり「永遠のなぞ」として語り継がれてゆくことでしょう。

なお、昭和六十二年に行なわれた救世観音像の修理のときに、その胎内に飛鳥時代から鎌倉時代以前の釘五二本、江戸時代の釘九本、明治時代の釘一七本、釘穴跡一二ケ所があることが発見されています。これは各時代に救世観音像の修理をしていたことを示すものであることはいうまでもありません。秘仏といっても、修理のときには開扉していた事実をこの釘が物語っていることを、特記しておきたいと思います。

一一　正岡子規が見た法隆寺

法隆寺といえば正岡子規の「柿くへば　鐘が鳴るなり　法隆寺」の句が思い出されます。子規は慶応三年に伊予（現在の愛媛県松山市）に生まれ、明治の文豪として知られる尾崎紅葉・幸田露伴・夏目漱石とは同年であったといいます。日本新聞の記者となった子規は日清戦争の従軍記者として戦地に赴いていましたが、病気が悪化したために帰国して、故郷の松山で夏目漱石の下宿に二ケ月あまり同居したことはよく知られています。そして明治二十八年十月に、松山から東京へ帰る途中に奈良に遊び、そのとき法隆寺へ立ち寄ったのです。

法隆寺ではこの年から夢殿・綱封蔵の修理にも着手しており、普門院には法隆寺勧学院が置かれ、教師（仏学・声明・漢籍・歴史）は四名で、生徒は三三名が在学していたのです。おそらく境内は若い学徒たちで賑わっていたことでしょう。

また三経院には東本願寺の説教場が置かれ、参拝する門信徒たちの姿もあったと思われます。そのころから法隆寺の再建非再建問題の論争も高まりを見せ、法隆寺の存在がようやく世の中で認められはじめたころでもありました。

明治二十二年五月には、大阪の湊町から柏原までの「大阪鉄道」が開設しています。奈良と王寺の区間が開設したのは明治二十三年十二月二十七日、柏原と王寺の間では亀ノ瀬という峠のトンネル工事が難航して、奈良から湊町までの全線が開通したのは明治二十五年二月のことでした。

子規も、この大阪鉄道に乗って法隆寺を訪れたのかもしれません。そしてあの有名な「柿くへば　鐘が鳴るなり　法隆寺」という句を詠んだのです。

子規が聞いた梵鐘の音は、明治二十二年に造立した西円堂の鐘楼のものと思われます。この梵鐘は、西円堂へ奉納された銅鏡などを鋳潰して造ったものでした。子規が休んだという茶店は、聖霊院の前にあったのです。茶店の姿は明治五年に法隆寺の境内を撮影した横山松三郎の写真や境内図の中にも見られます。しかし、この句は東大寺で詠んだものではないか、といった意見もあるようです。子規のこの句一つをとっても、法隆寺にはまだまだ未解決の問題があるのです。

なお、法隆寺を表す季節は秋が最も似合っているように思われます。

「稲の雨　斑鳩寺に　まうでけり」正岡子規
「秋風に　また来りけり　法隆寺」高浜虚子
「どことなく　秋の定まる　法隆寺」松瀬青々

子規が休息した茶店は大正三年十月に取り畳まれることになりました。茶店が西院の堂塔に接近していたために、防火の上から危険であることが指摘されたからです。その茶店は持ち主と交渉して法隆寺が八五円で買収することとなり、取り畳まれました。

それからしばらくして、大正五年八月二十九日に俳人の松瀬青々から、茶店の跡地に子規の句碑を建てたいという申し出が寄せられています。

その子規の句碑は大正五年九月十七日に完成し、午後二時から句碑の完成披露の法要が行なわれました。この句碑の裏には、つぎのように彫られています。

「明治二十八年の秋に子規が法隆寺の茶店で憩った場所に、子規自筆の句稿を拡大した句碑を建てました」と。（要旨）

この子規の句によって、法隆寺の存在は広く世に知られるようになったのです。法隆寺にとって子規も恩人の一人というべきなのかもしれません。

「第六章」ふたたび「太子のみ寺」として

一　悲願の伽藍修理をめざして

法隆寺にとって伽藍の修理が大きな夢でした。そして、興福会のような保護組織を作りたいと念願していたのです。そのようなことから明治二十一年十一月に「法隆寺保存会」を創立していたのですが、残念ながら興福会のような組織力はありませんでした。明治二十六年からいよいよ金堂・五重塔・講堂・東室などの修理をはじめています。しかしそれは抜本的なものではなく、あくまでも応急的な処置にすぎなかったのです。

その修理に四、五〇〇〇円余りの費用がかかっています。内務省からの補助金が三、四〇〇〇円余りで、残りは法隆寺が負担しなければならなかったといいます。法隆寺では、修理基金を確保するためにふたたび什物を皇室へ献納するか、博物館に買上げられるか、あるいは一般に売却するか、などを真剣に検討したのです。そのときに売

【図20】百萬塔図

却リストにあがったものは「百萬塔」「玉虫厨子」「周文屏風」「十六羅漢屏風」「孔雀明王画像」「星曼荼羅」でした。なおこのとき「百萬塔」は三万四二四二基が現存していたと記しています。このような宝物を処分することによって本格的修理の費用五万円を確保したいと考えたのでした。

その五年前の明治二十一年には、宮内省が法隆寺の近くにある信貴山の朝護孫子寺に伝わる『信貴山縁起絵巻』と『太子絵伝』を一、〇〇〇円、東大寺の『華厳五十五所絵巻』など四点を一、二〇〇円、法華寺の「弥陀三尊画像」を五〇〇円で買上げようとしたといいます。それからすれば法隆寺が望んだ五万円は、途方もない大金であったことになります。

【図21】玉虫厨子図

しかし、そのような什物の処分は断念をしています。内務省からの補助金と、借金をすることによって、やっとその基金を確保したのです。そして「夢殿」と「綱封蔵」の修理に着手したのでした。

やがて宮内省所管の帝国奈良博物館が開館します。それに伴って法隆寺から百済観音像をはじめとする多くの宝物を出陳することとなりました。その出陳料は法隆寺にとって大きな財源の一つとなったのです。

参考までに明治三十年ごろの収入の内訳を紹介しておきましょう。

収入金一、七一四円

内訳

五〇〇円（献納宝物のご下賜金で購入した公債の利息）

二七〇円（寺禄に代るご下賜金の五千四百円で購入した公債の利息）

三四〇円（合居生活中に節約して購入した田畑の年貢）

一三四円（保存金ご下付二千五百円に対する利息）

二五〇円（拝観金と寄付金など）

一二〇円（博物館への出陳料）

一〇〇円（西円堂の積立金）

このように、夢殿や綱封蔵など一部の建物は定朝によって修理されましたが、修理が完成した全伽藍の姿を仰ぎ見ることはありませんでした。定朝は自分の遺志を後継者である佐伯定胤が必ず実現してくれるものと確信していたのです。

定胤がその期待に応えて、昭和大修理という大事業を成し遂げたことはよく知られています。

定朝がもう一つ後輩たちに託した夢のことを『斑鳩文庫目録抄』に記しています。（要旨）

「わたしは若いころから古い記録に興味をもっていました。かつて『法隆寺伝灯録』や『法隆寺要録』などを編集したこともあります。

しかし、それ以外にも著したい書物がたくさんあったのです。

それは『斑鳩旧記』『斑鳩旧記一覧』『法隆寺伝暦』『宗要略記』『別当次第記』『斑鳩旧跡幽考』『斑鳩

堂塔本尊霊験記』などです。しかし残念なことに、わたしは目を患い、とくに近年は老衰によって読書をすることもできない状態となりました。

そのために、わたしはできるかぎり法隆寺に伝わる記録を散失しないよう保存することに努めました。できれば将来の寺僧たちの中で、そのような資料をもとにわたしの遺志を受け継いで前に挙げた書物を編集してくれることを願っております。」

このように、定朝にとっては、法隆寺の古記録の保存と、法隆寺の沿革を編集することも大きな夢だったのです。定朝は日々の記録を残すことにも熱心でした。明治十三年から法隆寺の録事（書記）を勤めていた樋《ひ》口《ぐち》正輔《しょうすけ》に浄書させています。樋口も明治維新まで法隆寺の寺僧でしたが、還俗して法隆寺村に住んでいたのです。明治十三年から三十年までの法隆寺の日記はすべて樋口の手にかかるものでした。その樋口も老齢のために明治三十年十二月をもって退職しています。

また法相宗への独立のために定朝の手足となって奔走した松田弘栄も老齢のために引退していました。このように定朝の時代はしずかに幕を下ろそうとしていたのです。

なお『高僧品評伝』に定朝のことを「師の学徳資性才幹共に衆に卓越すること数等にして人々之を凌ぎ之れに駕せんと欲するもの又得べからざるものあり」と評しています。明治三十一年ごろから定朝の老衰は進み、その死期は近づいていたようです。

そのようなときに、薬師寺から一つの訃報がもたらされています。

住職の西谷勝遍は前年の十一月から病床にありましたが、三月十五日の午後五時三十分に遷化したのです。それは法相宗独立以来の危機でした。管長の資格を有する本山の住職が二人とも同時に危篤と遷化という最悪の事態を迎えたからです。

ついに定朝はその二日後の三月十七日午後七時に遷化したのです。法隆寺は悲しみに覆われていました。それは、不屈の精神力と忍耐力で壊滅寸前の法隆寺を復興へと導いた高僧定朝の大往生の瞬間でありました。しかし寺僧たちは、ただ悲しみに浸ってはいられなかったのです。

すぐさま北畠を中心とする会議が開かれました。北畠は、定朝の遺志を受け継いで、法隆寺の安定が第一であることを強調したのです。それには寺僧達もまったく同感でした。

定朝が決めていた法隆寺の規則では、定胤が後任に選ばれるのが当然のこととみられていたのです。しかし、法隆寺の事情はそれを許さなかったのです。定胤を住職に任命するのには早すぎたのでした。秦行純、楓實賢、松田弘学、佐伯寛応という先輩たちの扱いがもっとも大きな課題でした。法隆寺内の安定を考えれば、年長の秦行純を住職に据えるのが最良の方法であったのです。

そのようなことから、行純が法隆寺住職に就任しています。また薬師寺からも、行純に住職を兼務する要請が寄せられたのでした。

行純は法隆寺と薬師寺の住職を兼務したのです。しかし興福寺では、二十五歳の大西良慶が住職に就任することとなりました。三十三歳の定胤は、しばらく法隆寺副住職と法相宗勧学院の院長として、学徒の育成に専念をしていたのです。

そして、二年後の明治三十四年に、定胤が薬師寺の住職に就任しています。それは、法相宗内のバランスを保つためにも、興福寺の大西良慶よりも一足先に定胤を法相宗管長に就任させる必要があったからです。

ところが、明治三十六年に法隆寺では仏像の盗難があったり、法隆寺裏山の保安林伐採問題によって、住職の行純など法隆寺の寺務局が総辞職をしたのでした。
それに伴って定胤が法隆寺住職に就任することとなり、そして法隆寺は再興へと歩み始めたのです。

二　岡倉天心「法隆寺会」を提唱

明治三十年代から法隆寺再建非再建論争が白熱化し、法隆寺の存在価値が大きくクローズアップされることとなりました。明治三十六年に、法隆寺復興の期待を担って住職に就任した佐伯定胤は、多くの学者との交流を深めることとなります。親交を結んだ人びとは平子鐸嶺、荻野仲三郎、黒板勝美、正木直彦、香取秀真、伊東忠太、関野貞でした。

明治四十四年五月二十六日に東京美術学校の校長であった正木直彦から定胤のもとに、一通の手紙が届いたのです。その手紙は、来る六月十一日に東京美術学校の講堂において、国華倶楽部の主催による太子祭と太子像開眼法要を行なうこととなっているので、是非ともその導師を依頼したいという内容でした。しかも、太子ゆかりの法隆寺献納御物や、飛鳥と同時代の中国の仏像などを展覧するので、その年の二月に発見した虚空蔵菩薩像（今の百済観音像のこと）の宝冠を是非とも出陣をしていただきたい、という依頼も記されていたのです。

この要請に対して法隆寺ではすぐさま参詣する旨を回答したのでした。六月九日に定胤は興福寺住職の大西良慶や佐伯良謙（のちの法隆寺管主）を伴って上京しています。

祭典の当日は午前十時から太子祭が開かれ、太子像の開眼供養に続いて、東京美術学校校長の正木直彦が祭文を朗読し、そして最後に舞楽「蘭陵王」「胡蝶」が演じられています。

式典に続いて午後一時から関野貞によって「美術史上に於ける法隆寺の地位」と題する講演があり、太子像、太子伝、仏像、経巻、仏器、染織刺繍、楽器、瓦磚、建築模型、金石拓本などの展観が行なわれました。この展示には御物や法隆寺所蔵のものを含む優れた多くの宝物が出陳されていたのです。まことに盛大な祭典で多くの有志者たちも参集していたのでした。

その日に定胤が法隆寺へ出した書状には、つぎのように記されています。

「本日は細雨ながら中々の盛会にこれ在り、知名の紳士雲集諸種の人々に面会仕り候。陳列品は全く法隆寺的にこれ在り。全く本寺の出開帳然たる趣に候、況んや関野博士の講演は法隆寺と言うことを非常の感動を与へ申し候。」

この法要から帰った定胤はすぐさま故平子鐸嶺の追悼会の準備にとりかかることとなります。鐸嶺は法隆寺研究者として法隆寺に最もゆかりの深い学者の一人であり、法隆寺の非再建論者で干支一巡説を唱えた学者としても知られていました。とくに、明治四十一年に法隆寺が百萬塔を人びとに譲与して法隆寺の負債の返却と保存基金を作ろうとしたときにも、百萬塔の調査を行なって法隆寺の再興に大いに尽力していたのです。その鐸嶺がさる五月十日に薬石効なく逝去していたのです。三十五歳でした。定胤は太子祭のため上京したときに、その霊前に参拝し、鐸嶺の友人である黒板勝美、中川忠順らと相談して法隆寺で追悼会を執行することを決めていたのです。

六月十八日の追悼会は法隆寺の寺務所の書院に祭壇を設けて厳修されました。その追悼会には中川忠順、新納忠之介、水木要太郎、久富春年などが参詣しています。その席で中川忠順から、次のような懇請が法隆寺に対して行なわれたのでした。

①鐸嶺のために友人たちで記念塔を作り法隆寺の境内に建設したいこと。

②遺稿中の『法皇帝説解説』の原稿を法隆寺に寄付し、法隆寺から出版してほしいこと。

③鐸嶺が生前中に蒐集した各宗の数珠を法隆寺へ奉納したいこと。

定胤はすぐさま快諾をしています。中川たちの友人はただちに記念塔の建設にとりかかり、奈良県の技師であった天沼俊一がそれを監督することとなりました。記念塔の建設地は定胤と中川たちが実地検分して、西円堂前の柏樹の下に決定したのです。それは鐸嶺がかつて「古柏艸堂《こはくそうどう》」と称していたこともあり、柏の大樹のある場所を選んだと伝えています（この供養塔は昭和三十四年に西方院山に移築されています）。

記念塔の落成供養会については、黒板勝美らと相談して、奈良正倉院の曝涼中は東京から鐸嶺の知友たちが奈良を訪れるので、そのころに行なうことになりました。そのようなことから十月十六日に決定したのです。

十月十六日の龍門院釈鐸嶺汲古居士の記念塔供養会は快晴に恵まれました。参詣の人びとは午前九時から十一時三十分まで法隆寺の宝物などを拝観し、十二時三十分から記念塔の前で厳かに鐸嶺塔の供養会を執り行なったのです。集まった参詣者たちはいずれも有識者ばかりで、希有の盛儀であったと『法隆寺日記』は伝えています。

天沼俊一や高女教授の水木要太郎、また美術院の職員たちが伽藍の説明を担当し、黒板勝美は友人総代として参詣者の接待も担当したのです。その法要に続いて、会場を大講堂前に設けた舞台に移して鐸嶺を追悼する記念講演会が開かれました。大講堂の基壇の中央には講演用のテーブルが置かれて、その左右に岡倉覚三（天心）、黒板勝美、大槻文彦、北畠治房といったそうそうたる顔ぶれが居並んでいたのです。

まず黒板勝美が立って、法隆寺に関する居士の研究論文を紹介し、未発表の壁画研究の一端を披露しています。続いて大槻文彦は、居士の学界に残した功績を讃えつつ哀悼の意を述べ、最後に登壇した岡倉天心は、法隆寺は世界文明の宝庫であり、今後も鐸嶺に続いて優れた研究者が続出せんことを希望し、さらに法隆寺会なるものを組織して、法隆寺の研究及び保護について自らも尽力することを提唱したのでした。

この天心の意見が、のちに聖徳太子一千三百年御忌奉賛会の設立につながるのです。法隆寺を最も愛した鐸嶺を供養する集まりの席上で、そのような意見が披瀝されたのも不思議な因縁でした。天心の発案は突発的に行なわれたものではなく、その日の午前中に法隆寺の寺務所を訪れた天心と定胤との間で、すでに次のような会話がかわされていたのです。まず天心は、「かねてから法隆寺の伽藍の堂塔や多くの什宝はいうまでもなく、宗教儀式などの保存について何とかしなければと思っていたが、今日、鐸嶺の供養会に臨席してその感を一層強くした。西洋などの大寺院においては学会を設け、その研究と保護につとめている。法隆寺においても自ら進んで法隆寺会組織の任に当り内外の人びとに謀って法隆寺の研究とその保護に尽力したいと思うが、住職はどう考えるか」と、問うたのでした。それに対して住職は「そのような会を組織したいと希望していたが、未だその機会に恵まれておりません。今日は貴殿の意見を拝聴して誠にありがたく是非ともお願いをしたい」と懇願したのでした。それに気を良くしたのでしょうか、天心はすぐさま「法隆寺当局の賛同を得ることができて誠にありがたい、本日を記念して微意を表したい」と金一〇〇円を寄付したのです。

このような会談のあとに行なわれた講演会の席上で「法隆寺会」を設立する提案を行ない、多くの学者たちに賛同を求めたのでした。発表者が我国美術学界の重鎮として名高い天心であったからその効果は覿面《てきめん》でした。場所といい、発表者といい、すべてのお膳立が整っていたというべきでしょう。

この講演に引き続いて午後七時から奈良ホテル（明治四十二年創業）で晩餐会（会費二円）が開かれ、四十有余名の有識者たちが参加しています。その席上でもふたたび天心や黒板勝美らから法隆寺会の設立の提案が行なわれ、出席者はことごとく賛成の意を表したといいます。この供養会こそ法隆寺にとっても忘れることのできない感激の日となったのでした。

ところがその年の十一月六日に綱封蔵から「釈迦誕生仏」「釈迦立像」「玉虫厨子の鴟尾」「不動明王像」が盗まれるといった思いがけない事件が起こったのです。

定胤が住職に就任してはじめて経験する不祥事でした。しかも法隆寺会設立を控えた重要な時期でもあり、大きなショックを受けたことはいうまでもありません。しばらくの間、事件の収拾のために同会の組織について大きな進展はなかったようです。

年も改まった翌四十五年四月三日に前夜から天心が宿泊している旨の電報が奈良の新納忠之介から届けられました。定胤はすぐさま天心を訪れて、法隆寺会組織の件について懇談を行なったのです。

そのとき天心は定胤につぎのような見解を述べています。

①是非とも二、三の素封家を会の中心とすべきであり、まず法隆寺の現信徒総代の同意を得て、それらの人びとを法隆寺の信徒総代に加え、協同一致の体制をとることが望ましいが、そのことについて現任の信徒総代が承諾するかどうか。

②奈良県庁において管轄地外の人を信徒総代とすることを承諾するか、どうか。
③本会設立に就いて奈良県知事が賛成するか、どうか。

天心はこの三件を、まず法隆寺側で検討するように指示したのです。そして東京における学者間の調整については自らが行なうことを約束したのでした。

その後も新納や黒板らとともにしばしば法隆寺会の件に就いて談合を重ね、北畠男爵とも相談しています。法隆寺にとっては、地元きっての実力者である北畠との意見調整が最も重要な課題であったからです。ところが大正二年には設立の提唱者である天心が、赤倉山荘で他界したのです。法隆寺にとって大きなショックであったことはいうまでもありません。天心は死の直前に、病気を押して文部省に「法隆寺金堂壁画保存研究会」を設置することを発案していたのです。

やがて、このような天心の発案が実行に移されて、法隆寺が未曾有の復興をすることとなるのです。

三　聖徳太子一千三百年御忌奉賛会の結成

東京美術学校校長正木直彦が主宰する国華倶楽部において、法隆寺宝物の図録を発行することとなりました。それを『法隆寺《ほうりゅうじ》大鏡《おおかがみ》』と称して東京美術学校でその作業が行なわれたのです。その印税を積み立てて、法隆寺の復興費にあてることとなったのでした。

太子の一千三百年御忌も間近となったころに定胤は正木に対して、このご御忌を盛大に執行したいという胸の内を打ち明けたのです。それに対して、正木から「法隆寺のことなれば、いかなることでもお働きをいたしましょう」との好意あふれる言葉を聞いて、定胤は大いに自信を得たと晩年に語っています。

その後も、正木の自宅で御忌の件についての懇談会が開かれ、関野貞（東京帝国大学教授）、高橋健自（帝室博物館）、白石村治（法隆寺大鏡編纂員）、中川忠順（文部省国宝保存係）、香取秀真（東京美術学校教授）、清水南山（東京美術学校教授）など一〇名ばかりが集まって熟議を重ねています。

その結果、聖徳太子及び法隆寺の研究についてはー応の方策は立ったのです。ところが、肝心の募金問題については「われわれの力ではなんとも致し方ないことである。誰か経済界の中心人物を求めねばならぬ」と一同苦笑しつつ、一層の努力を誓い合って散会していた、と伝えています。また定胤は、黒板勝美（東京帝国大学教授）に対しても御忌の件を相談し援助方を依頼したところ、黒板は即座に快諾して、すぐさま国史上の太子のご聖徳と御忌賛助の趣意書を執筆したのでした。

その後も懇談会はたびたび開かれ、従前からの難問題である募金の件については、そのころ経済界の大御所といわれた渋沢栄一男爵に依頼をすることになったのです。

正木と黒板は渋沢男爵邸を訪問したのですが、渋沢はなかなか承諾をしなかったといいます。それは渋沢が若いころに国学を学んでいたからでした。国学では太子が日本固有の神道を軽視して仏教を興隆したこと、五九二年に崇峻天皇が蘇我馬子によって暗殺されたときに太子はそれを傍観し、あるいは馬子に加担していたのではないか、として太子を非難していたのです。そのために渋沢は「我輩は太子が嫌いである」と言ったと伝えています。

それに対して黒板は国史の立場から太子の偉業を語り、国学の見解は誤りであることを懇々と説明したのです。しばらくして渋沢は永らく太子を誤解していたので、これからは太子の偉業を称えるためにも尽力をしようということになったのでした。やがて渋沢の意向に従って、会長には徳川頼倫《とくがわよりみち》侯爵にご就任いただくのが望ましいということになり、侯爵の意向を打診することとなります。

御忌法要準備のタイムリミットも近づき、積極的な行動をとることになりました。定胤は渋沢への挨拶と会の設立を具体化するために上京をすることとなります。それに先だって正木と黒板たちは徳川侯爵を訪問して正式に会長就任を懇請したのです（渋沢からも侯爵へ話が進められていたといいます）。そのときの侯爵の返答は、四月二十八日までしばらく待つようにというものでした。

黒板は侯爵に対して、ご承諾いただけるものとして諸準備にとりかかります、と申し上げたところ、侯爵は微笑を浮かべられていたといいます。

そこで承諾は確実と思って、来る五月三日に発起人会を開くべく、徳川侯爵、渋沢男爵、芝田局長外二三人の名を以って、三井、岩崎をはじめ有力者四〇名ばかりに招待状を発送する手筈をとり、同十一日に発会式を挙行する計画を立てたのでした。

ところが四月二十八日になって、侯爵から渋沢に対して、なお二日ほど返事を待ってほしいという連絡があり、三日に予定していた発起人式を延期せざるを得なくなったのです。そこでまず三日には、黒板、荻野、高島、正木らと定胤が学士会館に集まって、会則の修正、名誉顧問、理事、評議員の人選、会長の件について話し合っています。

その翌々日（五日）の午後のことでした。定胤は、黒板に会って吉報を聞いています。それによると、昨夜、高楠順次郎（仏教学者）が侯爵の木下という家職に聞いたところ、侯爵は会長への就任を承諾する決意に見えるが、私たち家職に非常に気をつかっておられるようであり、侯爵は渋沢からの要請を今更断ることができない立場におられるので、近いうちに私たちから侯爵に対して家職においては異議のないことを申し上げ、承諾されるように進言しようと思っている、と語ったということです。侯爵が決断を躊躇されていたのは、家職の仕事が増えたり、徳川一門への寄付金の要請が行なわれないか、といった心配があったからです。定胤は翌日に黒板、高楠の両人を訪れて、侯爵の返事を聞いたところ、つぎのような条件で会長への就任を承諾されたということでした。

①徳川一門に経済的な負担をかけないこと。

②健康上、夜会をさけること。

やがて、侯爵の同意のもとに待望の会が発足することとなったのです。

その「聖徳太子一千三百年御忌奉賛会」が結成されたときの役員は次のような人びとでした。

会長　　徳川頼倫侯爵

副会長　　渋沢栄一男爵

理事長　　加藤正義

常務理事　　高楠順次郎、村田　俊彦、黒板　勝美、正木　直彦

会計監督　　串田　方蔵、志村源太郎

理事　　早川千吉郎、林　市蔵、河瀬　秀治、田所　美治、内藤虎次郎、小橋　一大、沢柳政太郎、桐島　像一、木田川奎彦、南　弘

なお数名の人びととは交渉中であり、醵集《きょしゅう》予定金額は四五万円（名誉会員は二、〇〇〇円以上、有功会員

は五〇〇円以上、特別会員は五〇円以上、通常会員は五円以上、賛助員は五円未満）でした。

記念事業として、つぎのことが計画され実行に移されることとなります。
①法隆寺と叡福寺で行なわれる法要（聖徳太子一千三百年御忌法要）を賛助すること。
②聖徳太子記念研究基金を設定すること。
③同研究設備費を計上すること。
④聖徳太子の御伝及び唱歌を編纂出版すること。
⑤法隆寺の防災設備を完備すること。
それはとりもなおさず法隆寺の再興を意味するものであり、定胤の喜びがいかばかりであったかは想像に絶するものがあります。

その後、久邇宮邦彦王を総裁に奉戴して同会はますます充実したものとなるのです。そして大正十年四月十一日から、聖徳太子一千三百年御忌法要が古儀による未曾有の盛儀として執り行なわれたのでした。

法要には、天皇から銀製大香炉、皇太子から菊紋入りの金襴打敷が下賜されました。また明治十一年に法隆寺から皇室に献納した黄金長幡（灌頂幡《かんじょう》こと）二流、柄香炉などの模造も多くの人びとから寄進されたのでした。そして高村光雲、山崎朝雲、平櫛田中をはじめとする東京美術学校教授からは輿舁面や香盆なども奉納されています。これには東京美術学校長正木直彦の尽力があったことはいうまでもありません。

このように大法要は、奉賛会そして興福寺や東大寺をはじめとする多くの人びとの協力のもとに無事に執行されたのでした。

この御忌法要からしばらくして徳川頼倫侯爵は亡くなりましたが、大正十四年十二月十一日には、二代目の会長として細川護立侯爵が就任されています。

大正十三年十二月二十二日には、所期の目的をはたした「聖徳太子一千三百年御忌奉賛会」を解散して「財団法人聖徳太子奉讃会」に改めて太子のご遺徳の高揚をはかることとなりました。そして法隆寺の復興に全面的な助成が行なわれることとなるのです。

なお、この奉賛会の功績の中でも、太子への誤った見解を解消したことが、その最たるものであったことを『聖徳太子一千三百年御忌奉賛会小史』は記しています。

「顧れば本会が法隆寺会と称したる最初より、ここに年を閲すること實に十有二年、専ら力を徳川時代の誤れる太子観の打破に尽くして世人の蒙《もう》を啓《ひら》き、同時に太子の偉徳鴻業《こうぎょう》を知悉《ちしつ》せしめて、其信仰の熱《ねっ》誠《せい》を喚起《かんき》せしめ得たるは、幾多本会の功績中、財団設立の大業と共に、最も大なるものの一つと云うべし。」

四　半世紀におよぶ伽藍大修理

法隆寺の防災設備の必要が最初に唱えられたのは、明治四十五年ごろのことでありました。法隆寺の復興と保存に尽力していた黒板勝美や関野貞によって、その設備が急務であることが提唱されたのです。奈良県ではすぐさま設計の立案を行ないましたが、財源難もあって実現しませんでした。しかしその後も、法隆寺からの歎願や関係者からの政府への働きかけもあり、ようやくそれまでの努力が実ることとなったのです。

大正八年三月十九日に衆議院が防火設備水道工事に関する建議案を万場一致で可決し、いよいよ具体化をすることとなりました。

その後、文部省では調査研究が行なわれ、聖徳太子一千三百年御忌奉賛会でも、大正十一年二月に、京都帝国大学教授大井清一工学博士や同大学教授武田五一工学博士に、根本的計画案の作成を依頼しています。やがてその計画が基本的に承認されました。総工費は二九万五〇〇〇円で、二万円は法隆寺の負担、三万円は聖徳太子一千三百年御忌奉賛会からの寄付、残り二四万五〇〇〇円は古社寺保存費として国庫補助を得ることとなったのです。

大正十四年十一月二十二日に起工式を挙行して、その大工事に着手することとなりました。工事内容は、法隆寺西北にある鎌峠《かまとうげ》下の谷を堰き止めて防火池（呵魔池《あまいけ》という）を造り、そこから導水管を境内に引き込んで、九十ケ所に及ぶ防火栓を配備するというもので、そのころとしては画期的な防火施設でした。

この防火施設は昭和二年七月二十八日に完成し、昭和三年四月十日には久邇宮邦彦王総裁の台臨のもとに、その完成式が盛大に執り行なわれています。明治末年に防火設備の必要性が唱えられてから完成をみるまで、実に十八年の歳月を要したのです。このすぐれた防火設備が、昭和二十四年の金堂火災で威力を発揮し、被害を最小限に止めたことを特記しておかねばなりません。

しかし、その防災施設も半世紀を経て、老朽化も激しくなり、昭和五十三年から六十年にかけて設備の全面的改修と一部増設工事が行なわれています。

この防火施設の整備に続いて、いよいよ伽藍の大修理に着手することとなりました。昭和八年からは西室や三経院の解体修理に着工しています。

法隆寺には貴重な建造物が多く、一刻も早くその改修を望む声が高まっていたのです。聖徳太子奉讃会では、法隆寺の大修理を国家事業として速やかに全修理が進行するように政界に働きかけ、ついに昭和八年五月二十一日に政府による法隆寺視察が実現することとなりました。貴族院、衆議院からあわせて二〇名余り、他に大蔵省、文部省などの関係者をはじめ、奉讃会からは細川護立会長などの理事たちが立合っています。

同日午前十時に南大門に到着、直ちに聖霊院に参拝。それから二班に分かれて伽藍を拝観。午後一時から大講堂前で先年完成していた防火水道の放水試験を見学しています。この議員たちの来訪によって、法隆寺の大修理はほぼ決定した観がありました。

その後、文部省で詳細な調査を行ない、直ちに大修理に着手する必要ありとの結論に達したのです。そして、一〇〇万円の巨費を投じた十ケ年計画（十五ケ年継続となった）で修理を行なうことを決定したのでした。修理は文部省が直轄する国宝保存修理として実施し、法隆寺国宝保存協議会、法隆寺国宝保存事業部、法隆寺伽藍修理出張所の機関を設置して、万全を期すこととなったのです。

昭和九年四月からは荒廃が著しく、かつ学界で問題の少ない東大門、食堂、細殿の修理に着手しています。五月二十七日には大講堂で大修理祈願の起工式が行なわれ、細川奉讃会会長をはじめとする百名余りの関係者が参列したのです。

その後しばらくして、鳩山文部大臣の視察もあり、順調に修理も進行することとなりました。しかし、金堂壁画の保存問題の難航と第二次世界大戦によって工期が遅れたのに加えて、金堂焼損、五重塔秘宝公開問題などといった予期せぬ事態も生じました。しかし関係機関の献身的な努力によって、昭和二十九年十一月三日にその完成法要を金堂前で厳修することができたのです。

なお金堂の多くの部材が焼損しましたのでヤリガンナ（鑓鉋）を復元することになりました。古くは柱や板などを削るときにヤリガンナを使っていたのです。ところが江戸時代のはじめごろから台カンナが登場してヤリガンナが姿を消したといわれています。ヤリガンナは桶屋さんでも使われていたということです。その技法をご存じの方がおられたのです。これが魚住為楽という人でした。銅鑼や響銅の作家として広く知られています。

昭和十四年のことでした。東京美術学校の校長をつとめられ、法隆寺の復興に大きな足跡を残された正木直彦が夢殿のお厨子を造立することを発願されたのです。そのとき魚住為楽がヤリガンナを使ってお厨子を作り上げたのです。これによってヤリガンナの技法が復興されたといわれています。

その後、昭和の修理のときに金堂の雲形肘木の雲の模様は、東京芸術大学教授の石井鶴三が、ヤリガンナで彫られたのです。このように昭和の修理にも多くの裏話が秘められているのです。

そして昭和三十年に竣工した新堂の修理を待って、昭和大修理第一期工事が完了したのでした。

第一期工事の完了に伴って法隆寺伽藍修理出張所は閉鎖されましたが、改めて翌三十一年に法隆寺文化財保存事務所を設置して、法隆寺の文化財保存と未修理の建造物修理を促進し、その工事を奈良県に委託することとなります。

こうして昭和六十年六月末日をもって、指定建造物の全修理が完成したのでした。これによって法隆寺の伽藍は一新し、法隆寺史上未曾有の景観を整えることができたのです。じつに五十年の長きにわたる大修理でした。

しかしなお、未指定の建造物の修理の必要も迫っており、その修理をふたたび奈良県に委託して、現在も続行しています。

参考までに、明治三十六年からの修理一覧表と今後の修理予定表などを付記しておきます。

中門（明治三十六年六月）・上御堂（明治四十四年十二月）・南大門（大正三年）

鐘楼（大正九年十一月）・経蔵（大正五年五月）・廻廊（大正九年十月）

三経院及び西室（昭和八年九月）

（昭和大修理第一期工事事業）

①（修理期間・昭和十年より昭和三十年まで）

食堂（昭和十年）・東大門（昭和十年）・細殿（昭和十年）・東院礼堂（昭和十年）

東院鐘楼（昭和十年）・西円堂（昭和十一年）・大講堂（昭和十三年）

夢殿（昭和十四年）・東院廻廊二棟（昭和十四年）・東院四脚門（昭和十五年）

東院南門（昭和十五年）・地蔵堂

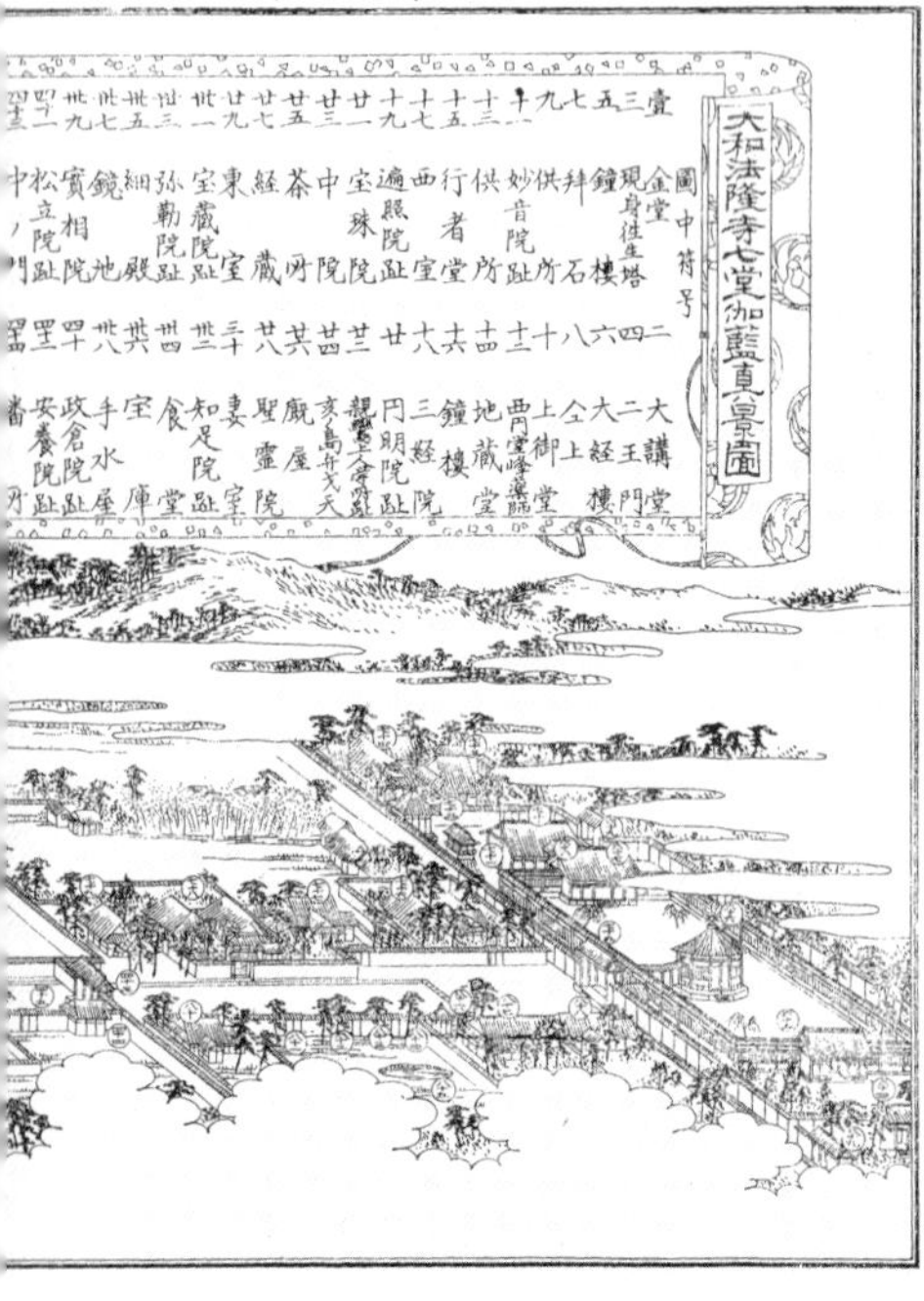

（昭和十六年）・北室院本堂（昭和十七年）

北室院表門（昭和十七年）・宗源寺四脚門（昭和十八年）・伝法堂（昭和十八年）

絵殿及び舎利殿（昭和十八年）・聖霊院（昭和二十三年）・五重塔（昭和二十七年）

金堂（昭和二十九年）・新堂（昭和三十年）以上（二十一件）二十二棟

②附帯工事

伽藍境内避雷針設置・ドレンジャー金堂設置・伽藍諸堂並に塔頭警火装置

③（其他）

（伽藍保存）

西院大垣一部修理並に補強・中院

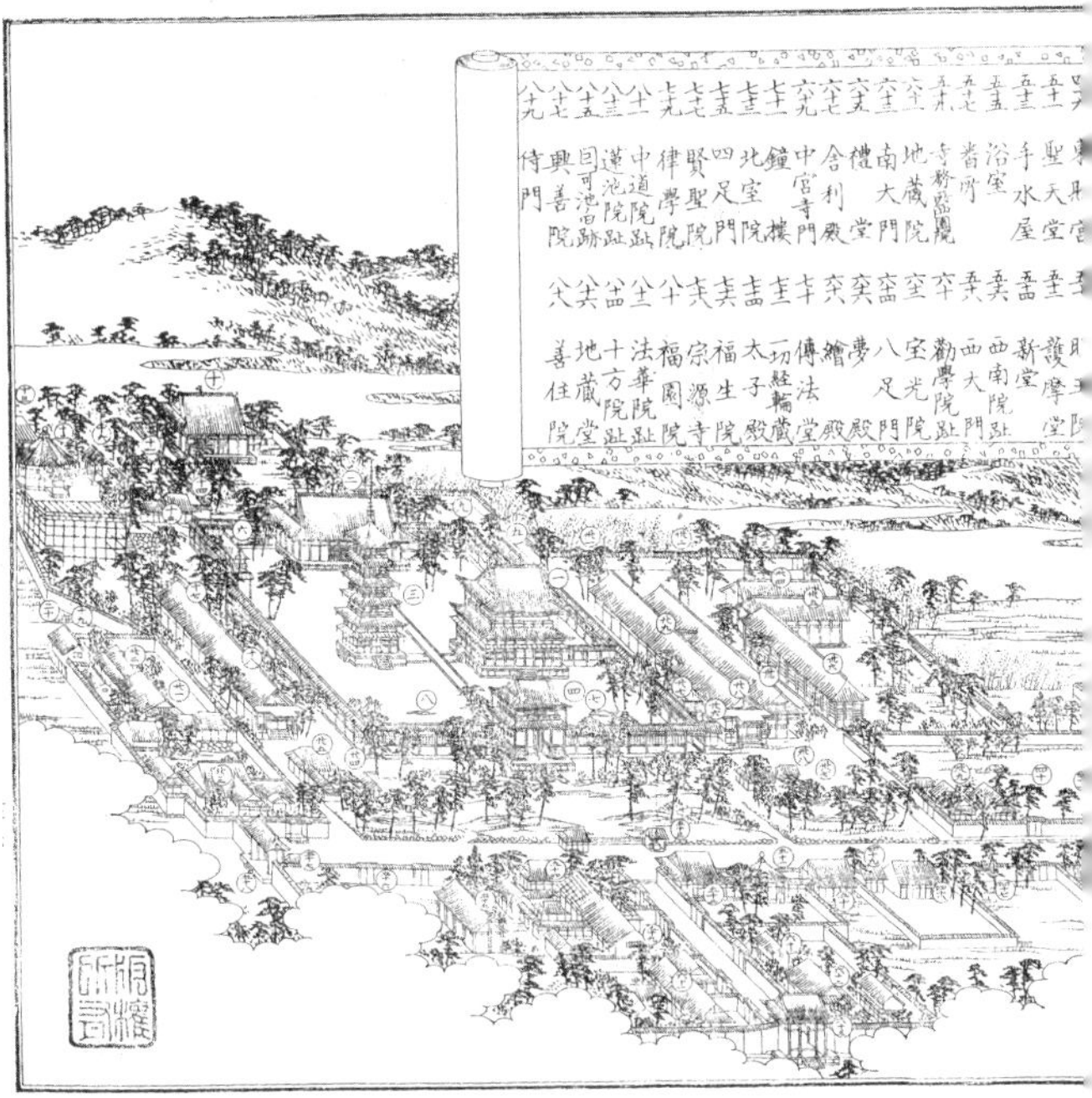

【図22】法隆寺七堂伽藍真景図　明治28年版（著者提供）

本堂修理・薬師坊庫裡修理
（新造建築物）
大宝蔵殿二棟（昭和十四年）・収蔵庫一棟（昭和二十九年）
新収蔵庫一棟（昭和四十一年）
（県関係委託修理事業）
東室（昭和三十五年三月）・妻室（昭和三十八年一月）・綱封蔵（昭和四十一年十月）
西園院上土門（昭和四十一年三月）・西院大垣（昭和五十五年八月）
北室院太子殿（昭和四十三年六月）・西園院客殿（昭和四十四年三月）
西院東南隅子院築垣（昭和四十五年六月）・西院西南隅子院築垣（昭和五十一年六月）
旧富貴寺羅漢堂（昭和四十六年十二月）・宝珠院本堂（昭和四十六年十二月）
大湯屋（昭和四十九年十一月）・大湯屋表門（昭和四十九年十一月）
福園院本堂（昭和五十一年六月）・律学院本堂（昭和五十三年六月）
上御堂（昭和五十四年六月）・廻廊・経蔵・鐘楼（昭和五十八年三月）
（屋根葺き替えなど）
新堂・上土門・西園院客殿・東院大垣（昭和六十年六月）・善住院持仏堂・宗源寺本堂・西円堂参籠所・護摩堂参籠所・伝法堂・北室院護摩堂

五　宝物の疎開と金属供出の犠牲

昭和大修理の第一期工事の終わりごろに金堂と五重塔を修理することとなっていたのです。それは古建築の修理技術が最も熟達した時期に解体を行なおうとする考えによるものでした。ほとんどの建物の修理がすでに完成し、あとは聖霊院と五重塔・金堂の修理を残すのみとなっていたのです。しかし、金堂壁画の保存問題が解決していなかったために、まず五重塔の解体に着手することとなりました。

昭和十七年一月八日から、五重塔の解体に着手したのです。

しばらくして古宇田《こうだ》法隆寺工事事務所長に代わって新たに岸熊吉が着任しました。五重塔の解体は着々と進むものとみられましたが、戦局の悪化に伴って、人手不足をきたしはじめたのです。作業をする人たちも戦地へ召集されましたが、やっと昭和十九年の末までに初重を残すのみの状態となりました。

空襲がいよいよ激しくなり、二十年のはじめには、空襲の目標にならないように須屋根《すやね》を解体して、初重の仮屋根だけの状況となっています。

昭和十八年からは聖霊院の修理にも着手していました。解体を残すのは金堂のみとなっていましたが、いぜんとして壁画の保存方法が決まりませんでした。そして、空襲が激しさを増すという状況を迎えたのです。早急に保存方法を決定して、解体を決意せざるを得ない状態に追い込まれつつあったのです。昭和十九年の末ごろからその状況はいよいよ切迫し、二十年はじめからは解体方法の難問題を解決するための協議が重ねられることとなったのです。

その年の四月には工事事務所長の岸熊吉が辞職し、浅野清が所長心得に着任したのでした。四月二十五日に浅野清は定胤を訪れて、金堂解体の必要を説明し、その方法論を協議しています。ようやく至急に解体する方向へと話が進み、壁画に付着する柱は壁画とともに残し、土嚢をもって壁画面を保護するとの方策を示したのです。

翌日には天沼俊一が法隆寺を訪れて定胤と金堂解体について最終の協議を行ないました。そして浅野が示した案が最も好ましく「壁画にも何の影響を来たさず」との見解のもとに法隆寺は賛成をすることとなります。こうして五月一日から金堂解体に着手することとなったのです。

風雲急をつげる戦局の最中に、金堂解体が始まりました。まず仏像を大講堂などのお堂へ移し、その後、上層部を解体して、その部材を裏山へ疎開させたのです。すでに五重塔などの古材は寺山の開墾畑に疎開していたのです。

戦争が末期に近づくにつれ、国家総動員法で本土決戦をめざすとともに、物資にもこと欠く状態を迎えます。

そのような状況下で考えられたのが、社寺をはじめ各家庭からの金属供出でした。

法隆寺では、鎌倉時代のころから、西円堂の薬師如来の霊験に対する人びとの篤い信仰が栄え、その願い事の成就を願って武器や銅鏡などを奉納する習わしがありました。かつて堂内には所狭しと刀、鏡、甲冑などが懸けられていたのです。

国家の非常事態に、これらの刀剣などを供出することになり、昭和十七年三月には六十余貫という西円堂の大香炉や刀剣五百数十本を供出しています。同年の十一月二十五日にも半鐘三口、釣燈籠三〇基、銅鏡一、六一五面、刀剣一六〇余本など約二トンの金属を供出したのです。これらの選別は、西円堂の奉納武器の調査を担当していた末永雅雄の指導のもとに行なわれました。また梵鐘などは奈良県技師の大滝の指導を受けて供出していました。

ここに、刀剣を供出している一例を紹介しておきましょう。

『法隆寺日記』(四月十三日)

「佐世保海軍軍需部第一課海軍少尉本庄一郎氏来書　軍刀供出に謝意を申し来る事

短刀　二〇〇口　　士官用

脇差　二〇〇口　　下士官用

短刀　七〇〇口　　槍身用

太子鎮護国家の御理想具現仕るべき事」

供出をした金属製品のほとんどは江戸時代に作られたもので、行事などで使用していないものが選ばれました。そのほとんどは文化財的には価値が低いものであったといわれています。しかし、この不幸な戦争による供出で、江戸時代の信仰の遺産である法具類や、奉納した人びとの信仰の証である刀剣や鏡などが失われたのでした。これは法隆寺の信仰史上極めて遺憾なことでした。幸い、昭和十年の高田十郎による『法隆《ほうりゅう》寺金石文集《じきんせきもんしゅう》』には、供出して現存していない、銘文をもつ金属製品が収録されています。この著書が法隆寺にとって失われた寺宝の貴重な資料となっていることが、せめてもの救いというべきでしょう。しかし、銘文をもたないものがいかに多かったかを思うとき、その供出は千秋の恨事というほかありません。

なお、山内にある宗源寺の梵鐘が供出のために法隆寺駅まで運ばれたものの、その梵鐘が元禄十四年に西円堂への奉納鏡などを鋳して造顕したとする由来から、ふたたびもどされたとする伝承もあります。しかし、その真相は定かでありません。

供出された多くの金属製品は、戦争の不幸な犠牲として、法隆寺の歴史の上から永遠に消え去ったのでした。供出される品々は、一堂に集められて、太子の鎮護国家の理想を実現するために献納する趣旨の法要を厳修しています。

そのころから仏像などの宝物も疎開することとなりました。昭和十八年になると、本土空襲の激化に伴って、国宝建造物を空襲から護るために偽装したり、宝物の分散疎開を行なうことになったのです。三月十五日には、法隆寺で防空訓練が行なわれ、法隆寺も防空対策に追われる日々をすごしていたのでした。

このころ、修理工事に携わる作業員のほとんどが出征し、人手の確保に苦慮していたのです。やっとのことで吉野工業高校の学徒動員により、その急場を切り抜けています。そのときに解体した部材は、寺山に掩《えん》体《たい》を作って疎開したのをはじめ、一部は宝物とともに疎開することを真剣に検討したのです。浅野清は法隆寺の執事たちとともに、疎開先を見つけるため、吉野、大宇陀《おおうだ》、柳生《やぎゅう》、東山にある農家などの土蔵を探して疎開の交渉を行なっています。

このような時局にあたって定胤は、金堂の本尊と夢殿の秘仏だけはいかなることがあっても疎開せず、いざという時には地下に埋めるという一大決意をしていたのでした。

『法隆寺日記』（昭和二十年）には次のような悲壮な決意を記しています。

「五月二十六日　快晴

大岡技師浅野技師入来。去日来国宝疎開吉野郡宇陀郡地方土蔵捜索事情聞取る事。

本日添上郡田原村地方捜索の事。
金堂本尊薬師如来は塔底空洞内
釈迦仏は金堂土壇下に埋納する事。
夢殿本尊は夢殿壇下に埋納する事。」

このように、疎開地やその方法論などを協議して疎開費約三万円を計上しています。そして宝物疎開を実行したのです。六月二十三日には第一回国宝疎開が始まりました。浅野たちは、添上郡東山の個人の自宅にある土蔵に宝物を疎開させています。

『法隆寺日記』

「六月二十五日　晴・昨夜大雨
午前八時国宝疎開搬出者一行今早朝笠置《かさぎ》駅より帰寺事。
昨日運搬車の手違ひ且つ蔵の床板破損等の為め予定の通り運ばず。其上大雨大困難を強行せり、雨の為「如意輪観音像」小破　同光背大破、光背は徳川時代のものなり。」

この記事からも疎開作業の苦労がしのばれるようです。

六月二十六日にも大講堂の四天王像を笠置へ疎開しています。また東山村へ玉虫厨子、大宇陀へは金堂の金銅阿弥陀三尊像や天蓋付属木造天人像などを疎開したのです。

大蔵寺へは中宮寺の如意輪観音像・天寿国曼荼羅繍帳・誕生仏などを疎開しています。また、そこには東大寺や興福寺・手向山神社・法華寺・信貴山などの寺宝も疎開していたといわれています。

このような疎開作業とともに、七月一日には寇敵撃滅祈願法要を聖霊院で厳修しています。そして警防団を組織して敵襲に備えるなど、防護対策にも苦慮していたのです。
七月二日には、ついに法隆寺村が機銃射撃されました。

『法隆寺日記』

「七月廿二日　快晴

十時敵機本村上空来襲低空飛行に恐しき響音轟き渡れり。機銃射撃に似たり。敵機興留より松馬場を旋回し機銃射撃を行へり。興留にて三人怪我せりと云ふ。松馬場松樹の間々処々陸軍用品何か置きあり。それを目がけたるに非る也と云ふ。」

境内に軍用品を収納するように、との強い要望が軍部からたびたび申し込まれていました。しかし、法隆寺では空襲による被害が境内に及ぶことをおそれて固辞していたといいます。

戦局はいよいよきびしく、ソ連の参戦、原子爆弾の投下によってポツダム宣言を受諾することとなりました。ついに昭和二十年八月十五日に終戦を迎えたのです。

終戦によって、裏山へ疎開していた解体部材はすぐさま疎開を中止して法隆寺へ持ち帰りました。しかし宝物はしばらく疎開のままとし、終戦後の動向を見てから持ち帰ることとしたのです。ところが八月二十九日の夜に、柳生村の疎開先で百済観音像を預けていた家から出火したのです。そのために宝物を再疎開させるという混乱もありました。やがて宝物は無事に法隆寺へ帰ることができました。そして中断していた修理工事にも、ようやく着手することになったのです。

昭和二十一年一月からは聖霊院の工事を再開しました。召集されていた技能者たちの復員もあり、修理は徐々に進行することになったのです。

六　五重塔秘宝の発見と信仰

塔婆には仏舎利が納めてあるといわれています。しかし法隆寺の古い記録には、それを確認した記事はありません。

大正十四年から防災工事がはじまり、導水管を埋設するために境内の各所にトレンチを入れることになりました。学者たちは、その発掘調査に高い関心を抱いていたのです。それによって火災の有無が判明すれば、法隆寺再建非再建論争に重要な資料を提供することとなるからです。

防災工事に伴う発掘調査に関連して、技師の岸熊吉が塔の心礎を調査したところ、心柱の下に空洞があるのを発見したのです。そのときの事情は『法隆寺日記』につぎのように記しています。

「(大正十五年)二月三日　晴

二、三日前より岸技師五重塔中心柱礎石研究の為め周囲の塵挨を取り除きつつ専心調査の結果、中心柱の下部腐蝕の間より深さ八尺の空井戸なることを発見せられ上部は礎石にあらずして花崗岩を以て三角に組立てあり。古代建築学上の礎石問題の新発見にして尚ほ内部構造調査に歩を進められる予定。」

ところが、その調査の方法論を法隆寺と協議している最中の二月四日に、たまたま法隆寺を訪れた大阪府警察建築課技手の池田谷久吉が、はじめて空洞に入って軒平瓦などを発見したと報じたのです。その報道は、学界や世間を大いに騒がすこととなりました。

法隆寺としては、この空洞に納められている舎利こそが信仰の根本的対象となる秘宝であり、信仰の尊厳が脅かされてはならないと主張したのです。そのような立場から公表することをさけて、秘密裏に確認をすることにしたのでした。四月五日未明には住職の佐伯定胤、関野貞、荻野仲三郎、岸熊吉らが空洞内を調査して、地下の心礎表面の穴から金銅容器に入った玉や唐代の海獣葡萄鏡と金、銀、瑠璃の三重の容器に収められた舎利を発見したのです。

そしてこの調査を行った人びとは、その内容を秘密にすることを申し合せたのでした。ところが、七月下旬になって朝日、毎日などの新聞に舎利が納置されていた状況が掲載され、世の耳目を驚かせます。とくに注目を集めたのは中国唐代の海獣葡萄鏡が納められていたことです。それは法隆寺再建非再建論争において極めて重要な意味をもっていたからです。これによって再建説が有力になったのです。

しかし、この舎利容器に関しては、確実な資料の発表がないままに年月が過ぎることとなります。

そのため、昭和九年から始まった大修理では、五重塔の修理のときに舎利容器の再調査が行なわれるであろうと、期待する人も多かったようです。

五重塔が解体され、再建工事が進行しつつあった昭和二十三年ごろには、文部省の法隆寺国宝保存事業部が法隆寺に対して舎利容器の再調査を申し出ています。同年十月には、文部次官の有光次郎から調査の申し入れが行なわれたのですが、法隆寺としては舎利は信仰の根本であるとして同意せず、この問題は暗礁に乗り上げる形となったのです。

秘宝問題に関する法隆寺の態度は、十二月十三日に開いた一山の会議で定胤がのべた言葉に象徴されています。

『法隆寺日記』（昭和二十三年）

「十二月十三日

一山集議開催之事。塔修理之処心柱下空洞堅牢ならしむるため空洞壁面に石かけ築造の必要これ有り。右工事実行上礎石内安置の埋蔵品を一時外へ取り出し願度旨文部省法隆寺国宝保存課長有光次郎より委員京都羽田亨氏に法隆寺の諒解求め方交渉有度申来れり。（中略）礎石中に埋蔵し有し物品と石かけ工事と何ら関係もこれ無く、埋蔵のまゝ工事施行し得らるべく之を取り出さざれば工事出来難き理由合点出来ず云々陳述せり。（中略）

右様の問題出来来れり　近来研究者の間にて埋蔵品の公開を要求するの声あり、一旦外部に取り出す事あらば次には公開の要求迫り来る恐これ有り。是れは中々重大の問題也　塔の埋蔵品を軽率に公開するが如き事あらば金堂修理の際、伏蔵の公開も亦要求せらるゝの事無きに非ず。塔埋蔵品の外部取出しは其後背にかゝる策動の為なるや亦知るべからず。依而是れは断じて承諾出来難き事なり。」

ところが昭和二十四年一月二十六日には、金堂が炎上するという大惨事が起こったのです。そのようなことから、この問題はしばらく棚上げの状態となりました。そして、五重塔の再建工事もいよいよ立柱式を挙げるところまで進んだために、問題は未解決のまま空洞に砂をつめられることとなったのです。

七　紛糾した秘宝の調査

五重塔の秘宝が公開されないことに不満をつのらせた国立博物館職員組合や日本美術史学会は、法隆寺と文部省に対して善処を要望する声明書を出しています。このことは新聞各紙に報道され、国会でもそのことが質問されるという事態になり、大きな社会問題にまで発展したのです。
文部省は、社会教育局文化財保存課課長の深見吉之助に、法隆寺と協議をすることを命じたのです。そして何回となく関係者の話し合いが行なわれています。そのころ公開を拒む法隆寺にきびしい批判が相次いだのですが、定胤の強い信念は微動だにしませんでした。深見との会談の内容については、昭和二十四年九月二十二日及び二十三日の『法隆寺日記』に次のように記載しています。
「九月二十二日
午後八時過ぎ深見課長入来投宿之事
十時過迄茶話的に色々懇談事可打開案説話なされ共、信仰の尊重、信仰の混乱到底再考の余地これなし。前説を持して動かず。既に信徒決議に基きて陳情書も提出したり。」
「九月二十三日
深見氏と再会談合す
深見氏と談合要点左
深見氏云く、舎利容器安置の穴中に水侵入せるものの如し、銅盤上「コンクリート」にて覆ひあり。「コンクリート」溶解し浸水すとせば埋蔵の金属宝器を腐蝕せしむるに至る。依而此際清掃浄拭し、宝器を「ガラス」内に密閉し浸水と絶縁せしめ、永久に保存の処置を施さなくてはならぬ。これが為め一時外部の浄室に奉遷《ほうせん》有り度し云々。
予云く、是れは必要の事也。実行致度し。

深見氏云く、外部に一先奉遷の機会に信徒代表及び専門の学者五、六名に限り拝礼許るされては如何。非公開の下に拝礼許るさること出来ぬか。又学者の人選も寺側に於て決められて然る可し。

予云く、事重大也。信徒総代と協議決定せん。」

このような定胤と深見との協議のもとに、信仰の立場を尊重することを第一義とする、との認識の上に立って調査を行なうことで合意したのです。これによって秘宝問題は解決へと向ったのでした。

九月二十六日午前十一時に双方の合意書が発表されました。

「発表（昭和二十四年九月二十六日午前十一時）
一、法隆寺国宝保存事業部より五重塔礎石内の宝器の埋蔵状況は必ずしも完全でなくこのままに奉安することは浸水等のため宝器を損ずる恐れがあるからこの際内部を清掃した後、厳重に密封して宝器の保存に万全を期したいとの申出であったので法隆寺当局は右申出を諒承し、今回宝器を一時寺院内奉遷安置することとした。
二、宝器奉遷中の適当な時期に寺院より専門学者に依頼して宝器の清掃を行なうと共にその機会に信徒代表及び右の学者に対して奉拝を許すこととする。
三、宝器の状況については調査報告書を文部大臣に提出する。右報告書の学界に対する発表の時期方法等については別に文部大臣が法隆寺住職と協議して決定する。
以上
昭和二十四年九月二十六日」
また、文部大臣の高瀬荘太郎は次のような談話を東京で発表しています。
「学問の探究はもとより必要であり、また、宗教の尊厳は犯すべからざるものであります。学者が研究のためには信仰を無視して顧りみず、宗教家が宗教の神秘を偏重して学問の自由を排するとすれば、それは文化国民として共に取らざることであります。

幸に秘宝を奉拝する機会を与えられましたことは、日本文化のため重大な意義あることであり、学術のためにも感謝に堪えぬところであります。」

この秘宝の奉遷は十月三日午後十一時から行なわれました。舎利容器は法隆寺の鵤文庫に納められ、奉拝する学者は羽田亨（京都大学名誉教授人文科学研究所長・歴史）、岸熊吉（元法隆寺国宝保存工事事務所長・建築）、梅原末治（京都大学教授・考古学）、石田茂作（国立博物館列品課長・仏教考古学）、藤田亮策（東京芸術大学教授・考古学）、小場恒吉（東京芸術大学教授・工芸文様）でした。そしてその調査補助員として、福山敏男（国立博物館付属美術研究所員・文献・建築）、丸山義男（東京芸術大学教授・鋳金）、山脇洋二（東京芸術大学助教授・彫金）、小林行雄（京都大学助手・考古学）、加藤義行（彫塑家・石膏）が参加することとなったのです。

調査と清掃は十月十七日から二十日までの四日間にわたって厳重に行なわれました。十一月二十八日に宝器を納めるガラス製外容器の完成をまって、心礎にある舎利孔に奉遷したのです。

この秘宝調査の内容は昭和二十九年三月法隆寺国宝保存委員会編の『法隆寺五重塔秘宝の調査』に詳しく記載されています。

八　献納宝物一部が下賜

法隆寺では、明治九年に、寺門復興のために苦渋の道として宝物の献納を願い出たことは、すでに紹介したとおりです。しかし、法隆寺ではそのご裁下を得ないうちから、宝物の一部下戻しを申し出ていたのです。明治十年十一月に提出した宝物の一部返還願いとは、献納を願い出た宝物の中から衲袈裟・御手印・朗詠集・当寺古印・七曜剣・仏名経・御沓・毘沙門古面・嘉元記・別当記・古今目録抄・寺要日記・香筥陶筥を献納目録から除外してほしいというものでした。それらは法隆寺にとって必要な宝器であるから、ぜひとも献納目録から除いていただくように願い出たのです。しかしそれは、献納のご裁下とともに却下されています。

その後、明治十八年一月に、御沓・七曜剣の模造御下付願を提出したのですが、それもふたたび却下されました。明治三十九年三月二十九日に、あらためて御沓と七曜剣の御物模造願を提出し、やっと同年四月二十二日に許可が下り、翌四十年にその模造を作ることとなったのです。

ところが昭和四年七月に、御物管理委員の一人であった博物館総長の大島義脩が「法隆寺献納御物保存之件」と称する案件を御物管理委員会の関屋貞三郎委員長に提出しています。その中に「太子御像付属の御沓・金堂天部像付属の剣は本像と不可分のものなるをもって法隆寺に下付せらるる様詮議ありたきこと。」という注目すべき事項がありました。そのころ沓と剣は法隆寺へ戻すのが適当であるとする考えがあったことがうかがえます。

しかし、第二次世界大戦への突入もあり、大島総長から提出された案件は具体的な動きをみせることなく、終戦を迎えたのです。

昭和二十二年五月には、帝室博物館が国に移管されて国立博物館と改称することとなりました。それまで帝室博物館に保管されていた法隆寺献納御物は、宮内庁の許を離れて、国の所有となったのです。

そのことを知った法隆寺では、「あの宝物は皇室に献上したので国へ差しあげたのではない。皇室で保管ができないなら返上してもらいたい。」という意味の返還要求書を宮内省へ提出したというのです。

そのときの事情は石田茂作の『法隆寺献納宝物の由来』（とみのおがわ4　聖徳太子奉讃会発行）に詳しく述べられています。

「○終戦と法隆寺献納御物

戦時中各地に分散疎開していた帝室博物館の陳列品も終戦によってふたたび上野の古巣にもち返られた。そして帝室博物館は昭和二十一年五月付で国家に移管され国立博物館に改称されたまではよかったが、これまで帝室博物館として、その管理の実際を担当して来た法隆寺献納御物と正倉院御物に問題が起こった。この二者は帝室の御物として当然宮内省に帰属すべきものと思っていたところ、マッカーサーの指令により、皇室財産の枠がきめられて来た。その為正倉院御物と法隆寺献納御物について、大至急時価を提出せよといって来た。これは全く乱暴な話だがやれといわれるから仕方がない。せり売りの時価のようなものを正倉院御物と法隆寺御物の一つ一つにつけて出した。

ところが宮内省で計算したところが、その総計は皇室財産を遥かに上廻る。そこで私に宮内省から呼出しがあって、宮内省としては正倉院御物と法隆寺御物とはともに皇室財産として残したいのだが、四囲の事情はそれを許さない。どちらかを手放さねばならないが、どうしたものかと相談があった。私はいろいろ考えた末、世の中では正倉院は国家管理に移すべきだという説もあるが今のところこれだけは宮内省でもっておいて貰いたい。法隆寺献納御物の方は博物館でお預りしてもよいからという事で、遂にその通りになった。

ところがこのことが新聞に発表されると、早速法隆寺から宮内省へ返還要求書が提出された。文の内容は「あの宝物は皇室に献上したので国へ差上げたのではない。皇室で保管ができぬなら返して貰いたい。」という意味であった。これには宮内省も返事に窮した。実はその前大島総長時代（昭和の初め）聖徳太子奉讃会理事正木直彦・黒板勝美氏等を通じて、宮内省へ献納御物を法隆寺へ返して貰えまいかという内交渉があった事があるが、その時は、献納御物といっても当時壱万円という大金を御下賜になっていること、そして今は皇室財産として組入れられてあるからといって断った。ところが今度は話が違う。皇室で保管できないので国に渡すというなら寺に返して貰いたいとの申し出は筋が通っている。

当時、国立博物館長は安倍能成先生であった。従来宮内省に預り書を出して借りていたものが、公然博物館のものになるといって喜んでいただけに博物館としても驚いた。安倍先生は私を呼んで「君は法隆寺と親しいようだから、行ってうまくやって来て呉れ。」との事であった。私は困った。親しいだけに困った。どう話をもち出そうかと交渉の前夜はまんじりともできなかった。当って砕けよ、誠意を以ってすればまんざらでもあるまいと、法隆寺本坊の奥座敷で佐伯定胤老師と二人きりで話し、私は法隆寺献納御物は見方によれば正倉院御物以上である。正倉院御物は奈良時代のものが主であるが、法隆寺献納御物は飛鳥時代のものが主である。だから今すぐというわけには行かぬがゆくゆくは博物館内に献納御物だけの宝庫を造って、正倉院同様に保存の万全を期するつもりだから、博物館への移管を認めて貰いたいといったら、老師は「ウン、ウン……。」と聞いて下さって、「だが石田君ナー、あの中に五重塔の伏鉢があるがあれは今度の五重塔の修理で使えたら使いたいと思う、それと聖霊院のお太子様の沓、金堂四天王の剣、あれは展観のとき無理にもって行ったものだから、あれだけ返して呉れ、そしたらあとは君にまかせるわ……。」

とのことで私はやれやれと思った。

帰って安倍先生に報告したが、異議のある筈はなかった。宮内省へも報告していよいよ博物館へ引継ぎになった時、

阿佐太子の御影　太子親筆法華義疏
木画箱　八臣瓢壺
青磁牡丹浮文花瓶　刀子三合並漆皮箱
沢瀉威鎧鵲雛形

の七点は皇室関係のものだから、宮中に残したいと申し出があり、それらを除いた総べてが国立博物館の有になったのである。よって此の時を以って法隆寺献納御物の名は消えて法隆寺献納宝物と称することになった。」

しかし、法隆寺の記録の調査をしても石田茂作が記しているような返還要求書というものを見たことはありません。定胤が書いた『法隆寺日記』には、五重塔の解体修理に関連して、露盤のご下賜をお願いすることに至る事情が記されています。

昭和十七年一月八日から五重塔の解体に着手して、終戦時には初重を残すのみとなっていました。いよいよその再建にかかったのは昭和二十一年のことです。かつて五重塔に使われていた露盤は、江戸時代に降ろされて保管していたものを明治十一年に皇室へ献納していたのです。そして塔には江戸時代に新鋳した露盤が使われていたのでした。

そこで、今回の五重塔の解体修理にあたって、法隆寺や修理工事事務所では、献納している露盤を是非とも下戻しいただいて、五重塔に再使用したいと考えるようになったのです。

そのような意見が高まっていた昭和二十一年の九月一日から十日間、奈良帝室博物館で「法隆寺献納御物金銅仏展及東京帝室博物館名画特別展覧会」が開かれたのです。二日には法隆寺の寺僧たちが出向いて「献納御物金銅四十八体仏供養会」を厳修しています。

その年の九月三十日に奈良帝室博物館館長の藤井宇多治郎が四十八体仏供養会の謝意をのべるため法隆寺を訪れたのです。そのとき定胤は藤井に対して、「五重塔の修理に際してぜひとも露盤のご下賜を願いたく、東京帝室博物館安倍能成総長にお力添えをいただきたいものと思っております」と相談しています。

それに対して藤井はつぎのように答えたといいます。「それはきわめて有意義なことであり、ぜひともご下賜いただきたいものです。安倍総長は来月十二日に奈良へ来られるので、そのことについて相談をいたしましょう。そのおり、ぜひとも、法隆寺へも参詣されますようお勧めを申しあげたいものです。」と。

十月十二日には、東京から帰ってきた工事事務所技師の浅野も「露盤恩賜願い出のことを文部次官に申しあげたところ、文部次官からも宮内省へお話をいたしましょう、とのことでした。」と定胤に報告しています。

このように露盤ご下賜のことは、五重塔の修理に関連して可能性を増すこととなったのです。

同月二十三日には、東京帝室博物館監査官の石田茂作から、安倍総長が法隆寺を訪れられる旨の連絡があったのです。二十七日に安倍総長が来山され、石田茂作鑑査官が同伴したのです。

定胤は安倍総長に対して次のように依頼をしています。

「五重塔の古い露盤は献納御物となっていますが、このたび塔の大修理に際し、御物の露盤を元のように塔上に荘厳いたしたく恩賜をいただけぬものかと思いなやんだ結果、ぜひとも、総長にお力添えをご依頼いたすよりほかないと考えた次第であります。なにとぞお力添えをいただきますようによろしくお願い申しあげます。」

それに先立って、藤井奈良帝室博物館館長や石田鑑査官からも、すでに総長に対してそのことが話されていたのです。総長は即座に、宮内省に話をすることを快諾され、さらに総長は、つぎのように述べています。

「露盤以外にも、太子像の沓や四天王の剣のように本体より離れている献納御物も、この際ご下賜を願い出てはいかがでしょうか。それらもぜひ、法隆寺に下戻しされ、本体に具備すべきものであり、即刻その品目を調査されることを望みます。」と。

定胤は、そのようなありがたい総長の意見にただただ感謝して「萬々宜敷願上旨依頼のこと」と、その日の『法隆寺日記』に記しています。

十一月七日にも石田鑑査官が定胤を訪ねて、露盤の件について具体的にいろいろと相談をしています。そして安倍総長が九日に奈良に来られるので、そのときにふたたび面談することになります。そして九日、石田鑑査官から定胤に連絡があり、総長への面会は十一日午後二時に決まりました。

十一日、定胤は奈良帝室博物館で石田鑑査官と合流し、総長の泊っている東大寺の観音院を訪れて面会しています。そのとき総長は定胤に対して、つぎのように語っています。

「露盤下賜のことを宮内次官に相談したところ、同次官もそのことに同意され、さらに四天王剣と太子像の沓もこの際下賜されるべき旨の話であった。」と。

そのとき定胤は、二通の依頼書を手渡しています。

「①目録

献納御物

一　露盤　銅製一口

法隆寺五重塔相輪に使用せしもの

②目録

献納御物

一　剣　銅製　二振

法隆寺金堂内安置　四天王像の持物なり

其一に七曜の鏤刻あり

一　沓　木製漆を塗る　一足

法隆寺聖霊院本尊聖徳太子尊像の御前に安置せしもの

一　聖徳太子御絵伝　五隻

法隆寺絵殿の本尊として殿内五間に貼付けありしもの

一　商山四皓及文王呂尚図　六隻
　　法隆寺舎利殿障子に貼付けありしもの」

そして、この日の『法隆寺日記』に、つぎのように記していました。

「何卒々々萬々宜敷願上旨懇頼辞去事」この文面から定胤の切なる願いの様子がしのばれます。しばらくはご下賜に関する動きはありませんでしたが、その年の十二月十七日、帝室博物館から定胤のもとに一通の書状がとどけられたのです。

「粛啓　時下益々御清穆之条奉賀候
陳者　先般貴寺献納御物中一部返還相成度儀に付安倍総長に御申出の趣在御物中
一　露盤　一口
一　剣　二振
一　沓　一足
は御還付相成こととし
一　聖徳太子御絵伝　五隻
一　商山四皓及文王呂尚図　六隻
は御物としてそのまま納相成ことと致度存候。貴意一応御伺申上候。御同意に候はば、前記三件還付相成様当方に於て手続申度候。右様に候はば宮内省手続上右三件還付方簡単にて宜敷候間。宛名を記せざるもの一葉当方迄御提出願度候。此段御伺申上候。頓首
帝室博物館経理課長　富士川　金二

佐伯管長閣下侍史」

この文面からもわかるように、宮内省との相談によって、露盤・剣・沓の三件は下付することとなったが絵殿・舎利殿の屏風の御物はそのままにしたいというものでした。これに法隆寺が同意をするならば、博物館で三件の下付手続を早急に行なおうというのです。

この返事に対して、定胤は大満足の意を『法隆寺日記』に記しています。

「右之通　願意成就難有御事に不堪　謹みて恩謝奉申上者也」

定胤はさっそく、恩賜許可願書を調製し、帝室博物館へ依頼書を添えて郵送したのです。藤井奈良帝室博物館館長や石田鑑査官などへも尽力に対する謝意の礼状を送っており、定胤の喜びの様子がしのばれます。

翌二十二年四月九日に石田鑑査官が定胤を訪れて露盤・剣二振・沓の返還の御裁下があったことの報告があり、御物拝受の方法などを打ち合わせました。

四月二十七日に正倉院開封に安倍総長が訪れていたので、定胤は面談のため奈良帝室博物館に出向いて謝辞を言上しています。「御物ご下賜のご裁下は、まさに総長のご尽力の賜にほかなりません。」と。そして御物の荷作り、運搬方法について、石田鑑査官と打ち合わせたのです。

五月二日に定胤は御物を拝受するために執事を上京させ、同月五日に執事は石田鑑査官とともに、宮内省で宮内省長官、侍従長、侍従次長にお礼を申し上げています。そのときに、宮内省から次のような沙汰書を拝受したのです。

「一　七曜銅剣　　弐振
一　沓　木製漆塗　壱足

一　露盤　　　壱口

右このたび貴寺に現存する大体の美観尊厳を発揮せしめるため思召をもって賜わりました。

昭和二十二年五月二日

宮内大臣　子爵　松平慶民

法隆寺住職　佐伯定胤殿」

定胤は執事からの報告を得て、すぐさま宮内府長官・宮内府次長・宮内府侍従長・同侍従次長・安倍総長にお礼の書状をしたためています。

「粛啓　新緑如涌之砌弥々御清穆被為遊慶賀奉申上候。陳者這度献納御物中参点。思召を以て御下賜之光栄に浴し奉り、誠に難有恩謝之至りに不堪奉存候。謹みて聖旨を奉体仕永く現存本体の尊厳を発揮せしめ可申奉存候。

右御礼奉申上度如是御座候　　　敬具

昭和二十二年五月八日」

この宝物ご下賜について、奈良県知事野村万作にも届書を提出しています。そしてその日の『法隆寺日記』に、つぎのように記しているのです

「午前十時山内大衆へ御物恩賜御沙汰書拝見せしめ了。一同感激無極。御品物到着後、宝前に相備供養法要執行、併せて一般に拝観せしめ度一決事。」

この文面からも、ご下賜に対する感激ぶりがうかがえます。

五月二十八日にいよいよ国立博物館から御物が到着。翌二十九日早朝から伊東忠太・大岡実・浅野清など

の立合いのもとに荷物を解いて、御物を拝見し、宝蔵殿南倉の蔵に納めたのです。

七月六日午前十時から献納御物恩賜奉告法要を三経院で修行しています。そのころ聖霊院は解体修理中で、本尊聖徳太子像が三経院に仮安置されていたためでした。その日は多数の参詣者があり、午後三時ごろまで御物を拝観するために多くの人びとが群参して、法隆寺永年の念願が成就した喜びにわきかえったといいます。

このように、御物の一部ご下賜のことは、五重塔の解体修理に際して、献納御物中にある露盤をご下賜いただければとの願いが発端となって実現したものでした。それは献納御物すべてのご下賜を願い出たものでないことだけは確かです。しかも、戦後の変革による皇室財産の整理に関連して、献納御物のほとんどが宮内省から東京国立博物館（昭和二十二年五月に帝室博物館を国に移管して博物館とした）に移管されようとした時期でもあり、国有となるまでに法隆寺が希望する御物を下賜しようとの関係者の配慮があったように思われます。石田茂作が記している宝物の返還要求というものはどこにもみられないのです。まことに不可解なことです。

昭和二十四年六月、皇室に保管されている聖徳太子及二王子像・法華義疏・木画箱・八臣瓢壺・青磁牡丹浮文花瓶・刀子三合并漆皮箱・沢瀉威鎧雛形を除く献納御物は、すべてが国有となり、そのときから法隆寺献納宝物と改称されることとなりました。

なお、ご下賜になった露盤は修理の都合によって、再使用をすることはできませんでした。それは五重塔の五層目の勾配を古い時代に復元することができなかったからです。

九　金堂壁画の炎上

法隆寺の金堂壁画を描いたのは誰なのでしょうか。最も古い記録は平安時代の末に記された『七大寺日記《しちだいじにっき》』に見られます。それには「鞍造部《くらつくりべ》の鳥《とり》」が描いたとあります。

鞍造部の鳥とは、止利仏師《とりぶっし》ともいい、法隆寺金堂のご本尊である釈迦三尊像を作った、飛鳥時代を代表する仏師として知られています。

この『七大寺日記』の記録から、壁画を描いたのは鞍造部の鳥とされ、その伝承は明治時代の中期まで踏襲されているのです。

ところが、明治二十八年に発行された鳥居武平の『法隆寺伽藍諸堂巡拝記《ほうりゅうじがらんしょどうじゅんぱいき》』には「伝曇徴《どんちょう》筆」と記しています。金堂の壁画を描いたのは曇徴であるとする伝承がはじめて登場してくるのです。曇徴は推古十八年（六一〇）三月に高句麗より来朝して法隆寺に住んでいたといいます。とくに彩色技術や紙・墨などを伝えた人物として有名です。

どうして、明治時代になってから止利仏師から曇徴へと変化して行くのでしょうか、ここには新しい伝説が生れる過程として大変興味深いものを感じるのです。

しかし、金堂の壁画は七世紀の末期ごろに描かれたというのが昨今の有力な説となっています。もし、その説が正しいとすれば止利仏師や曇徴が描いたという可能性はなくなります。

おそらくこの壁画は、止利仏師や曇徴をはじめ、天寿国曼荼羅繍帳の作成を指導した東漢末《やまとのあやのま》賢《けん》・漢奴加《あやのぬこか》已利《こり》・高麗加世溢《こまのかせい》・椋部秦久麻《くらべのはたくま》といった人びとの影響を受けた技能者たちの手によって描かれたのでしょう。

残念ながらこの美しい壁画を描いたのは誰か、決定的な固有名詞を挙げることは永久にできないのではないでしょうか。

古い時代には、金堂の内陣へ入ることが許されたのは、一部の寺僧と特別の人びとに限られていたと伝えています。この美しい壁画の存在が一般的に知られはじめたのは江戸時代の中ごろからです。それは法隆寺が伽藍修理の浄財を得るために元禄三年にご開帳を行ない、それまで閉鎖的であった金堂を公開したことに始まります。

はじめて崇高な壁画に接した参拝者たちは、その美しさと荘厳さに驚嘆したことでしょう。やがてその壁画の模写が行なわれるようになります。

記録に見られるものとしては、幕末の嘉永五年（一八五二）に法隆寺を訪れた浄土宗の高僧養鸕徹定が、侍者の祐参《ゆうさん》に命じて模写させていたものが最も古いといわれています。それは今も甲州の放光寺に所蔵されているのです。

やがて明治の初期から町田久成や岡倉天心、アメリカのフェノロサなどによって法隆寺の仏教美術の素晴らしさに注目され、広く世界に知られることとなりました。明治十七年には、金堂の壁画は貴重な遺産であるという理由から、帝室博物館の備品とするために画家の桜井香雲《さくらいこううん》に模写をさせています。

このときに模写されたものが現在も、東京国立博物館に所蔵されているのです。このように金堂壁画は次第に、世界的至宝として多くの人びとに認識され、親しまれるようになったのでした。

近代日本美術界の重鎮として知られる岡倉天心は、法隆寺の偉大さを最も早く提唱した人物でもありました。明治十七年にアメリカのフェノロサやビゲローを伴って法隆寺を訪れ、夢殿のご本尊救世観音像をはじめて開扉したというエピソートは有名です。

天心が「法隆寺会」の設立を提唱したときに、その第一歩として金堂壁画の保存を強く訴えています。明治三十年に古社寺保存法が施行されたとき、すでに壁画の保存が検討され、壁面にガラスをはめ込もうという計画も持上がっていました。

しかし、この計画は、壁画をガラスで覆うことによってかえって壁面を害するとして中止となったのです。大正二年に、天心は文部省に対して「壁画保存研究会」を設置するように発案をしました。その提案に呼応して、文部大臣と宗教局参事官が壁画を視察するために法隆寺を訪れています。

ところが天心は、志半ばの大正二年九月に急逝したのでした。しかし、その強い意志は受け継がれ、やがて「法隆寺壁画保存方法調査委員会」の設置、そして壁画の模写へと受け継がれます。

昭和十四年に金堂の解体修理を目前に控えて、とりあえず壁画の忠実な模写を行なうこととなりました。まず、模写を担当する荒井寛方、中村岳陵、入江波光、橋本明治の四画伯が選出され、一年間で完成すると

【図23】金堂修正会と著者

いう計画のもとに、翌年の秋から模写の作業がスタートしたのです。

しかし、あの薄暗い堂内で壁画を綿密に模写することは非常に困難な作業でした。堂内の照明をどうするかが大きな問題になっていました。やがて、一つの妙案が浮び上がります。それは蛍光灯を使用することでした。そのころの蛍光灯は、潜水艦などで使用されていた秘密兵器の一つであったともいわれています。それが軍事ではなく、文化面で実用化されたのでした。

薄暗い堂内の壁画を鮮明に写しとるために、同十五年の夏には蛍光灯（蛍光放電灯と呼ばれていた）がはじめて実用化され、その明るさによって浮び上がった壁画の美しさに画伯たちは驚嘆の声をあげたといいます。あの戦時体制下にあって、まことに明るい話題であったにちがいありません。

そのときに使用していた蛍光灯も昭和二十四年の火災によって焼損しましたが、法隆寺の書院用として造られたスタンド式の蛍光灯は今も健在です。日本で最も古い蛍光灯として、東芝資料館に保管されています。

画家たちは法隆寺の境内や近くの民家に寄宿して模写作業に従事していましたが、戦局はますます厳しくなっていったのです。

そのころ、井上靖が記者として取材のためによく法隆寺へ足を運ばれていました。そのとき井上は、模写に従事していた荒井寛方から「形あるものは亡びますよ」という言葉を聞かされたことを披露されたことがありました。

その言葉は、私も、荒井が話されていたということを師匠の佐伯良謙から聞いた記憶があります。私には荒井が語ろうとされた言葉の意とするところがどこにあるのかわかりません。荒井は、かつてインドのアジャンター石窟寺院に遺る壁画を模写されたこともあり、数々の豊かな経験の上に立ってそのような思いが生れたのか、あるいは私たちにはわからないもっと深い意味が込められた言葉であったのか、今となっては、その真相を知ることはできません。

私はこの話を聞いて「財物は亡び易くして永く保つべからず、ただ三宝の法のみ絶えずして、以って永く伝うべし」との太子の尊い言葉を思い出します。不幸にも、荒井の言葉は数年後に現実のものとなり、金堂出火という悲劇の日を迎えるのです。模写の作業はなかなか思うように進行せず、昭和十六年の末ごろから、病気などの理由から辞退する画伯も現れ、模写事業は暗礁に乗り上げつつありました。

金堂の解体も目前に迫っており、昭和十七年に、模写陣の強化が計られましたが、戦局の悪化と、壁画の模写に参加している人びとの召集もあり、自然休止の止むなきに至ったのです。

昭和二十年八月十五日の終戦により、徐々に境内も活気を取り戻しつつありました。昭和二十二年に壁画の模写は再開され、一刻も早い完成がまたれていた矢先の昭和二十四年一月二十六日に、金堂出火という大惨事が起こったのです。

その悲惨な出来事については、焼損した壁画の前で合掌する定胤の写真と、『法隆寺日記』の記事にすべてが語られているように思います。

「昭和二十四年一月二十六日（水）快晴
一　金堂火災之事
早朝六時□分ころ修理工事事務所の「サイレン」鳴る。普通の鳴らし方にも、非常警報の鳴らし方に非ず。

然る処、金堂出火の報あり。貫首以下一同打驚き、慌ただしく伽藍に走り到る。此時火は炎々として屋上に吐き出あり、消防隊は当地及び隣村より続々駆け着けて、ホースを取付けつつありたり。貫首は直に金堂内陣に飛び込まんとせしも衆人大に危険なるを見て「あぶない」と叫び皆々抱きかかへて階段に連れ下ろしたり。」

宮城県の専念寺住職徳力祐憲からの火災の見舞に対する定胤のお礼状には、つぎのように記しています。

「修理復興候えば、外観は何の異状もこれ無く、一千三百年のままのすがたに相成り申すべく存じ候。ただただ内陣の柱だけ新材になり取り替えらるる程度に御座候。しかしながら最も取り返しの付かぬ事と相成り候は壁画の焼損にて、誠に痛惜の感に耐え申さず候。全く文部省の壁画模写役人の不注意怠慢の結果の事、ここに至りしものにこれ有り。文部省として大いに責任を自覚し、なるべく速急に復興すべき案を立て、すでに工事に着手致し居り申し候。三年もしくは四年間に成功出来申すべしと存じ候。

何と致しても太子の聖慮を籠められたるこの聖堂、一朝かかる災害に罹りし事、いつに野老不徳の致す所、誠に恐懼の至りに堪えず罷り在り候。」

これらの記録には、法隆寺や工事事務所の動揺ぶりがリアルに記されています。その後、焼損した壁画と金堂下層の軸部は永久に保存するために樹脂で固められ、終戦直後としては最善の科学的処理がなされたのでした。

その大惨事から二十年が過ぎようとしていた昭和四十年に、朝日新聞社から金堂壁画の再現事業計画が法隆寺へ提案されたのです。それは、昭和の時代に失ったものは昭和の時代に再現しなければ、という多くの人びとの意見にもとづくものでした。

法隆寺でもその再現事業に積極的に取り組むことを決断したのです。昭和四十一年から一ケ年で完成させようとする計画のもと、安田靫彦・前田青邨・橋本明治・吉岡堅二を中心として、平山郁夫ら新進の画家たちも、この世紀的な事業に対して献身的な努力を重ねられたのでした。

当初の計画通り、昭和四十二年に昭和の再現壁画が完成しました。それらの壁画は全国各地で披露されたあと、金堂の壁面に収められて今日に至っています。

一〇　聖徳宗の開宗

第二次世界大戦後の大改革に伴い、平和国家をめざす日本の指針として聖徳太子の和の精神が唱えられるようになります。そして定胤はいっそう太子信仰の高揚に力を注ぐこととなったのです。

定胤は、昭和二十五年三月末日を以って法隆寺住職を引退し、長老となりました。しかし住職引退後も定胤は、法隆寺が法相宗から離脱することを決断し、新たに聖徳宗を開宗することに、大いなる意欲を抱いていたのです。

後任住職に就任した佐伯良謙は、かつて興福寺と清水寺の住職であった雲井良海の弟子で、明治二十五年から大西良慶、板橋良玄とともに、定胤に従って法相教学を研鑽し、人びとから「法相の三良」と呼ばれた学僧の一人でした。

明治四十三年からは勧学院の講師であった定胤の次席者として助講師と呼ばれ、定胤にかわって「因明」

などの講義をしていたのです。因明学（インドの論理学のこと）においては定胤を凌ぐものがあったとさえいわれています。

ところが、良謙が管主に就任した年の九月二十二日に法隆寺本坊で開いた信徒総代会の席上で、定胤から驚くべき発言がなされたのでした。

「年来野老の所見開陳す。法隆寺は聖徳太子を御開祖、御開基と仰ぐ所也。太子の大乗一仏乗教を以て本寺の宗教とする所也。其教義は法相宗の三乗真実の教理とは全然正反対なり。（中略）依而断然法相宗を離脱し、別に新宗教設立すべきなり、此際実行すべきと信ず云々。」

この定胤の発言は、良謙にとって寝耳に水の話であったといいます。

ちょうどそのころ、宗教法人法が国会で審議されることとなり、その内容が歴然としないままにさまざまな憶測が流れていた時期でもありました。定胤は宗教法人法が施行される前に是非とも念願を実行に移したいと考えて、独立を急いだようです。

そのとき出席していた信徒総代の一人が発言を求めて、これは現管長にもご意見あると思われるので、しかとご熟議ありたき旨の意見を述べられ、その日はそのまま散会となったのです。ところが定胤は信徒各位が賛同したものと理解して、その日の『法隆寺日記』に、つぎのように記載しています。

「信徒各位はそれは、尤もの事なり。宗教法発布迄に実行可然。」

良謙は、興福寺住職の板橋良玄や、清水寺住職の大西良慶と、聖徳宗開宗についてその対応をいかにすべきかを話し合うこととなります。

しかし、聖徳宗独立の準備は、定胤の考えのもとで着々と進行していました。十月二十日には地元信徒総代会を開き、十一月十二日に開催する法相宗の宗会の席上で、法相宗との離別を宣告し、それに協調して信徒総代からも独立を熱望する発言を行なう、といった詳細なことまで打ち合わせが行なわれたのです。そして、十一月十五日に聖霊院で聖徳宗独立奉告式を行なうことを決定をしたのでした。

すでにそのころには、法隆寺が独立することは公然の秘密というより、すでに公表された形となっていたのです。十月二十一日付の中外日報には、「法隆寺を太子様に戻せ」「宗派学問から解放せよ」「独立の原因」といった記事があり、二十四日には「法隆寺復原」と題する論説までが、独立を促すかのように掲載されていたのでした。

十一月十二日の午前中に信徒総代会を開いて最終の打ち合わせを行ない、午後から法相宗の宗会が開かれました。しかし、興福寺と薬師寺の住職はいずれも欠席し、両寺の執事二名のみが出席しています。これは宗会で独立が宣言されると予測したために両寺の住職が出席を取りやめたのでした。しかも法相宗管長であった良謙は数日来の風邪ということで宗会には出席せず、管長及び本山住職欠席のまま異例の宗会が開かれたのです。

定胤は、法相宗から独立して聖徳宗を開く理由を陳述して両寺の承認を得たいと申し入れたのです。それに対し両寺の執事たちはともに住職に報告して、ご返事を申し上げるということで、そのまま散会となりました。

翌十三日は法相宗の大法会でありますす慈恩会の当日です。その年は法隆寺で修行することとなっていたのですが、興福寺と薬師寺からの出仕がないままに慈恩会を修行しています。

そして十一月十五日に聖霊院で独立奉告法要を執行したのです。それは極めて簡素な法要で、定胤が奉読する奉告表白文が主たるもので、参列者は信徒総代と工事事務所長、末寺総代だけでした。

　これによって良謙は法相宗管長を辞任して聖徳宗管長に就任することとなりました。定胤は多くの人びとからの開宗についての理由の問い合わせと、祝意の書面に対する応対に多忙を極め、十八日には聖徳宗開宗についてラジオの取材などにも応じています。

　そして子院や末寺の転宗手続きなども行なわれました。とくに十二月十日には法輪寺の入宗、また中宮寺の入宗もあり、定胤はそれ以外にも、この開宗に呼応して入宗を希望する寺院があるものと期待していましたが、中宮寺と法輪寺以外はいずれも実現していません。

　昭和二十六年三月四日に改めて聖徳宗独立開宗奉告式を執行することとなり、午前十一時から聖霊院で厳修されました。

　式典には、知恩院管長、仁和寺管長、西大寺管長、四天王寺管長、東大寺代表、中宮寺・圓照寺門跡をはじめとする四〇〇名の来賓が参列し、特別来賓に対して定胤は、丁重なる挨拶を行なっています。

　そして定胤は聖徳宗独立開宗奉告表白文を奉読したのです。

　参考までに、独立に対する定胤の気迫と、法相宗と聖徳宗の教義の相違を知っていただくために、定胤自らが書いた独立の理由書を、原文のまま紹介しておきたいと思います。

　「我法隆寺は飛鳥の朝聖徳太子が佛教修行の道場として又新文化研究の學問所として創立ましました聖蹟でありまして聖徳太子を御開祖と仰ぎ奉り教主として居るのであります。太子は深く佛教の幽微を研學され佛教中に就いても小乗佛教は悉く之を篩ひ落し唯只最高たる大乗佛教のみを採用し大乗經中に於ても幽玄遠大なる法華經、勝鬘經、維摩経の三部を選擇し躬ら之を講説し、且つ法華義疏四巻、勝鬘義疏一巻、維摩義疏三巻合八巻の註釋を著述され支那にも見る能はざる日本的の大乗教義を組織し以て國民思想の根本聖典となし日本の教育源流の基礎を立てられたのであります。

太子の佛教は一言に要約して之を言はゞ大乗一佛乗教と稱するのである。此の教義を大理想として十七憲法を制定し、和を以て貴しとせよ、篤く三寶を敬せよと宣言され、國民道徳の眞諦とされたのでありま す。即ち太子の教義は萬善成佛、佛壽無極の洪益を覺り得るを大目的となし一切の人類は其の人格平等にして一人としても成佛し得ざるもの無しとするのであります。是が我が法隆寺に於ける太子の日本的の宗教であります。

然るに奈良朝に及んで支那より新たに法相宗傳来し天下を風靡し我法隆寺も亦之を唱ふるに立ち到つたのである。法相宗は五姓各別の義を論じて人々の人格に自然的差別ありとして成佛し得るものと成佛し能はざるものとあり、即ち三乗差別を眞實とし平等一佛乗を方便なりと主張するのであります。是れ我聖徳太子の教義とは全然正反対にして一致せないのであります。

我等法隆寺の學徒たるもの若し法相宗の教義に従はん乎、聖徳太子の垂示に背くを奈何にせん。若し又太子の説を奉せん乎、法相の理論に悖るを如何にせん。彼此懸隔天地も啻ならざる觀があるのでありま す。信仰の歸趣學究の司針左支右吾甚だ以て艱みとせし處であります。

蓋し一千有餘年間興福寺別當職制度の政治的勢力の壓する所進退の自由を制約せられ因襲今日に來つたのである誠に慨然たらざるを得ないのであります。然るに今や隠忍自若舊に依り晏如たる能はざるものあり茲に於て乎。我本末寺の学徒及信徒ともに議し挙りて蹶然として奮ひ起ち法相宗の羈絆を離脱し露堂々と獨立を宣言し新たに聖徳宗を立教開宗する亦自然の表現にして苦衷の存する所萬止むを得ざる次第であります。

昭和二十五年十一月十五日」

しかし、独立の理由書に記しているように、法隆寺が興福寺の別当職の支配を受けるのは室町時代ごろまでであり、明治十五年に法相宗として独立してからはむしろ法隆寺が興福寺などを兼務する時代もあったのです。その意味からは表白文の文言には少し過剰な表現があるように思われてなりません。

いずれにしても、法隆寺は聖徳宗となったのでした。

[第七章] 昭和資財帳から法隆寺学へ

一　資財帳の編纂を提唱して

太子の一千三百五十年の御忌（昭和四十六年）の記念として、大宝蔵殿の北倉で開催した『法隆寺聖徳太子尊像展』が好評でした。やがてその実績を踏まえつつ、一つのテーマに焦点を合わせた『法隆寺秘宝展』を毎年の秋に開くこととなりました。それによって今まで未整理であった寺宝も徐々に整理されはじめたのです。

ちょうどそのころ『奈良六大寺大観』の編纂の最中で、その調査に立ち合う絶好の機会にも巡り合いました。そのようなことから、多くの研究者たちの近くでその謦咳にふれたことは私にとってまことに幸いでした。

そのようなときに、奈良文化財研究所発掘調査部長の坪井清足さんとお会いする機会があったのです。坪井さんからは「飛鳥時代から現代までの瓦が現存している法隆寺の古瓦の完全な調査を行なって将来は重要文化財に指定すべきである」といったお話がありました。小僧のころから古瓦には格別の興味を抱いていたこともあり、是非ともご指導とご協力をお願いしたいと懇請したときの興奮を、私は今もはっきりと記憶をしています。

小僧のころから土蔵などの隅々まで入って宝探しを遊びの一つにしていた私は、そこに眠っている膨大な資料が山積されているのを見て、いずれ整理しなければならないという大きな夢を抱き続けていたのです。その熱情は冷めることはありませんでした。やがて法隆寺のすべての宝物を調査し、それらのしっかりとした保存をすべきではないか、という永年の思いを研究者たちに相談したのです。そのときのほとんどの答えは「是非とも実行すべきであり、私たちも大いに期待しています。しかし、いずれにしても大きな事業であるからしっかりと腰を据えて行なうべきでしょう。」というものでした。そのころ、私がそのような構想を持っていることを伝え聞いた出版社の小学館から、その計画が実行に移されるならば、是非ともお手伝いをしたい旨の申し出があったのです。それは昭和五十四年のことでした。

そのような背景のもとに、昭和五十六年の聖徳太子一千三百六十年御忌の記念事業として、スタートを切ることを決意したのです。そのとき、住職の間中定泉さんのお伴をして、かねてから法隆寺と親交の深い建築学の権威、太田博太郎さんをお訪ねしてご協力をお願いした日のことが、懐かしく思い出されます。

そこで、まず編纂委員会を設置して、太田博太郎さんに委員長を依頼し、故倉田文作さん、坪井清足さん、鈴木嘉吉さんにそれぞれ委員を委嘱したのです。実際の調査は奈良国立博物館と奈良国立文化財研究所を中心にご協力をいただくこととなりました。しばらくして濱田隆さん、西川杏太郎さん、山本信吉さんにも委員に加わっていただきました。そして法隆寺からは提唱者として私が委員に加わったのです。とくにこの調査の名称については、西川杏太郎さんとの歓談の中で「まさにこの調査は法隆寺の昭和の資財帳ですね」といわれた言葉から「法隆寺昭和資財帳」と名づけることとなりました。

翌五十七年に間中さんが法隆寺住職を辞され、大野可圓さんが新しい住職に就任されたのです。そして私が執事長に就任したのでした。いよいよ資財帳の調査が本格的にスタートをする時期が到来したのです。さっそく「法隆寺昭和資財帳編纂所」を開設して私が資財帳編纂所長を兼ねるとともに、事務局と調査室の機能を充実するための準備にとりかかったのです。

二　伝統行事の復興を実現

昭和資財帳の編纂は昭和五十七年四月二十六日の銅鏡の調査から始まりました。するとその日に漢代の鏡や唐代の海獣葡萄鏡をはじめ、貴重な和鏡などを続々と発見したのです。やがて銅鏡に続いて飛鳥時代の蜀江大幡や金箔牛皮のついた衣裳、褥などの発見があり、それらは新聞やテレビを通じて大きく報道され「法隆寺昭和資財帳」を編纂する意義を広く人びとに理解していただくこととなったのでした。

考古関係も、奈良国立文化財研究所で古瓦や百萬塔の調査が始まりました。百萬塔が四万五七五五基も伝来していたことが確認されました。しかもその塔底などに残る墨書銘から、奈良時代の工人たちの様子を伝える貴重な資料が判明したのです。奈良国立博物館の調査は、倉田文作さんの他界という不幸もあってスタートが少し遅れましたが、しばらくして後任の濱田隆さんの指揮のもとに、彫刻、工芸、絵画の調査も始まりました。建築部門も奈良国立文化財研究所によって進行しました。ここに「法隆寺昭和資財帳」作りは全面的に前進することとなったのです。

これらの調査によって、秘められた法隆寺の全貌が次第に明らかとなり、我国仏教文化史上に新しいページを開くこととなりました。そして私は明らかとなった資料をもとに、断絶している伝統行事を復興したいと考えたのです。それは伝来する法具類を信仰に生きる宝物として後世に伝えねばならない責務を強く感じたからです。そしてやっとその夢を実現することとなりました。法隆寺に伝わる史料によって多くの伝統行事を復興することとしたのです。

法隆寺では古くから、数々の伝統行事が厳修され、太子信仰の興隆と伝統教学の振興にも大きな役割をはたして来たのでした。ところが明治維新による大打撃を受けてからは由緒ある行事の多くは断絶のやむなき状態となったのです。わずかに法隆寺の生命ともいうべき聖徳太子会式と、略式の修正会、修二会、舎利講などの行事が細々と護られていたのでした。

やがて世情の安定とともに法隆寺も一応の安穏を見せはじめた明治三十八年には、維新から略式となったり、中絶していた伝統行事を復興させたこともありました。しかし昭和大修理による諸堂の解体修理に伴って、再び行事が途絶えたり、寺僧の減少によって修行することができなくなった行事もあったのです。

そのようなことから、法隆寺昭和資財帳の調査によって確認される宝物や法具の多くは、かつての伝統行事に使用されつつ伝わった貴重なものもあることが明らかとなったのです。それらの宝物を正しく生かしてこそ、昭和資財帳調査の意義があることを強く感じたのです。その調査によって次第に明らかとなりつつある信仰の流れを正しく伝えるとともに、古記録によって可能な限り、旧姿に復することに取り組むこととなったのでした。

昭和五十七年に大野可圓さんが住職に就任されたとき、私は古記録を精査して、まず伝観勒僧正像の宝前に麻の戸帳と杖の奉献をして、法隆寺の寺印と鍵を受け取る「印鎰之儀」を復興することとなりました。続いて十一月十三日には昭和二十五年まで行なわれていた法相宗の高祖慈恩大師の追悼法会である「慈恩会」を再興、また玄奘三蔵の追悼会である「三蔵会」を昭和五十八年二月五日に再興するとともに、続いて涅槃会や仏生会なども再興したのです。そして修正会などの行事も可能な限り旧姿に復することに努めたのでした。

また太子の忌日法要でありますお会式にお供えをする供物の中で「ケイピン」と呼ばれるものが絶えてわからなくなっていたのです。これも、平成元年に朝日放送の牟田口章人さんの協力を得て、古代食の研究家の奥村彪生さんによって復元をしていただいたのです。

現在、法隆寺で行なわれているほとんどの行事はそのような経緯のもとに厳修することとなりました。

このように資財帳調査や伝統行事の復興に専心することができたことは、私の生涯の中で最も幸せな楽しい時代であったと思います。そして、ちょうどそのころ、近代法隆寺の礎を築いた法隆寺住職の千早定朝さんが語られた記録が見つかったのです。

そこには私と同じ考えが記されていたのでした。「天平の古式に倣った法隆寺流記資財帳を編集したいという志念がある」と。これによって先人たちも「法隆寺明治資財帳」の作成を念願していたことが判明したのでした。この「法隆寺昭和資財帳」作りは歴代寺僧の悲願であったことがはっきりとしたのです。この記録が私にとって大きな励みとなりました。私はこの事業に対していかなることがあろうとも必ず完成をしなければと堅く誓ったものでした。そして本願太子のご加護と関係機関をはじめとする多くの人びとの協力を得て完成させ、後世へのよりよき保存を行なうことが私たちに課せられた責務であると、その使命の重大さに身の引き締まる思いを抱いたのです。

そのころ、考古学者として名高い末永雅雄さんの推挙で、菅谷文則さんが銅鏡の調査を担当されていました。その菅谷さんと相談して、西円堂へ銅鏡を奉納する信仰を復活しようということになったのです。平安時代の銅鏡の複製を鋳物の町で知られる富山の高岡で製作することとなりました。そして平成六年十月八日に西円堂への銅鏡奉納式を厳修したのです。それから毎年の十月八日に西円堂銅鏡奉納大般若経転読法要を厳修することとなったのです。

三　法隆寺ふたつの観音

法隆寺には多くの観音像がおられます。なぜ法隆寺に観音像が多いのでしょうか。それは太子が観音の生れ代わりであるという信仰によるのです。そのことから法隆寺には飛鳥時代を代表する救世観音・百済観音・夢違観音・六観音をはじめ遣唐使が将来したと見られている九面観音や如意輪観音など多くの観音像が伝わっているのです。

ちょうど資財帳調査の最盛期となった昭和六十二年に、秘仏として知られている夢殿の救世観音像の修理を行なうこととなりました。明治三十九年の修理から八十年ほど経過していたこともあり、修理が必要となったのです。修理のために救世観音像は夢殿から収蔵庫へと運ばれました。私はこの機会に救世観音像をご開帳をしては、と考えたのです。

そのころ法隆寺では、百済観音像を安置するための新しい施設を造りたいという気運が高まりつつありました。どうしたことか、この世界的にも名高い百済観音像が、いずこで造られ、どこに安置されてきたのか、その由来はまったくわからないのです。飛鳥彫刻を代表する尊像であるにもかかわらず、記録に登場するのは今から三百年余り前の元禄十一年（一六九八）のことなのです。

かつては金堂や講堂の客仏として安置されたこともあり、ご信心の篤い人びとに福徳寿命を授け給う仏さま（虚空蔵菩薩）として信仰されていたと伝えています。また、明治三十年代からは、しばらく奈良帝室博物館に出陳されていた時期もありました。そのころは「酒買観音」と呼ばれていたといいます。昭和十六年からは、太子一千三百二十年の御忌の記念事業として開館した「大宝蔵殿」の特別室に安置されて今日に至ったのです。しかし、いずこも百済観音像にとって、あくまでも仮の館《やかた》にすぎなかったのです。

百済観音像をご本尊とする本格的な殿堂を建立することが歴代の法隆寺寺僧に課せられた責務の一つであり、法隆寺では早くから、百済観音さまにふさわしいお堂を建立することを夢見ていたのです。私も昭和五十二年に出版した『法隆寺のなぞ』（主婦の友社）の中で、是非とも百済観音像を安置するお堂を造りたい、と述べていたのです。

昭和大修理も一段落した昭和六十二年の夏のことでありました。大野可圓さんから百済観音像を安置する殿堂を造ることができれば、との志念を漏らされたのです。それを聞いたときに私は即座に共鳴をしたことはいうまでもありません。そして救世観音像の修理が完成したのを記念して百済観音像とご一緒にご開帳を行ない、それを機会に百済観音堂の建立を正式に発願しようと考えたのでした。飛鳥時代の白眉である「ふたつの観音」を一緒に公開することは、この機会を失うと二度と実現することはないと思ったからです。

そのような経緯のもと、救世観音像の修理完成と百済観音堂建立発願を記念して、昭和六十二年十月一日から六日までの六日間に「救世観音と百済観音」の特別ご開帳を聖徳会館で開いたのでした。

この「法隆寺ふたつの観音」のご開帳が大きな反響を呼んだことはいうまでもありません。それからの私は百済観音堂の建立が成就するために、浄財の勧進と計画の促進のために奔走することとなるのです。なお、救世観音像の修理完成を記念して夢殿で裏千家千宗室宗匠（玄室大宗匠）によるお献茶をご奉仕いただきました。しかし百済観音堂建立の計画が前進しないまま平成三年三月末日をもって大野可圓さんが住職を辞され、枡田秀山さんが新しい住職に就任されたのです。それに伴って私も執事長を退いて法隆寺の副住職と法起寺住職を兼務することとなったのでした。

四　世界文化遺産への登録

私は、しばらく寺務から離れて、昭和資財帳編纂の促進と法隆寺教学の研究に専念をすることとなりました。平成四年の七月二十七日のことであったと思います。奈良文化財研究所所長の鈴木嘉吉さんから私に一つのお話がありました。それは文化庁で法隆寺や法起寺を世界文化遺産に登録しようと検討しているが、もしそのようになったら法隆寺はそれに同意をするか、というものでした。そのころは世界文化遺産という言葉や存在についても一般的には知られていなかった時代です。そのとき私は文化庁の推薦によるものであるからあえて反対をするようなことはないでしょう、と答えたと記憶しています。

そのような時期に、寺務所から私に是非とも法隆寺の寺務を総括してほしいとの強い要請が寄せられたのでした。そのころは寺務や百済観音堂建立に関する計画や勧進などがまったく停滞をしたままだったからです。寺僧をはじめ関係者たちからも強い要請がありましたので、ついにその要請に応じて「法隆寺住職代行」に就任をすることを決意したのでした。それからは法隆寺住職に代わって停滞していた寺務を処理しつつ、百済観音堂の建立計画を具体化し、全国五ケ所での昭和資財帳完成記念の『国宝法隆寺展』開催、また、それに関する講演会も全国四十数ケ所で行なったのです。

展覧会には百万人に及ぶ参観者に訪れていただきました。それほどに関心の高い展覧会だったのです。そのようなときに、法隆寺が姫路城とともに日本最初の世界文化遺産に登録されることとなりました。このとき、是非ともこの機会に、世界文化遺産というものを多くの人びとに理解していただくためにアピールをしてほしい、という話も文化庁から寄せられたのです。私にとっては百済観音堂の建立が第一義であり、世界文化遺産には関心がなかったのですが、その要望に応えて姫路城を管理する姫路市と協力しつつ文化庁の意向に沿う形で記念事業を計画することとなりました。そして平成五年十二月十日のユネスコの総会で、法隆寺は姫路城とともに世界文化遺産に登録をされたのです。

このとき姫路市から一つの相談が寄せられました。世界文化遺産の登録書をユネスコの総会へ受け取りに行こう、というものでした。その登録書のことについて文化庁に問い合わせたのです。すると文化庁ではそのような登録を証明するようなものはないという素気ない返事でした。

私は平成六年九月十五日に開催した「世界文化遺産シンポジューム」に出席して、世界文化遺産の登録書の存在についてたずねたのですが、出席者は誰も知らない状態でした。その、私の質問に対して、シンポジユームを主催していた朝日新聞社が調べてくれたのです。その結果、登録書はたしかに外務省の文化第二課が保管していることが判明したのです。しばらくしてやっとその写しを入手することが出来ました。そしてそのコピーを奈良県などへも渡したのです。そのように、文化庁などでも世界文化遺産に関するすべての事情を把握していない時代だったのです。やがてそのことが発端となって、関係機関に登録書のレプリカが配布されるようになりました。それまでは奈良県の文化財保存課から法隆寺に対してファックスによって登録されたことを知らされただけなのです。

世界文化遺産への登録を記念して、法隆寺では、金堂や夢殿のご本尊のライトアップを行ないました。十二月の寒い時期ではありましたが、大勢の人びとが拝観に訪れて下さいました。

姫路市長の戸谷さんは、世界文化遺産に大変熱心でした。姫路市ではいろいろと記念行事を企画されていたのです。その戸谷さんが仰しゃった言葉を今も思い出します。

「日本の世界文化遺産は法隆寺と姫路城だけでよろしい。これからも登録が増えると世界文化遺産の値打ちがなくなる」と。それを聞いたときは少し驚きましたが、時間が過ぎるほどに戸谷さんの言葉は名言であったと思われてくるのです。それほどに世界文化遺産に登録される地域が増えているからです。

五　法隆寺が世界文化遺産に登録された真相

元東京国立文化財研究所長の伊藤延男さんが、法隆寺が世界文化遺産に登録された理由を法隆寺の講演会でお話になったことがありました。そのときのレジュメに、つぎのように記されています。「法隆寺地域の建造物群は基準の（1）芸術的傑作、（2）建築等に大影響、（3）儀式、景観の見本、（4）出来事、伝統、思想、信仰等に該当するとされました。オーセンシティ（真正性＋信頼性＝確かさ）も合格しました。特に難関と思われた材料については、修理で取り外した古材をよくよく保存していたことが評価されました。」

これによると、修理で取り替えた部材をよく保存していたということが高く評価されたとのことです。どうも木造の建物の状況を世界遺産の専門家たちは詳しく理解されてなかったらしいのです。伊勢神宮のように二〇年ごとに造り直すのと同じではないかと思われていたようです。そこで関係者が法隆寺を訪れて、古材庫に保管している多くの古材をご覧になって、取り外した古材をよく保存していたということが高く評価されたのです。

法隆寺にはたくさんの古材を保存しています。なぜ保存しているかということも秘話の一つになります。かつて、昭和十三年に某家から三万五〇〇〇円の寄付があり、その見返りに法隆寺の古材を譲渡したことがあるのです。古材はトラック三四台分であったと記しています。その中には中門の雲形肘木などの貴重なものがあったようです。ところがそれが発覚したときに譲渡のことを修理工事などの関係者たちは知らなかった、と語っています。トラック三十数台分の古材が運ばれているのを知らないで通るでしょうか。でも、それが通った時代なのです。

しかし、この古材流出の件がなかったら、もっと古材が流出していたかもしれないのです。かつては松の葉っぱ（こくま）の中やカンナ屑の中に古材を入れて持ち出したという噂もありました。極めて良い古材も持ち出されている例もあります。五重塔の垂木先の模様のあるところを切ったのを持っている人もあるといいます。

また、伊藤さんは文化財保護法に加えて古都法や風致地区等の規制もあり、万全と判断されたと記していますが、これも表面的な話です。

昭和四十年代のはじめのことでした。法隆寺の周辺が風致地区に指定されようとしたときのことです。今の斑鳩町役場の場所が公民館だったと記憶しています。そこで風致地区に関する会議がありました。その会議に法隆寺から私が参加することになりました。そこにはその指定に反対する人がたくさん集まっていたのです。そのとき私たちが耳にしたのが「法隆寺があるから風致地区になり生活が束縛される、だから法隆寺は斑鳩町から出て行ってくれ」という意外な言葉でした。もちろん一部の人たちです。現在とは雲泥の差です。今では法隆寺があることを喜んでもらうこともありますが、そういう意見もあったのは事実です。

熊野古道でも、世界文化遺産登録に反対する人びともおられるようです。行政は皆さんの理解や同意を得ていなかったのでしょうか。赤いペンキで書かれた樹木などもありましたが、充分な説明を行なっていなかったのかもしれません。

世界文化遺産になる場合には、まず史跡に指定しないといけないという規定があるようです。法隆寺が登録された地域の中で、法起寺は史跡になっていなかったのです。それで早急に、法起寺も史跡にしたいと、文化庁から奈良県文化財保護課を介して住職を兼ねていた私に同意を求めて来たのです。そのとき「そんなに急がなくてよろしい」と返事をしたことを記憶しています。世界文化遺産にするために急に指定をしようというのはおかしな話だと思ったからです。

最近あらためて法起寺が史跡になったのはいつかを確認してみると、平成五年の十二月十日に世界文化遺産に登録をされていますが、法起寺が史跡になったのは平成五年の十一月三十日でした。期日ぎりぎりに指定をしているのです。私には書類上の辻褄合せをしたように思われてなりません。行政とはこのようなものなのでしょうか。

つぎに景観ということについて紹介をしたいと思います。

平成十七年の五月七日（土）の朝日新聞夕刊に、「姿変えゆく斑鳩の里」という題で、法隆寺で先を伐られた松の並木が目に付いた、とする記事がありました。

世界文化遺産となり、百済観音堂が建立され、昭和の資財帳も完成しました。そして平成十年十一月末日で私は住職を辞したのです。その直後の十二月中ごろから境内の松の木が伐られはじめたのです。その理由は知りません。最近でも拝観の人たちから、なぜ松の先が伐られているのですか、と訊かれます。また世界文化遺産になったから松の先を伐ったのですか、とおっしゃる人もいます。金堂の前の昭和天皇・皇后両陛下のお手植えの松の枝も伐られたのです。それに驚いた私は寺僧を呼んで中止するように言ったこともありました。松は太子が最も好まれた樹木です。そのために境内には松が多く植えられているのです。しかし強硬に伐られて今のように無残な姿になってしまいました。まことに残念でなりません。それらの松のことが、朝日新聞に載ったのです。

これは景観的に良いことでしょうか。それぞれ景観についての考え方は異なるかもしれません。しかし私は、やはり先端を伐られた松は法隆寺の境内にふさわしくない、と思います。早く元の姿に戻ってほしいものです。境内には立派な甍が並んでいますが、松の梢の間から見えるその景色がすばらしいと私は思っているのです。

六　紙幣への太子再登場を願う

梅原猛さんといえば昭和四十七年に発表された『隠された十字架・法隆寺論』という著書を思い出します。あれほど大きなセンセーションを呼んだ書物も少ないでしょう。それをガイドブックとして法隆寺を参詣する人びとの姿が如何に多かったことか。「怨霊鎮魂の柱はどれか」「怨霊鎮魂の像はどこにあるのか」といった質問を受けたことは数限りないものでした。そのような問いに応えるためにも、私も早速に購入して読む必要に迫られたのです。その文中には怨霊や鎮魂という言葉があふれていたと思います。

そのような言葉には、少なからず不快感を抱いたことは否定できません。しかし、その反面、この著書から学んだことも、すこぶる多かったのです。それは私にとって「学問のススメ」といったものでもあったからです。法隆寺の研究は、明治期から法隆寺再建非再建論争に端を発して、論文や研究書が非常に多いことは知られています。しかし、そのほとんどは考古・建築・仏像彫刻・古文書・絵画などの各分野において論及をしたものであり、この著書のように思想なども含めた各方面からの資料を網羅して論考した研究はほとんどなかったのです。

【図24】梅原猛氏と著者

私は小僧のころから法隆寺の歴史に興味を抱いていたこともあり、この著書に大きな刺激と啓発を受けたことは否めない事実です。そのようなことがやがて法隆寺昭和資財帳や法隆寺史の編纂、そして法隆寺学へと進むきっかけの一つとなったのでした。藤ノ木古墳には崇峻天皇とする伝承が起こりうるような被葬者を埋葬しているといった考察や、法隆寺に秘められた多くのなぞの部分に興味を抱きつつ研究することにもなったのです。それが私のライフワークである法隆寺学の研鑽へと進むこととなりました。

そのような時期に、梅原猛さんと対談をする企画が、ある新聞社から持ち込まれたのです。それまで梅原さんの著書を拝読することはあっても直接にお会いする機会はなかったのです。そのようなことから、もし先生のご同意があるならば対談をしようということとなったのです。そのときに「梅原さんとあなたが対談をしても水と油や」と言った人もいたのですが、とにかくお会いしたのでした。対談が始まったころは少し固い雰囲気でありましたが、しだいに話が興に入り、やがて太子や法隆寺の問題に及んだころには初対面とは思われないような和んだ空気が漂っているのを感じたものです。

そこで私はつぎのような要旨を梅原さんに問いかけたと記憶しています。

「梅原さんの研究方法には大いに刺激を受けました。しかし法隆寺は太子の怨霊鎮魂のために建立したとする見解や怨霊とか、鎮魂という言葉に対して強いアレルギーを感じます。法隆寺は太子を供養するために建

【図25】藤ノ木古墳全景

立したもので、太子を供養したということに重点を置くことはできないでしょうか」と。それに対して梅原さんは「供養」ということでもよろしい、という同意の言葉につづいて、太子の偉大さを切々と語られました。やがて「昨今は太子の姿が紙幣から消えて淋しい限りである。是非とも五万円札への再登場が実現するよう運動を展開しよう」と力説されたときの先生のあふれるような情熱に大いなる刺激を受けたのでした。

私はこのような提唱に深い感銘と啓蒙を受け、それからは機会があるたびに「聖徳太子を紙幣に」そして「太子が亡くなった二月二十二日を太子の日に制定を」と訴えつづけているのです。そのようなことが、太子がかつて歩まれた飛鳥や太子の墓所である大阪の磯長と法隆寺を結ぶ「太子道」の保存を訴えることになったのです。そしてその道を毎年の二月二十二日と十一月二十二日に歩く集いを実施することにつながっています。

法隆寺が日本ではじめて世界文化遺産に登録されてから三年目を迎えたことを記念して、平成八年の十二月十一日から三日間にわたって「法隆寺フォーラム」や「太子道サミット」を開催したときには、梅原さんに特別講演をお願いしました。

そのとき梅原さんは、法隆寺の聖徳会館で太子の偉大な功績を讃えつつ「太子を紙幣に」と力説されたのでした。その講演会の中で、かつて法隆寺の高田と対談をしたときに「怨霊や鎮魂という言葉を使わずに、法隆寺は太子を供養するために建立したとしていただければ理解することができるが」といったので、供養でもよいが、法隆寺は太子を供養するために建立をしたということでは本は売れんわな、怨霊鎮魂という表現をしたので大変な話題となり、おかげでベストセラーになった、とユーモアをまじえながら大いに聴衆を魅了しつつ独自の太子論・法隆寺論を展開されたときのことが、今でも思い出されます。

七　百済観音堂建立のために

　平成七年四月に、前任の法隆寺住職が辞任されたのです。そして私が次期住職に推挙されたのでした。しかし私は住職につくことを固く辞退をしていたのです。そのために住職の地位がしばらく空席となったのです。私は若いころから法隆寺の研究や事業を完遂することに邁進をしていましたので、あえて住職という地位には固執をしていなかったのです。そのころの新聞、テレビ、著書などを見ていただければご理解をいただけると思います。

　かつて法隆寺を復興するために尽くされた千早定朝さんは、つぎのように追懐をされていたのです。「獅子身中の虫といふべき輩多く出来、魔界の境界となり、実に内外に敵を受けおり、油断成り難く、種々の辛苦を嘗め」と。いつの時代にあっても人の世というのはそのような虚しいものなのでしょう。私はそのような思いから住職という地位に就任することに躊躇をしていたのです。

　そのような時期に寺僧たち有志の連名で、すみやかに住職に就任するようにとの嘆願書が提出されたのでした。そのときに私は考えました。歴代寺僧たちの悲願であった百済観音堂建立の実現に燃えつきよう、と。まさに捨身の気持ちで、その要請を受けることを決意したのです。悲願の百済観音堂の完成の日こそが法隆寺に対する私の使命が終わる日であるとの認識のもとに、晋山の儀式だけを平成七年七月一日に伝観勒僧正像のご宝前で厳修したのでした。

　そのようなことから「流浪のほとけ、百済観音さまに安住の地を」を合い言葉として全国行脚を行ない、全都道府県で講演会を開かせていただき、多くの皆さまから尊い浄財が寄せられたのです。その事業には朝日新聞社からのご協力をいただくこととなりました。それは電通を通じて協力をしていただく機関を募ったところ朝日新聞社からの申し出があったことによるものでした。そして全国の皆さまからも温かいご支援をいただき、ただただ感謝感涙をしたものです。なお百済観音堂の設計及び実施計画については昭和資財帳編集委員長の太田博太郎さんに建設委員長をご依頼し、各専門委員の先生のご意見のもとに建設を推進することになりました。

この殿堂の設計は百済観音堂を中心として、その左右に、玉虫厨子や橘夫人厨子など法隆寺を代表する寺宝を安置する近代的展示施設の「宝蔵」を備えたものでした。そのことから私はその建物を「大宝蔵院・百済観音堂」と名づけたのです。そして平成の新伽藍と尊ぶにふさわしい威容を整えることとなるのです。平成八年四月九日に起工式を執り行ない、本格的な建設がスタートをしたのです。その日を選んだのは旧暦の二月二十二日、太子のご命日にあたるお日柄でもあったからです。構想から設計、実施には委員の鈴木嘉吉さんから細部にわたってご指導をいただき、その実現を見ることになったのです。

やがて百済観音堂がその華麗な姿を見せはじめたころでした。平成八年十二月二十四日に、文化庁監査官の三輪嘉六さんから、是非ともパリ市ルーブル美術館へ百済観音像を出陳

【図26】『百済観音展』でシラク大統領に説明する著者（パリ・ルーブル美術館にて）

【図27】パリ・ルーブル美術館にて、千宗室宗匠（玄室大宗匠）による献茶式

してもらいたいという非公式の要請があったのです。それはその年の十一月に来日したフランスのシラク大統領と橋本龍太郎総理との日仏首脳会談において、両国を代表する宝物の相互交換の展覧会を開催することが決定したことによるものでした。かつてミロのビーナスが日本で公開されたときには、フランス側から「いつの日か百済観音像をルーブル美術館へ迎えたい」とする希望があったと伝え聞いています。しかし百済観音像は今まで国外へ出されることはまったくありませんでした。そのような事情から、私はこの要請に対して、すべてを日本政府に委ねることを決断したのです。

ルーブル美術館での『百済観音展』の実現によって日仏両国の文化交流が大いに促進したことはいうまでもありません。そして仏さまとしての尊厳と日本文化の奥深さをフランスの人びとにご認識をいただくために、ルーブル美術館で法要を厳修し、裏千家家元千宗室宗匠（玄室大宗匠）にお献茶をご依頼したのでした。この法要に参列されたシラク大統領をはじめとするフランスの要人の方々も、深い感銘を受けられたと聞き及んでおります。そして私は大統領に百済観音像の由来をご説明する栄誉に浴したのでした。この展観は日本仏教美術の粋である百済観音像が持つ美しさとその精神性が、国境や宗教の違いを越えた世界人類の共通認識となり得ることを証明したといわれています。

そして百済観音像の姿がフランスの切手の図柄にも採用されたのです。とくにこのとき法要に用いました散華には総理の橋本さんや千宗室宗匠（玄室大宗匠）、平山郁夫さんに揮毫をしていただきました。その散華をシラク大統領が興味深くご覧になったことを鮮明に記憶しています。

なお、これに対してフランスからはドラクロワが描いた「民衆を率いる自由の女神」が東京国立博物館で展示されたのでした。

その後、日本国内でも、文化庁の要請によって文化財保護法施行五十周年を記念する『百済観音展』が開催され、大きな反響を呼んだのです。

八　法隆寺別当次第（管主）の改正

寺院を統括する僧官のことを「別当」と呼んでいます。法隆寺では承和年中（八三四〜八四七）の「延鳳」を別当の初代とし、天文二十二年（一五五三）に就任した「兼深」を最後に廃止されることとなりました。それからは寺僧たちの首座であった一﨟法印が法隆寺を統率したのです。その慣習は頼賢の後を継いだ千早定朝まで続いていたようです。一﨟法印は法隆寺の代表者でありましたが、寺務は学侶の全体会議で決定していたのです。いわゆる合議制でした。ところが明治九年には法隆寺を一山を統括する寺僧の総称とし「住職」という新しい役職を置くこととなりました。その初代住職に就任したのが千早定朝でした。そして初代の別当から数えて私の師匠の佐伯良謙管主で第一〇四代とされていたのです。

たしか昭和三十年代のころであったと思います。師匠が私に対して法隆寺は千三百年という古い歴史があるのに別当が第一〇四代目というのはおかしいなあ、ひょっとしたら別当の名前が少し欠落しているのではないだろうか、と洩らされたことがありました。そのことがずっと私の脳裏に残っていたのです。そのようなことから昭和四十年代から法隆寺の子院や寺僧の資料の収集をする傍ら、別当職や一臈法印のことを調べることとなったのです。するとそれまでの別当次第の中に欠落している別当があることがわかってきたのです。しかも一臈法印の寺僧についても多くの欠落があったのです。しかもそれまで別当としていた寺僧の中には寺僧たちの首座に就くことがなく若くして遷化していた僧も含まれていたのです。とくに私が不信に思ったのは近代法隆寺の祖といわれる千早定朝を第一〇一代としていることでした。あまりにもそれが作意的に感じられたからです。しかも法隆寺の別当次第のベースになっている『法隆寺院主幷寺主譜略伝』は定朝が編纂したものだったのです。それを精査したところ定朝の住坊であった中院の住持を別当職が廃止されてからの法隆寺の代表者としていたのでした。そのことから若くして遷化した寺僧も入っていたのです。そのために一臈法印に就任していない寺僧を多く含んでいたのでした。おそらく定朝は自分までの別当職と一臈法印を一〇〇人でまとめ、定朝自身は近代法隆寺の初代であるという意味から第一〇一代としたように思われてなりません。

そのようなことから、私は別当職の補任から遷化や退任の年代を精査したのです。その結果、別当職の中に七人の別当が欠落していたことが明らかになりました。そして一臈法印についても、就任式である『一臈法印拝堂』の年時や一臈法印の遷化した年代と『法隆寺年会日次記』などの記録とを照合したのです。その結果、『法隆寺別当次第』は大きく改正せざるを得なくなったのです。そして今までの一臈法印とは異なる寺僧たちが加わることとなったのです。そのようなことから新たに二十代の住職が増えたのでした。

このように師匠の一言から法隆寺別当次第を改訂して公表したのは昭和四十七年のことでありました。しかしその改訂した『法隆寺別当次第（管主）』を法隆寺として正式に採用する機会はなかなかありませんでした。そのようなことから、私が法隆寺住職に就任したときに、寺僧たちと相談して改正した新しい次第を採用することとしたのです。そして私で第一二八代目の住職であることを公称したのでした。

そのような実状を知らない人びとは、なぜ二十代も古くなったのか、という不信を抱かれた人もあったようですが、この改正したものは、それまでの次第よりは史実に添ったものであるということだけは断言できるのです。このような改訂作業も寺僧や子院の研究を大いに促進させることとなったのでした。

九　世界文化遺産記念碑造立の経緯

法隆寺と姫路城が日本で最初に世界文化遺産に登録されてから平成八年の十二月で三周年を迎えました。私はそれを記念して記念碑を造立することを思い立ったのです。そしてその石材を兵庫県の太子町から入手したいと考えたのでした。それは太子町の地域が太子の時代から千年にわたって法隆寺を支えた財源となっていた由緒深い地域であったからです。

私は昭和五十年ごろから太子町にある斑鳩寺との交流を深めていました。斑鳩寺は法隆寺の別院のような寺院であり、その法縁を大切にしたいと思ったからです。そのようなことから太子町ご当局ともご交誼をいただいくようになったのでした。そこで私は、太子町の大村一郎町長さんに思い切って石材の提供を依頼したのです。

やがて太子町の斡旋で石材提供の吉報が寄せられました。その記念碑への揮毫を平山郁夫画伯に依頼したいと思ったのです。平山さんは日本画家としての制作のみに止まらず国際的な視野に立って文化財保護にも真剣に取り組んでおられたからです。

ちょうど平成八年六月八日に中国敦煌莫高窟の西大仏の宝前で裏千家千宗室宗匠（玄室大宗匠）の献茶式が厳修されることとなりました。そのとき千宗室宗匠に随伴して訪中したのです。六月四日のことでありました。すでに訪中されていました平山さんと北京飯店のロビーで合流したのです。私たちは人民大会堂で中国の要人との会見に赴くために時間調整をしていたときのことでした。私はその僅かな時間に平山さんに記念碑の揮毫を依頼したのです。咄嗟のことではありましたが、平山さんは快諾をしてくださいました。そして揮毫をしていただき記念碑が完成することとなったのです。

【図28】世界文化遺産記念碑前で平山郁夫画伯と著者

十一月十二日に斑鳩寺の境内で記念碑を受け取り、碑は法隆寺へと運ばれたのでした。太子のご命日である二十二日を選んで、予定地である中門前の西側に安置することができたのです。かつて私が入手をしていた銅鏡にその記念碑にご協力をいただいた人びとの名前などを彫ったのです。それを壺に収めて碑の下に埋めたのでした。それは後世へのメッセージの意味もありました。そして十二月十一日から十三日までの三日間にわたって世界文化遺産登録三周年を記念する「法隆寺フォーラム」（法隆寺を千三百年間支えた寺院や荘園の自治体の交流）や「太子道サミット」（太子道が通る市町村の首長や寺院の集まり）、そして梅原猛さん、平山郁夫さんによる記念講演会などを行なったのでした。

このような記念行事に先立って記念碑の安置法要と除幕式を厳修したのです。それには平山さんをはじめ多くの関係者に参列をしていただき、盛大に行なうことができたのです。なお、この記念事業に先立って全国に散在する法隆寺の荘園があった市町村を訪れて旧交を温めることができたのでした。それは法隆寺の住職としてはじめてのことでもありました。旧荘園の推定地に立った私は法隆寺を支えていただいた多くの人びとの労苦に感謝しつつしばし黙念合掌をしたのでした。

【図29】敦煌莫高窟にて、千宗室宗匠（玄室大宗匠）による献茶式

【図30】敦煌での千宗室宗匠（玄室大宗匠）と著者

なお最近ではこの記念碑の前では参拝者が記念撮影をする姿が多く見受けられるようになりました。新しい法隆寺の名所となっているようです。

一〇　法隆寺史の編纂を発願して

法隆寺の通史を編纂することが私の夢でした。それは四十年余り前から法隆寺年表や法隆寺銘文集成を出版したときからじっと温めていた企画でもありました。多くの人びとのご協力によって法隆寺宝物の総合調査である昭和資財帳に一応の目途をつけ、その調査に続いて法隆寺史の編纂の時期が到来したのでした。ちょうど百済観音堂の建立に着工したころでした。この百済観音堂の着工を期して法隆寺史の編纂に着手しようと考えたのです。

そのようなことから、平成八年三月十九日に百済観音堂建設委員長をご依頼しています太田博太郎さんに百済観音堂の起工式についてご挨拶にうかがったときのことでありました。私はそのときに思いきって永年の悲願であります「法隆寺史」の編纂をご相談したのです。そしてすぐさまご賛同をいただき、総監修に就任することをご承諾いただいたのでした。そして「よく鈴木嘉吉さんと相談して進めるように」というアドバイスもいただきました。

そのようなことから、鈴木さんのご指導のもとに編纂にご協力をお願いするために各機関へ依頼に訪れたのでした。そして翌九年四月二日に待望の「法隆寺史編纂会議」を開催することになったのです。それからも会議を開いたり、聖徳会館にある法隆寺昭和資財帳編纂所の近くに法隆寺史編纂所を開設することになり、やがて専属の所員を置くことになったのでした。

しかし、私は百済観音堂建立勧進のための講演会やフランスのルーブル美術館で『百済観音展』の開催など切迫した仕事に没頭せざるを得なかったのです。そして待望の百済観音堂の建立を契機にして法隆寺住職を辞し、法隆寺学の研鑽に取り組むこととなったのでした。そして法隆寺史の編纂は次代に受け継がれることとなりました。

なお、法隆寺史は、かつて大正十年の聖徳太子一千三百年御忌を記念して編纂されています。法隆寺史編纂所を設置して法隆寺から委嘱を受けた大屋徳城さんが『法隆寺志』を著されたのです。そのようなことから大正十年にはその一部分を抜粋して『法隆寺小志』として公刊したのです。『法隆寺小志』の「はしがき」にはつぎのように記しています。

「今年本願太子一千三百年の忌景を迎ふるに当たり、之れが記念として寺史編纂希望弥々切なり。研鑽に多年、功已に脱せり。（中略）法隆寺編纂所に於いて編纂の法隆寺小志を刊行し、聯か希望の一端を示すと云尓。大正十年四月。」

大屋さんは『法隆寺志』をその後も推考を重ねられ昭和三年に脱稿されましたが未刊のままになっています。そのようなことから、それを刊行することも考えましたが、すでに八十年が経過していることもあり、資財帳の調査や昭和大修理に伴う多くの新知見もありますので、現代の研究者たちに執筆を依頼すべきであろうと考えたのでした。私も法隆寺の歴史に関心を抱いてはおりますが、法隆寺の内部から見た偏向的な法隆寺史になることを恐れたのです。なるべく偏らない歴史観によって編纂をしていただきたいと思ったのです。そのようなことから、専門の研究者に委託して編纂することがもっともベターなものであるとするのが私の基本方針でもありました。そのような背景のもとに多くの研究者たちによって法隆寺史の編纂が行なわれていることに感謝をしている昨今です。

一　法隆寺学への道を歩む

平成十年の秋には多くの皆さんのご支援によりまして百済観音堂が完成をしたのです。私はそれまで蒐集していた銅鏡に関係者の名前を刻したのです。それを高麗の蓋付金銅椀に納めて鎮壇具としたのでした。そこには寺僧たちが奉納した七宝や金貨・銀貨・金メダルなども納めたのです。また私が平成元年から東京芸術大学の非常勤講師として集中講義を担当していることもあり、東京芸術大学教授の田淵俊夫さんにご相談をして百済観音堂の仏具や天蓋などの制作をご依頼したのでした。

そのようなことから芸大の教授たちのご協力によって百済観音堂が荘厳されることとなったのです。そして平成十年十月二十二日から五日間にわたって百済観音堂の落慶供養会を厳修することができたのでした。その前日に私は百済観音堂の建立を願われたお一人である大野可圓さんの車椅子を押して扉開きの法要を厳修したのです。ともに喜びを分かち合いたいと思ったからです。そして落慶供養会には奈良や京都・東京などの諸大寺からも高僧たちをはじめ、各界からも多くの人びとが参列をして下さったのです。これは法隆寺にとって未曾有のことでありました。そしてその供養会にも裏千家のお家元（玄室大宗匠）と若宗匠（現宗室お家元）のお献茶を頂戴したのです。そしてお茶会を催していただき百済観音堂の落成を祝っていただいたのでした。

まさに玄室大宗匠には百済観音堂の発願から落成までのすべてを見守っていただき、ありがたいご芳情を頂戴したのです。そのようなことから玄室大宗匠にご依頼して百済観音堂の扁額に観音が居ますところという意味から『補陀落』と揮毫をしていただいたのです。そして百済観音堂を取り巻くように建てられた大宝蔵院の中門には書家の榊莫山さんにご依頼して『大宝蔵』と揮毫をしていただきました。おかげさまでこの供養会は晴天にも恵まれて十月二十六日に無事に結願を迎えたのです。私は悲願が成就をしたことに感謝をしつつ、百済観音堂の屋根に輝く宝珠を仰いで感涙をしたのでした。

そして私はかねてからの予定どおりに百済観音堂の落成を期して法隆寺住職を辞することを表明したのです。それは私の肩の荷がおりた一瞬でもありました。しばらくは事務処理もありますので一ケ月後の十一月末日をもって隠退をすることを申し出たのです。そして私の次席者を後継とすることを寺僧たちに要請し、これからは法臈にしたがって五年を任期として寺僧たちが順次、住職に

【図31】百済観音像に参拝する著者（著者提供）

就任して寺門の運営をしてもらうことを提案したのでした。私も法隆寺住職代行に就任して寺務を総覧してからすでに五年を経過しており、寺僧一人一人に法隆寺の護持に対する強い念をもってほしいというのが強い願いでもあったのです。そしてすべての寺僧たちに夢と希望を与えることが法隆寺の興隆に繋がる、ということがかねてからの私の信念でもありました。

おかげさまで私の任期中には多くの事業や法会を始めさせていただきました。二月二十二日を太子の日とすること、太子道を訪ねる集いの実施、用明天皇忌、崇峻天皇忌、推古天皇忌、太子忌、藤ノ木古墳参拝、太子ご廟参拝、斑鳩寺太子会式参拝、閼伽井坊地蔵会、慧慈忌、行信忌、道詮忌、覚勝忌、定朝忌、定胤忌、良謙忌などの法会を始めたこと、護摩堂の護摩供養を復活したこと、とくに平成八年四月からは法隆寺の創建から現代に至る「法隆寺史」の編纂を発願してそれに着手をしたこと、近代法隆寺の功労者でもある千早定朝さんの百回忌や、金堂焼損五十年自粛法要を厳修したことなど、枚挙にいとまがないほどです。それほどに充実したありがたい日々を過ごさせていただいたのでした。

【図32】百済観音堂供養会で挨拶する著者

私はとくに平成七年四月には私の念願の一つでありました薪能を各流派の宗家を招請して大講堂前で行なったり、平成八年六月には裏千家の千宗室宗匠（玄室大宗匠）や平山郁夫さんとご一緒に敦煌莫高窟を訪れてお献茶法要を厳修することができたこと、中国仏教協会を介して比叡山や各宗派、京都市仏教会などとの交流がはじまったこと、元禄七年に法隆寺が江戸で出開帳をしたときにご縁を結ばせていただいた東京の寺院との交流を復活したこと、昭和資財帳の調査で善光寺如来の御書を確認したことによって長野の善光寺との交流がはじまったこと、全国にあった法隆寺の荘園の地を訪れることができたこと、北海道の斜里町の有志の皆さんから「一位の木」を百済観音堂へご奉納いただいたこと、東京国立博物館の法隆寺宝物館の地鎮祭の導師を勤めたこと、なども思い出です。

【図33】太子廟に参拝する著者

住職を退いて長老に就任してからは、かねてからの予定通り、昭和資財帳の成果をふまえつつ法隆寺で展開された太子伝記の研鑽や教学・信仰・行事・歴史をはじめ、法隆寺に伝わっている堂塔の建築・仏像（彫刻）・絵画・工芸・書籍・考古などに関するすべてを包括した学問体系を「法隆寺学」として確立することに努める日々を過ごしています。そして寺僧として、いくつもの大きな事業を達成させていただいたことに対して、改めてそれが幼少のころから「人間一生勉強や」との師匠の叱咤激励によるものであることに感謝をしているのです。

私が住職を辞してから早くも八年が過ぎ去ろうとしていま

す。あらためて法隆寺の興隆と寺僧たちの融和を祈りつつ、法隆寺学とともにゆっくりと歩んでいる昨今なのです。

あとがき

法隆寺の歴史などに関心を抱いてから今年で半世紀を迎えました。小僧のころからホコリにまみれながら集めたり、写し取った資料に対する思い出は尽きることがありません。

やがてそれらをベースとした法隆寺年表を作成したり、法隆寺に関する論文を執筆するようになりました。そのころから出版や講演をする機会も与えられました。とくに私の悲願でありました昭和資財帳の編纂を記念した展覧会や百済観音堂の建立勧進のために、全国都道府県で講演会をしたことは生涯を代表する思い出となっています。

また法隆寺住職を退いてからも提唱していました法隆寺学を多くの人びとにご理解いただくために、朝日カルチャーセンター、NHK文化センター、SBS学苑（静岡新聞社、静岡放送）、夢殿サロンなどで継続的に講演を続けています。

そして奈良新聞社のコラム「私の法隆寺物語」などを連載したり、論文やエッセイなども執筆する機会も与えられて今日を迎えることが出来ました。そのようなときに話したり、執筆したものをベースとして安易な語り口調でまとめたのが本書です。この中にはページの都合もあり法隆寺に関する重要なテーマが欠如していることも多いと思いますが、是非とも法隆寺一四〇〇年の流れを知っていただく基礎的な入門書と思っていただきたいのです。とくに本書ではお読みいただくことに重きを置きましたので、写真などは出来るだけ控えたことを申し添えておきます。

本書を出版するにあたりまして多くの人びとのお世話になりました。髙橋克太さんからは私が最も好きな夢殿の宝珠と交叉するように輝く月の光を見事にとらえた代表的な写真を提供して下さっています。また畏友でありました林功画伯の作品をはじめ、多くの人びとからご恵与をいただいた私の姿が写っている写真を掲載したことを特記し、厚くお礼を申し上げたいと存じます。

とりわけ本書の出版にご尽力をいただいた柳原出版ご当局をはじめ編集にあたられた同編集部の木村京子さんにはいろいろとご苦労をいただきました。厚くお礼を申し上げたいと存じます。

平成19年1月22日

髙田良信

法隆寺年表

年号	西暦	月日	事蹟	出典
敏達 三年	五七四		聖徳太子（厩戸皇子）生まれる	帝説・補闕記
敏達 十四年	五八五	九月	太子の父、用明天皇即位	書紀
用明 元年	五八六		用明天皇が法隆寺および薬師仏の造立を発願	薬師光背銘
用明 二年	五八七	四月 九日	用明天皇崩御。磐余池上陵に葬る	書紀
		七月	蘇我馬子ら物部守屋を滅ぼす。太子もこの戦いに加わる	書紀
崇峻 五年	五九二	十二月	推古天皇即位	書紀
推古 元年	五九三	四月 十日	太子が皇太子（摂政）となる	書紀
			四天王寺を起工する	書紀
推古 三年	五九五	五月 十日	高句麗僧慧慈が来日。太子の師となる	書紀
推古 四年	五九六		太子が慧慈らと伊予道後に旅する	続紀
推古 九年	六〇一	二月	太子が斑鳩宮を造る	書紀
推古 十年	六〇二	十月	百済僧の観勒が来日	書紀
推古 十一年	六〇三	十一月 五日	太子が冠位十二階を制定する	書紀
推古 十二年	六〇四	四月 三日	太子が『憲法十七条』を発布する	書紀
推古 十三年	六〇五	十月	太子が斑鳩宮に移る	書紀

推古 十四年	六〇六	七月	太子が『勝鬘経』を講ずる	書紀
			太子が岡本宮で『法華経』を講じ、推古天皇より播磨の水田を賜る。太子これを斑鳩寺へ施入する	書紀
推古 十五年	六〇七		小野妹子を隋へ派遣する	書紀
			推古天皇と太子が用明天皇のために金堂薬師如来坐像を造顕	薬師光背銘
			法隆寺建立	帝説・薬師光背銘
推古 十六年	六〇八	四月	小野妹子が隋使裴世清とともに帰国	書紀
推古 十九年	六一一	一月二十五日	太子が『勝鬘経義疏』を製す	補闕記
推古二十一年	六一三	九月 十九日	太子が『維摩経義疏』を製す	補闕記
推古二十三年	六一五	四月	太子が『法華経義疏』を製す	補闕記
		十一月	慧慈が高句麗へ帰国	書紀
推古二十八年	六二〇		太子が馬子とともに『天皇記』『国記』を撰録する	書紀
推古二十九年	六二一	十二月二十一日	太子の母、間人皇后薨去	釈迦光背銘
推古 三十年	六二二	二月二十二日	太子薨去。磯長陵に葬る	帝説・釈迦像銘
			このころ橘大郎女が太子を偲んで天寿国曼荼羅繍帳を作る	帝説・刺繍銘
		二月二十二日	慧慈亡くなる	帝説

推古三十一年	六二三	三月	金堂の釈迦三尊像を造顕	釈迦光背銘・帝説
推古三十二年	六二四	九月	寺院、僧尼の調査を行う。寺院数は四十六箇所という	書紀
推古三十六年	六二八	三月	推古天皇崩御	書紀
		十二月	僧慧燈が蘇我大臣のために釈迦三尊像を造顕	光背銘
皇極　二年	六四三	十一月　一日	蘇我入鹿が山背大兄王らを斑鳩宮に襲う。上宮王家滅亡	書紀・帝説
大化　元年	六四五		大化改新	書紀
大化　四年	六四八		食封三〇〇戸が法隆寺へ施入される	資財帳
白雉　元年	六五〇		山口直大口、詔を奉じて千仏を刻む。このころ金堂の四天王像造顕か	資財帳
天智　九年	六七〇	四月　三〇日	夜半に法隆寺焼失。一屋無余という	書紀
天武　七年	六七九		大化四年施入の法隆寺食封停止	資財帳
天武　十一年	六八二	二月	飽波刀自が平絹幡を法隆寺へ施入する	墨書銘
天武　十四年	六八五		僧慧施が法起寺の堂塔を造営する	法起寺露盤銘
持統　二年	六八八	七月	黄地平絹幡を作る	墨書銘
持統　七年	六九三	十月	持統天皇が仁王会のために経台や法具などを法隆寺へ施入する	資財帳
持統　八年	六九四		藤原京に遷都	書紀

持統　八年	六九四	三月	法隆寺僧の徳聡らが観音菩薩像の造顕を発願する	造像銘
慶雲　三年	七〇六		法起寺塔の露盤を造る	目録抄
和銅　三年	七一〇		平城京に遷都	続紀
和銅　四年	七一一		五重塔の塑像および中門の金剛力士像を造顕。このころ法隆寺再建完成か	資財帳
天平　九年	七三七	二月二十二日	行信が太子の遺愛の品を集める	東院資財帳
天平　十一年	七三九	四月　十日	行信が上宮王院（東院）夢殿を造立	東院縁起
天平　十九年	七四七	二月　十一日	『法隆寺伽藍縁起并流記資財帳』を勘録する	資財帳
天平　二十年	七四八	二月二十二日	行信が聖霊会を始める	東院縁起・別当記
天平勝宝八年	七五六	七月　八日	聖武天皇遺愛の品が法隆寺など十八箇寺に施入される	献物帳
天平宝字五年	七六一	十月　一日	『仏経并資財条（法隆寺東院資財帳）』を作成する	東院資財帳
神護景雲元年	七六七	九月　五日	行信発願の『大般若経』など二千七百巻の写経を孝仁が完成する	奥書
神護景雲二年	七六八	一月	正月、吉祥悔過を大講堂で始める	寺要日記
神護景雲四年	七七〇	四月	百萬塔の造顕完成。法隆寺などの十大寺へ分納される	続紀
延暦　十三年	七九四		平安京に遷都	続紀

貞観 元年	八五九	九月 十九日	道詮が奏上して夢殿を修理する	東院縁起
延長 三年	九二五		講堂・北室・鐘楼などが焼失する	別当記・目録抄
正暦 元年	九九〇		大講堂を再建する。このころ大講堂の薬師三尊像、四天王像を造顕	別当記・目録抄
治安 三年	一〇二三	十月二十六日	藤原道長が法隆寺に参詣。上宮王院を修理する	別当記
治暦 五年	一〇六九	二月	絵師秦致真が上宮王院絵殿の聖徳太子を描く	別当記
		二月 五日	仏師僧円快と秦致貞が聖徳太子七歳像を造顕	像内墨書
承暦 二年	一〇七八	一月 七日	吉祥天・毘沙門天の両立像を造り金堂に納める	金堂日記
		一月 七日	吉祥悔過を金堂に移して行う	目録抄
		十月 八日	橘寺より小金銅仏四十九体などを金堂に移す	金堂日記
永保 元年	一〇八一		西室が雷火により焼失する	別当記
元永 元年	一一一八		勝賢が発願した写経二千七百余巻が完成する	文書
保安 二年	一一二一	十一月二十一日	東室の南面を改造して聖霊院とし、聖徳太子坐像及び侍者像五体を安置する	別当記
保安 三年	一一二二	三月二十三日	林幸らが発願して四千四百余巻の『一切経』写経事業を行う	勧進疏
建久 三年	一一九二		源頼朝、鎌倉幕府を開く	文書
建保 七年	一二一九	二月二十六日	上宮王院舎利殿を造立	棟木銘

寛喜　三年	一二三一	三月　八日	金堂の西の間の阿弥陀如来坐像を造顕	別当記・光背銘
		三月　八日	西室を再建し、南端を三経院とする	別当記・棟木銘
貞永　元年	一二三二	八月	金堂阿弥陀如来坐像の開眼供養をする	別当記・光背銘
嘉禎　四年	一二三八		このころ法隆寺僧顕真が『聖徳太子伝私記』を著す	目録抄
建長　二年	一二五〇	十二月　八日	西円堂の再建が完成する	心束銘・棟礼銘
建長　四年	一二五二	六月　十八日	五重塔に落雷。三層目から心柱に沿って燃えたので衆徒たちが登って消火する	一陽集
弘長　元年	一二六一	二月　八日	西円堂で薬師悔過と鬼追式を始める	寺要日記
		九月　四日	後嵯峨太上天皇が行幸。綱封蔵を開封する	別当記
文永　十一年	一二七四	二月二十六日	中宮寺の信如尼が綱封蔵で天寿国曼荼羅繡帳を発見する	聖誉抄
元亨　四年	一三二四	四月　九日	上御堂の再建が完成する	別当記・嘉元記
建武　元年	一三三四		建武中興	文書
建武　五年	一三三八		足利尊氏が室町幕府を開く	文書
永和　元年	一三七五		このころ護摩堂建立	像内墨書
明徳　三年	一三九二		南北朝の合一	文書
永享　七年	一四三五	一月　十一日	学侶と堂方の対立により南大門が焼失する	一陽集

天正　二年	一五七四	一月	織田信長が法隆寺境内で陣取りなどを禁止する掟を作る	法隆寺文書
		十一月	織田信長が法隆寺を西寺と東寺に分離する。	斑鳩古事便覧
天正　八年	一五八〇		羽柴秀吉によって鵤庄（兵庫県太子町）が法隆寺から離される	文書
文禄　四年	一五九五		太閤検地の後、法隆寺へ千石の寺領（大和国阿部村＝現在の広陵町）が与えられる	文書
慶長　五年	一六〇〇		関ヶ原の戦い	文書
慶長　八年	一六〇三		徳川家康が江戸幕府を開く	文書
慶長　十年	一六〇五		このころ豊臣秀頼が法隆寺の全伽藍を修理する。	法隆寺文書
慶長　十九年	一六一四	十一月　十六日	徳川家康が大坂冬の陣の途上に法隆寺に立寄り、戦勝を祈願する	一陽集
元和　八年	一六二二		金光院・律学院焼失	一陽集・愚子見記
寛永　四年	一六二七		このころ律学院再建か	像銘
貞享　元年	一六八四	十一月　五日	西大門が焼失する	法隆寺文書
元禄　三年	一六九〇	三月～	法隆寺ご開帳	
元禄　七年	一六九四	六月～	江戸で出開帳を行い、伽藍修復の勧進をする	文書・日次記

元禄　八年	一六九五	三月〜	京都で出開帳を行う	天保記
元禄　八年	一六九五	七月	将軍綱吉の武運長久を祈願して桂昌院が講堂前に大金燈籠を造立	刻銘。文書。
元禄　九年	一六九六	三月〜	大坂で出開帳を行う	天保記
			このころから法隆寺全伽藍の大修理を行う	文書
		十一月〜	夢殿本尊の厨子を修理する	刻銘。文書。
享保　五年	一七二〇	二月	法隆寺ご開帳	文書
享保　九年	一七二四	二月	京都で出開帳を行う	文書
享保　十二年	一七二七	一月	勧学院焼失。古記録など焼失する	文書
延享　三年	一七四六		『古今一陽集』を編纂する	奥書
宝暦　六年	一七五六	二月	大坂で出開帳を行う	文書
宝暦　十四年	一七六四	四月	護摩堂と聖天堂が焼失	文書
安永　五年	一七七六	三月	護摩堂再建	文書
安永　七年	一七七八	十一月	聖天堂再建	文書
寛政　七年	一七九五	二月	京都で出開帳を行う	文書
寛政　九年	一七九七	九月	寺法の大改正を行う	文書
寛政　十一年	一七九九	九月　一日	全ての堂方が学侶に昇進	文書
天保　七年	一八三六	二月	法隆寺ご開帳	文書

			『和州法隆寺霊宝目録』を開版	
天保　十三年	一八四二	六月	江戸で出開帳を行う	
弘化　二年	一八四五	三月	大坂で出開帳を行う	文書
明治　元年	一八六八		明治維新	文書
			神仏分離令布告。廃仏毀釈運動起こる	文書
明治　二年	一八六九	九月	管廟破却事件起こる	文書
		十月	法隆寺の寺法の大改正を行う	文書
明治　五年	一八七二	八月二十六日	文部省の町田久成らが法隆寺の宝物を調査する	日記・文書
明治　六年	一八七三	十月	真言宗へ所轄を依頼する	日記・文書
明治　九年	一八七六	十一月	皇室へ宝物献納願を堺県に願い出る	日記・文書
明治　十一年	一八七八	二月　十一日	宝物献納が決定し、一万円が下賜される	日記・文書
明治　十二年	一八七九		このころ子院に伝わる宝物を法隆寺に集める	日記・文書
明治　十五年	一八八二	六月二十六日	興福寺とともに法相宗として独立する	文書
明治　十七年	一八八四	八月　十六日	フェノロサ、ビゲロー、岡倉天心らが来山して宝物を調査する	日記
明治　二十年	一八八七		このころから「法隆寺再建非再建論争」起こる	文書
明治二十六年	一八九三	八月　一日	法隆寺勧学院を開く	文書
明治二十八年	一八九五	秋	正岡子規が法隆寺を訪れる	句碑刻銘

明治四十一年	一九〇八	一月	法隆寺維持基金を確保するために百万塔を譲与する	文書
明治四十四年	一九一一	二月	土蔵から百済観音像の宝冠を発見	文書
		十月	岡倉天心が法隆寺会の設立を提唱	文書
		十一月	玉虫厨子の鴟尾や釈迦誕生仏など盗難	文書
大正　四年	一九一五	四月	皇太子殿下（昭和天皇）行啓。金堂前に松樹のお手植えを賜る	日記
大正　七年	一九一八	五月二十五日	聖徳太子一千三百年御忌法要奉賛会を設立	日記
大正　十年	一九二一	四月　十一日〜	聖徳太子一千三百年御忌法要を厳修する	日記
大正　十二年	一九二三	五月	久邇宮良子女王殿下（昭和皇后）お成り。金堂前東に松樹のお手植えを賜る	日記
大正　十三年	一九二四	二月	聖徳太子一千三百年御忌奉賛会を財団法人聖徳太子奉讃会に改称する	日記
大正　十五年	一九二六	四月　五日	五重塔心礎から舎利容器を発見する	日記
昭和　九年	一九三四	五月二十七日〜	法隆寺昭和大修理が開始される	日記
昭和　十四年	一九三九	十月二十二日	若草伽藍の塔心基礎が旧地に還る	日記
		十二月	石田茂作と末永雅雄が若草伽藍を発掘して、創建法隆寺の塔と金堂の遺構を発見する	調査報告書
昭和　十六年	一九四一	十二月　八日〜	太平洋戦争始まる	

昭和　二十年	一九四五	五月〜	金堂の解体修理始まる	修理報告書
		八月　十五日	太平洋戦争終わる	
昭和二十四年	一九四九	一月二十六日	未明に金堂より出火、壁画を焼損	修理報告書
昭和二十五年	一九五〇	十一月　十五日	法相宗を離脱して聖徳宗を開く	日記
昭和二十六年	一九五一	六月　九日	法隆寺旧境内が国の史跡に指定される	日記
		七月〜	「法隆寺夏期大学」を始める	日記
昭和二十七年	一九五二	五月	五重塔修理完成	日記
昭和二十九年	一九五四	十一月　三日	第一次昭和大修理完成ならびに金堂修理落成法要を厳修する	日記
昭和三十六年	一九六一	四月　十一日	聖徳会館が新造される	日記
昭和四十二年	一九六七	一月　三十日〜	焼損した金堂壁画の再現事業を発願、翌年完成する	日記
		十月　二十日	法隆寺境内が歴史的特別保存地区に指定される	日記
昭和四十六年	一九七一	四月　三日〜	聖徳太子一千三百五十年御聖諱法要を厳修する	日記
昭和五十四年	一九七九	十二月　五日	天皇・皇后両陛下行幸	日記
昭和五十六年	一九八一	四月　十一日〜	『法隆寺昭和資財帳』の編纂に着手する	日記
昭和　六十年	一九八五	十一月　三日〜	昭和大修理完成法要を厳修	日記
平成　五年	一九九三	三月〜	『法隆寺昭和資財帳』の調査完成を記念して『国宝	日記

			『国宝法隆寺展』を開催する	
平成　五年	一九九三	十二月　十一日	「法隆寺地域の仏教建築群」がユネスコの世界遺産に登録される	日記
平成　七年	一九九五	四月　五日～	「百済観音堂建立勧進」の「法隆寺薪能」を行う	日記
平成　八年	一九九六	四月　九日～	百済観音堂起工式を厳修する	日記
		十二月　十一日～	世界遺産登録三周年を記念して、法隆寺フォーラム・太子道サミットなどを開催する	日記
		十一月～	全国都道府県で百済観音堂建立勧進の講演会を行う。	日記
		十二月　十一日	世界文化遺産記念碑を造立。	日記
平成　九年	一九九七	四月～	『法隆寺寺史』の編纂に着手する	日記
		九月　九日～	日本・フランス両国政府の要望により百済観音像をパリ・ルーブル美術館に出陣する	日記
		十二月～	文化財指定制度一〇〇周年を記念して全国で『百済観音展』を開催する	日記
平成　十年	一九九八	十月二十二日～	大宝蔵院百済観音堂の落慶法要を厳修する	日記

法隆寺歴代管主一覧

代	名前	補任年代	西暦
（別当）			
一代	延鳳	承和年中	八三四
二代	長賢	元慶二年	八七八
三代	慈願	寛平年中	八八九
四代	禎杲	昌泰元年	八九八
五代	長延	延喜二年	九〇四
六代	寛延	延喜年中	九〇四
七代	観理	延長年中	九二三
八代	法縁	承平二年	九三二
九代	堪照	天慶年中	九三八
一〇代	法縁	康保元年	九六四
一一代	法蓮	安和年間	九六八
一二代	実算	天延元年	九七三
一三代	長隆	天元二年	九七九
一四代	忠教	寛和元年	九八五
一五代	仁階	正暦元年	九九〇
一六代	長燿	長徳元年	九九五
一七代	観峯	寛弘二年	一〇〇五
一八代	延𨋢	寛仁四年	一〇二〇
一九代	永照	万寿二年	一〇二五
二〇代	仁満	長元二年	一〇二九
二一代	久円	長元八年	一〇三五
二二代	親誉	長暦三年	一〇三九
二三代	琳元	永承三年	一〇四八
二四代	長照	天喜五年	一〇五七
二五代	彦祚	治暦三年	一〇六七
二六代	公範	延久二年	一〇七一
二七代	慶深	延久六年	一〇七四
二八代	能算	承保二年	一〇七五
二九代	永超	嘉保元年	一〇九四
三〇代	延真	嘉保三年	一〇九六
三一代	定真	康和三年	一一〇一
三二代	経尋	天仁二年	一一〇九

三三代	覚誉	天承二年	一一三二
三四代	覚晴	永治元年	一一四一
三五代	信慶	久安四年	一一四八
三六代	覚長	久寿二年	一一五五
三七代	賀宝	安元二年	一一七六
三八代	慧範	治承四年	一一八〇
三九代	範玄	建久二年	一一九一
四〇代	覚弁	建久六年	一一九五
四一代	成宝	正治元年	一一九九
四二代	兼光	承元元年	一二〇七
四三代	範円	承元四年	一二一〇
四四代	範信	貞応二年	一二二三
四五代	範円	嘉禄三年	一二二七
四六代	覚遍	寛喜三年	一二三一
四七代	尊海	建長七年	一二五五
四八代	良盛	正元元年	一二五九
四九代	頼円	弘長二年	一二六二
五〇代	玄雅	文永三年	一二六六

五一代	乗範	弘安六年	一二八三
五二代	実懐	弘安七年	一二八四
五三代	印寛	正応二年	一二八九
五四代	性誉	永仁三年	一二九五
五五代	公寿	永仁六年	一二九八
五六代	宗親	嘉元二年	一三〇四
五七代	公寿	嘉元二年	一三〇四
五八代	実聡	延慶元年	一三〇八
五九代	隆遍	正和四年	一三一五
六〇代	良寛	文保二年	一三一八
六一代	顕親	元亨元年	一三二一
六二代	良寛	元亨元年	一三二一
六三代	能寛	元亨三年	一三二三
六四代	顕観	嘉暦元年	一三二六
六五代	実聡	嘉暦二年	一三二七
六六代	憲信	嘉暦三年	一三二八
六七代	能寛	建武二年	一三三五
六八代	良暁	康永三年	一三四四

六九代	範守	貞和　元年	一三四五
七〇代	覚懐	貞和　三年	一三四七
七一代	懐雅	文和　元年	一三五二
七二代	頼乗	応安　三年	一三七〇
七三代	顕遍	応安　五年	一三七二
七四代	実遍	永和　二年	一三七六
七五代	考憲	康暦　元年	一三七九
七六代	円守	至徳　元年	一三八四
七七代	長懐	応永　元年	一三九四
七八代	実雅	応永　三年	一三九六
七九代	兼覚	応永　十六年	一四〇九
八〇代	孝俊	応永　二十年	一四一三
八一代	俊祐	嘉吉　三年	一四四三
八二代	俊円	宝徳　二年	一四五〇
八三代	任円	文明　十六年	一四八四
八四代	晃円	永正　十五年	一五一八
八五代	兼継	天文　十七年	一五四八
八六代	兼深	天文二十二年	一五五三

（一臈）			
八七代	栄甚	慶長　二年	一五九七
八八代	懐訓	慶長　五年	一六〇〇
八九代	長波	慶長十一年	一六〇六
九〇代	舜清	慶長十一年	一六〇六
九一代	弘算	慶長十五年	一六一〇
九二代	長乗	元和　四年	一六一八
九三代	光祐	元和　八年	一六二二
九四代	覚祐	寛永　六年	一六二九
九五代	仙尊	寛永　九年	一六三二
九六代	高栄	明暦　元年	一六五五
九七代	光喜	寛文　二年	一六六二
九八代	実円	貞享　四年	一六八七
九九代	尊殊	元禄　五年	一六九二
一〇〇代	良尊	元禄十一年	一六九八
一〇一代	良賛	宝永　三年	一七〇六
一〇二代	覚勝	正徳　四年	一七一四
一〇三代	尭懐	享保十六年	一七三一

一〇四代	良訓	元文　六年	一七四一
一〇五代	千懐	寛保　二年	一七四二
一〇六代	信秀	宝暦　五年	一七五五
一〇七代	慶雲	宝暦　六年	一七五六
一〇八代	胤懐	寛政　五年	一七九三
一〇九代	袒雅	寛政十二年	一八〇〇
一一〇代	円範	寛政十三年	一八〇一
一一一代	懐儀	享和　元年	一八〇一
一一二代	湛肇	文化　六年	一八〇九
一一三代	胤周	文化　七年	一八一〇
一一四代	覚賢	文化　十年	一八一三
一一五代	永信	文政　四年	一八二一
一一六代	尭長	文政　五年	一八二二
一一七代	秀賛	天保十一年	一八四〇

一一八代	実然	弘化　三年	一八四六
一一九代	千晃	万延　二年	一八六一
一二〇代	頼賢	元治　元年	一八六四
（住職）			
一二一代	定朝	明治　九年	一八七六
一二二代	行純	明治三十二年	一八九九
一二三代	定胤	明治三十六年	一九〇三
一二四代	良謙	昭和二十五年	一九五〇
一二五代	定泉	昭和三十八年	一九六三
一二六代	可圓	昭和五十七年	一九八二
一二七代	秀山	平成　四年	一九九二
一二八代	良信	平成　七年	一九九五
一二九代	玄妙	平成　十一年	一九九九

法隆寺関係の古文献

名称	作成年代	編者	略称
日本書紀	奈良（養老四年）	舎人親王	書紀
上宮聖徳法王帝説	奈良以前～平安	不詳	帝説
法隆寺伽藍縁起并流記資財帳	奈良（天平十九年）	不詳	資財帳
法隆寺献物帳	奈良（天平勝宝八年）	不詳	献物帳
仏経并資財条	奈良（天平宝字五年）	不詳	東院資財帳
続日本紀	平安（延暦十六年）	藤原嗣縄	続紀
上宮聖徳太子伝補闕記	平安	不詳	補闕記
法隆寺別当記	平安～室町	不詳	別当記
法隆寺政所并法頭略記	平安～鎌倉	不詳	法頭略記
嘉元記	鎌倉～室町	不詳	
聖徳太子伝私記	鎌倉（嘉禎四年頃）	顕真	太子伝私記
法隆寺縁起白拍子	南北朝（康安二年）	重懐	白拍子
金堂日記	平安～室町	不詳	
聖誉鈔	室町	聖誉	
寺要日記	室町	不詳	

古今一陽集	江戸（延享三年頃）	良訓	一陽集
法隆寺補忘集	江戸（元禄頃）	良訓	
法隆寺堂社霊験并仏菩薩像数量等記	江戸（元禄十一年）	不詳	仏菩薩数量等記
天保記	江戸（天保六年）	頼算	
斑鳩古事便覧	江戸（天保七年）	覚賢	古事便覧
法隆寺東院縁起	江戸（元文元年）書写		東院縁起
法隆寺文書	奈良（天平勝宝三年～）		

参考文献

『法隆寺の至宝』 小学館
『聖徳太子』 坂本太郎 吉川弘文館
『法隆寺の建築』 太田博太郎 彰國社
『法隆寺雑記帖』 石田茂作 学生社
『聖徳太子事典』 石田尚豊編 柏書房
『日本の名著2 聖徳太子』 中村元責任編集 中央公論社
『奈良六大寺大観 法隆寺』 奈良六大寺刊行会 岩波書店

『佛教大事典』　監修古田紹欽他　小学館
『日本書紀』　日本古典文学大系　岩波書店
『聖徳太子の本』　学習研究社
『古寺解体』　浅野清　学生社
『法隆寺の建築』　浅野清　中央公論美術出版
（これ以外にも多くの先学の高著を参照とさせていただいたことに感謝を致しております。）

【著者紹介】

高田良信（たかだ りょうしん）

1941年奈良県生まれ。1953年法隆寺の徒弟となる。龍谷大学大学院修了。法隆寺長老（法隆寺第128世住職・聖徳宗第5代管長）。法隆寺實相院住職。日本ペンクラブ会員。法隆寺昭和資財帳と法隆寺史の編纂を提唱。法隆寺学をライフワークとして講演と執筆活動を行う。『法隆寺日記をひらく』『私の法隆寺案内』（ともに日本放送出版協会）『法隆寺なぞを解く』『法隆寺の秘話』（ともに小学館）『法隆寺国宝散歩』（講談社）『法隆寺1400年』（新潮社）など著書多数。

世界文化遺産 **法隆寺を語る**

発行日　2007年2月22日　初版第一刷
著　者　高田　良信
発行者　柳原喜兵衛
発行所　柳原出版株式会社
〒615-8107 京都市西京区川島北裏町74
電話　075-381-2319
FAX　075-393-0469
印刷／製本　株式会社サンエムカラー
電話　075-381-2319

http://www.yanagiharashoten.co.jp/

ISBN978-4-8409-5016-9